Basiswissen Grundschule

Band 20

# „Du gehörst zu uns“
# Inklusive Grundschule

Ein Praxisbuch für den Umbau der Schule

2. Auflage



von

Reinhard Stähling

Schneider Verlag Hohengehren GmbH

**Basiswissen Grundschule**

**Herausgegeben von:**
Band 1 bis 18: Jürgen Bennack
Ab Band 19: Astrid Kaiser

Die Reihe „Basiswissen Grundschule" ist einem schüler- und handlungsorientierten, offenen Unterricht verpflichtet, der auf die Stärkung einer selbstständigen, sozial verantwortlichen Schülerpersönlichkeit zielt.

Die Kinderzeichnungen stammen von Felix und Frederik Stähling

Gedruckt auf umweltfreundlichem Papier (chlor- und säurefrei hergestellt).

**Bibliografische Information der Deutschen Nationalbibliothek**

Die Deutsche Nationalbibliothek verzeichnet diese Publikation in der Deutschen Nationalbibliografie; detaillierte bibliografische Daten sind im Internet über ›http://dnb.d-nb.de‹ abrufbar.

ISBN: 978-3-8340-0543-4

Schneider Verlag Hohengehren, Wilhelmstr. 13, D-73666 Baltmannsweiler

# Inhaltsverzeichnis

## Teil II: Inklusion in der Praxis

# Der Weg zur inklusiven Schule ist machbar – Vorwort der Herausgeberin der Reihe

Selten habe ich ein Buch gelesen, das so voll aus Engagement und Zukunftsvision entwickelt worden ist und doch gleichzeitig mit beiden Beinen in der Praxis steht und konkrete machbare Praxisschritte auf allen Ebenen glaubwürdig zeigt.

Der Untertitel „ein Praxisbuch für den Umbau der Schule" hält, was er verspricht. Und so einfach und klar die illustrierenden Kinderzeichnungen zum Konzept gezeichnet sind, so ist auch der Text von Reinhard Stähling prägnant, gut lesbar und voll aus der Praxis schöpfend. Das heißt nicht, dass die Aussagen nur auf der Alltagsebene stehen bleiben. Jeder einzelne in diesem Buch beschriebene Mensch, ob Jugendlicher oder Kind, die am System der Schule scheitern, taucht für die Lesenden lebendig auf und wird doch gleichzeitig in einem weiten Horizont betrachtet. Die kurzen Hinweise auf historische Berichte von Pädagogen wie Kanitz, die mit benachteiligten Schülerinnen und Schülern Anfang des 20. Jahrhunderts gearbeitet haben, zeigen auch eine optimistische Perspektive, dass die pädagogische Arbeit heute auch mehr Chancen haben kann.

Der Autor leitet die zentralen Kapitel jeweils mit einprägsamen Worten von Janusz Korczak als Motto ein. Diese dichten emotional geprägten Aussagen machen auch auf eine wichtige Hintergrunddimension aufmerksam: Ohne emotional fundiertes Wollen, kann Schule nicht grundlegend geändert werden, aber starkes eigenes Fühlen und Denken ist der Motor für die Umgestaltung von pädagogischen Prozessen. Und diese emotionale Dimension, die Liebe zu jedem einzelnen Menschen in der Schule, durchdringt dieses Buch. Hier ist wahrhaftig das etwas spröde Wort der geisteswissenschaftlichen Pädagogik, dass es an erster Stelle auf das pädagogische Verhältnis ankomme, in moderner Weise ausgedrückt worden.

Besonders faszinierend ist es, dass der Verfasser dieses Buches die zentralen Probleme in kleinen alltäglichen Wahrnehmungen versteckt aufdeckt. Ob es der fehlende Appetit beim Frühstück ist oder die Aufschrift „I need you" auf dem T-Shirt einer Schülerin. Reinhard Stähling beobachtet, nimmt auf, was er sieht und deutet es mit tief gehendem persönlichem Engagement. Dabei ordnet er seine Beobachtungen in einen weiten pädagogischen und soziologischen Horizont ein, indem er etwa darstellt, welche allgemeinen Rechte der Kinder im Fall eines einzelnen Schülers vernachlässigt werden. Bei allen Einzelsituationen, die er aus der Praxis beschreibt, spannt er einen Bogen hin zu den gesellschaftlichen Bedingungen. Es scheint überall durch, er gibt nicht auf, sondern steht konsequent an der Seite seiner Schülerinnen und Schüler und sucht deshalb gegen historisch gewachsene reduzierende Grenzen – wie die Trennung von schulischem Lernen und sozialpädagogischer Hilfe – einen Weg des pädagogischen Beistandes für jedes einzelne Kind.

Besonders beeindruckt hat mich bei der Lektüre, wie Reinhard Stähling mit wenigen prägnanten Sätzen immer wieder das bürokratische System der schulischen Abwärtsspirale aufs Korn nimmt und damit konkret aufzeigt, wie Lehrerinnen und Lehrer in dieses System eingebunden sind und nur schwer herauskommen. Aber gerade dadurch, dass er so klar und deutlich das System der bürokratischen Selektion ein wenig sarkastisch ausmalt, wird den Lesenden erst richtig deutlich, in welchen Zwängen wir in Bildungsinstitutionen stecken. Und diese Erkenntnis ist der erste Weg zur Veränderung.

Der Autor will viel, aber er moralisiert nicht von oben herab, sondern eröffnet aus begründeter Überzeugung und vollem Herzen Wege, die jede Schule gehen kann, wenn die Kolleginnen und Kollegen sich einig sind, Kinder nicht auszusortieren.

Dazu nennt er die Fallstricke im Alltag, die den Abstieg des „schwachen Schülers[1]" möglicherweise verursachen. So beschreibt er sehr plastisch die Selbstüberforderung von Lehrerinnen und Lehrern als Einzelkämpfer, was letztlich bei Überforderung zu Mutlosigkeit und Aussortieren der Schülerinnen und Schüler führt. Sein sehr konkret dargestelltes Gegenrezept ist die kooperative Teamschule, bei der sich Lehrerinnen und Lehrer auch gegenseitig stützen. Auch die Suche nach Unterstützung durch Sozialarbeiter sieht er für elementar an, um die Überforderung zu vermeiden und Kinder, die es in ihrem Leben nicht leicht haben, wirklich konsequent zu begleiten. Überhaupt: das Öffnen von institutionellen Grenzen zum konsequenten Schutz der Kinder ist die Grundlinie von Stählings Ansatz, die Verbindung von Sozialpädagogik und Schulpädagogik, die historisch so unglücklich in Deutschland separiert wurden, aber auch die anderen Mauern wie die zwischen den einzelnen Fächern und zwischen Lernen und Freizeit möchte er abbauen zugunsten eines präventiv wärmenden Klimas für jedes einzelne Kind. Und die Praxisbeispiele an seiner Schule zeigen, dass integratives pädagogisches Handeln möglich ist.

Besonders hilfreich für die Praxis sind auch diverse Übersichten im Buch, in denen beispielsweise die wichtigsten Bedingungen einer Selektion abbauenden Schule tabellarisch zusammengestellt sind.

Ob Gesundheitsförderung oder pädagogisch gestaltete Ganztagsschule, die Altersmischung der Klassen oder die Förderung kindlicher Entdeckungslust: der Autor nimmt die Lesenden mit auf eine gedankliche Inspektionsreise der eigenen Grenzen und Möglichkeiten und lässt gleichzeitig viel orientierendes Licht in seinen Praxisbeispielen erstrahlen. Ich habe den Eindruck, dass dies das erste Buch ist, das den Ansprüchen von Urie Bronfenbrenner und Nel Noddings, ein Caring Curriculum für die Gegenwart – gerade in Hinblick auf Jungen – zu schaffen, eine konkrete konstruktive Antwort gegeben hat.

---

[1] Dies ist wörtlich gemeint, denn tatsächlich sind viel mehr Jungen als Mädchen vom Abrutschen auf den Klippen des schulischen Aufstiegs gefährdet

Als Herausgeberin dieser Reihe kann ich nur betonen, wie stolz ich bin, ein Buch präsentieren zu dürfen, das in mehrfacher Hinsicht ein Fortschritt in der Pädagogik ist:

- Wichtige Zusammenhänge der schulischen Abstiegsspirale werden anschaulich dargestellt
- Das Wissen historischer und vergleichender Pädagogik wird harmonisch um die Einzelfallbeschreibungen gelegt
- Zentrale Gedanken, etwa wie gesellschaftlich Selektion und Ausgrenzung von Schülerinnen und Schülern erfolgt, werden sehr anschaulich und lebendig vermittelt
- Es wird nicht von der Außenperspektive moralisiert, sondern von der Innenperspektive Mut zur Innovation hin zu einer inklusiven Grundschule gemacht
- Es wird nicht theoretisiert über Inklusion, sondern es werden gangbare Wege gezeigt

Ich wünsche mir, dass die pädagogische Wärme und Zuversicht des Autors auch auf die Lesenden dieses Buches überströmt und dass viel Kraft von diesem Buch auf die Veränderung der Schulen im Lande ausstrahlt.

Oldenburg, im Frühjahr 2006 Astrid Kaiser

# Dank

„Das Leben verwirklicht die Träume,
aus hundert Träumen des jungen Menschen
fügt es ein Standbild der
Wirklichkeit zusammen.“

Janusz Korczak:
Wie liebt man ein Kind (1914–18)

Dass dieses Buch überhaupt geschrieben werden konnte, verdanke ich dem Glück, besonders in meiner Grundschule Berg Fidel, ständig Menschen begegnen zu können, die nach dem Motto handeln „Tue recht und scheue niemand!“

Um zu begreifen, dass Schule anders sein müsste, damit wir Kindern mit ihren vielen Potentialen und Bedürfnissen gerecht werden, braucht niemand eine besondere Ausbildung. Aber um zu erkennen, dass die derzeitige Schule tatsächlich veränderbar ist, reichen Bücher nicht aus. Viele mutige Menschen haben mir nur durch ihr Handeln gezeigt, was wir tun können. Denn ein italienisches Sprichwort sagt: „Zwischen dem Reden und dem Tun liegt das Meer.“

Astrid Kaiser als Herausgeberin der Reihe verdanke ich den Anstoß, dieses Buch zu schreiben. Sie hat mir immer wieder durch ihre persönliche Rückmeldung signalisiert, dass es die Mühe lohnt. Gespräche mit vielen aufgeschlossenen Menschen haben mich beeinflusst. Für die vielen Anregungen bin ich dankbar. Einige sind im Text erwähnt, andere nenne ich vorab:

Mein Schulleiter-Vorgänger Dr. Manfred Pollert hat fast 30 Jahre die Grundschule Berg Fidel geführt und hat sie wie kein anderer geprägt. Er hat das Manuskript gelesen und mir Mut gemacht und vorgelebt, wie man Steine aus dem Weg räumt. Ich danke ganz besonders meiner Sonderschulkollegin Barbara Wenders für Gespräche, beständige Unterstützung und kritische Anmerkungen zu meinen Textentwürfen. Sie hat mir den Inklusionsansatz näher gebracht. Danken möchte ich auch Kolleginnen und Kollegen, die meine Entwürfe kritisch gelesen und zu deren Verbesserung beigetragen haben: Meinem Schulleiterkollegen Carsten Krühler, der immer ein offenes Ohr für meine Flüche hat, der Schulleiterin Ada Fuest, die selbst eine Brennpunktschule leitete, der Grund- und Sekundarstufenlehrerin Ilka Pelke und dem Musikpädagogen Matthias Rietschel. Nicht zuletzt möchte ich Freunden danken, die mich gestützt und beraten haben: Rüdiger Schrade für seinen erfrischenden, fröhlichen Kampfgeist und Inge und Friedel Callies für ihre offenen Rückmeldungen.

Meine Frau Ruth Schäfer und unsere Kinder Frederik und Felix haben mir geduldig den Rücken frei gehalten und Mut gemacht für ein solches Projekt. Ihnen danke ich besonders. Frederik (7 Jahre) hat als Schüler unserer Schule Bilder gemalt und Felix (11 Jahre) hat seine ehemalige Grundschule Berg Fidel aus dem Rückblick gezeichnet.

Münster, im Frühjahr 2006 Reinhard Stähling

# Einleitung

## „Geheimnisse über den Umbau der Schule“ – Ein Brennpunktlehrer legt offen

„Was wollen Sie eigentlich? – Ich habe jetzt in meiner Klasse 29 Kinder. Eine schwierige Zusammensetzung, sehr anstrengend – Eltern nicht einfach. Ich war jetzt am Ende und musste einen Jungen in die Sonderschule abgeben. Es ging nicht mehr. – Sollte ich dieses Kind etwa in der Klasse behalten? Dort hätte es nichts gelernt und die ganze Klasse wäre in Unruhe geraten. – Nein, dafür sind die Fachleute doch da. Wir in der Grundschule können das nicht leisten. Und das machen auch die anderen Eltern nicht mit. Die beschwerten sich schon und waren beim Schulleiter wegen dieses Jungen. Den hätten wir auch nie integrieren können, beim besten Willen nicht. Er brauchte eine kleinere Lerngruppe und die Fachleute, die dafür ausgebildet sind.

Und wenn ein Sonderschullehrer dazu käme? Haben wir alles erlebt. Die Eltern von einem Mädchen hatten Theater gemacht. Dann kam einer mit dem Köfferchen angereist. Zweimal die Woche für 2 Stunden. Er hat sie dann raus genommen, da hatte ich mal eine Entlastung. Den Rest sollte ich dann alleine machen. Der hat mit dem Mädchen geübt und die Eltern gesprochen – das war schon gut. Aber 19 Stunden hatte ich dann allein das Kind da sitzen – und musste jeden Tag ein Extra-Arbeitsblatt speziell dafür ausdenken. Es hat da nichts von gehabt. Und die Eltern standen bei jeder Kleinigkeit auf der Matte. Nein, das war schon ein armes Würstchen – aber so möchte ich das nicht. Dann müsste schon jeden Tag ein Sonderschullehrer für mindesten 2–3 Stunden kommen. Und das kann ja kein Staat bezahlen. Und mehrere Kinder von der Sorte – ne, niemals – da könnten sie mir noch so einen guten Fachmann an die Seite stellen, der sich um diese Kinder kümmert, ich würde es nicht machen! Ich möchte meine Klasse haben – und manche Kinder wären woanders besser aufgehoben. Damit ist diesen armen Geschöpfen – muss man ja sagen – auch nicht gedient. Dafür haben wir doch die Sonderschulen! Und die sind doch nicht schlecht.“

Dieses Buch ist zuallererst für die geschrieben, die die Worte dieser Lehrerin verstehen können. Ich antworte der Kollegin, indem ich – im zweiten Teil dieses Buches – über meine Praxis als Lehrer und Schulleiter der Grundschule Berg Fidel (siehe: www.ggs-bergfidel.de) in Münster erzähle. Seit fast 25 Jahren arbeite ich im Schuldienst und 1992 begann ich an dieser Schule im sozialen Brennpunkt. Unsere etwa 210 Kinder kommen aus 30 Nationen, inzwischen sind es fast 70% „Migrantenkinder". Die Mehrheit stammt aus so genannten „bildungsfernen" Familien. Unser Kollegium setzt sich aus verschiedensten Berufsfeldern zusammen: Erzieherinnen, Sozialpädagoginnen, Sonderschullehrerinnen, Grundschullehrerinnen und Menschen in der Ausbildung. Wir arbeiten in „multiprofessionellen" Teams. An Beispielen aus dem Alltag unserer reformpädagogisch geprägten Schule möchte ich zeigen, wie wir die gängige Praxis verändert haben.

Und was antworten *Sie* auf die Worte der Kollegin? Wie wollen Sie ihr die Vorteile integrativ arbeitender Klassen verdeutlichen? Das ist angesichts unserer „Regelschulen" nicht einfach. Falls Sie aber die Bedenken der Kollegin nicht ernst nehmen sollten, haben Sie wahrscheinlich einen Beruf, der Sie nicht zwingt, täglich als Klassenlehrerin (in diesem Buch spreche ich natürlich immer auch die Männer an) alleine vor einer großen Gruppe von Kindern zu stehen. Dann gehören Sie vielleicht zu den vielen, die über Schule reden, aber nicht die Arbeit dort verantwortlich durchführen.

Und da sich das Neue bekanntlich nur im Widerstreit mit dem Alten durchsetzt, muss ich im Zusammenhang damit auch einige Berufsgeheimnisse verraten. Beispielsweise offenbare ich mit diesem Buch meine Irrtümer und mein Nichtwissen, aber auch das von anderen erfahrenen Kolleginnen.

Da ist ein Junge, der immer wieder etwas „anstellt", was er nicht darf, und von mir dafür angemeckert und beschimpft wird ... Das Kind ist auf unserer Schule und jemand kommt und sagt: „Das Kind gehört hier nicht hin!" Dann stehe ich auf und sage: „Natürlich gehört es hier hin!" Niemand, dem die Sorge um die Kinder wichtig ist, wird mir meine Ungeduld übel nehmen. Wir sind alle „nur" Menschen - und ich lasse mir nicht absprechen (besonders nicht von denen, die den Berufsalltag mit Aktenwälzen verbringen), dass wir, die wir ständig neue Irrtümer begehen, hoch professionell handeln. Unter dem Einfluss der Juristifizierung der Schule ist die uralte Grundlage des Lehrerseins, dass Irrtümer erlaubt sind, leider nicht mehr kultiviert worden. Wo gibt es noch die Lehrerin, die frohen Herzens hinausposaunt, dass sie mal wieder ganz viel falsch gemacht hat? Bei Falko Peschel im offenen Unterricht habe ich so etwas gesehen (vgl. auch Peschel 2002). Auch Manfred Pollert, einer der Wegbereiter der freien Arbeit und mein Vorgänger in der Grundschule Berg Fidel, kann frei über seine Grenzen und seine Irrtümer reden (vgl. Pollert 2002; 2006). Das hat uns in der Schule und vielen anderen Mut gemacht. Ich werde für jede Kollegin kämpfen, die sieht, welche Irrtümer sie begeht, darüber spricht und um Änderungen ringt. Da gibt es keine Unterschiede zu einem Kind: „Du gehörst hier hin!“ Schule ist kein Bollwerk gegen das „Fehlermachen“, sondern ein Lebensraum, in dem Fehler willkommen geheißen, ja gefeiert werden sollten, weil sie zum Lernen gehören und Lern- und Denkprozesse auslösen!

Im ersten Teil dieses Buches geht es um Geheimnisse, die vielen Menschen, sogar den betroffenen selten bekannt sind: Ich beklage das Scheitern des deutschen Bildungswesens an den Rechten der Kinder auf Bildung, Förderung und Gesundheit.

Die Kritik an diesem Schulsystem trifft nicht die Menschen, die sich innerhalb des vorgegebenen Rahmens mit aller Kraft für die Schüler und ihre Probleme jahrzehntelang eingesetzt haben und noch einsetzen. Die Kritik richtet sich **nicht** gegen

- überlastete Klassenlehrerinnen, die den „schwachen Schülern“ nur noch den Weg raus aus ihrer Klasse in eine andere Klasse eröffnen
- Lehrerinnen, die „Stoff durchnehmen“
- Verwaltungsbeamte, die Pläne ohne Rückfragen an die Betroffenen ausarbeiten
- Sozialarbeiterinnen der Jugendhilfe, die nur beraten können, wenn hilfebedürftige Eltern oder Schüler sie darum bitten
- Forscherinnen, die Schule nicht von Innen kennen
- Lehrerinnen, die bewusst nicht jahrgangsübergreifend unterrichten
- Schulkonferenzen, die sich bewusst gegen die Ganztagsschule entschieden haben
- Lehrerinnen weiterführender Schulen, die das Gutachten der Grundschulen nicht lesen.

Wir alle, Lehrkräfte, Eltern, Kinder und Sozialarbeiter, Forscher, Verwaltungsbeamte befinden uns in einem historisch gewachsenen Schulsystem, das unstrittig eine Veränderung braucht. Doch die einzelnen Menschen in diesem System haben immer schon innerhalb ihrer Grenzen Schule verbessert und humanisiert. Ein „Fräulein“, das vor 40 Jahren seinen Beruf an einer „Volksschule“ antrat, bewaffnet mit einem Rohrstock und ausgerüstet mit ein paar pädagogischen Tricks zur Raubtierdressur, hat im Laufe seines Berufslebens viele Menschen positiv begleitet und eine Menge an Veränderungen miterlebt und angestoßen. Heute steht diese Lehrerin – soweit sie die reformpädagogischen Erneuerungen in den Grundschulen mitgetragen hat – in einem veränderten Klassenraum und lässt die Kinder „frei arbeiten“. Auch wenn sie nach wie vor überwiegend an der Tafel stehend unterrichten sollte und traditionellen Unterricht bevorzugte, brauchte ihr keiner zu erzählen, dass dies heute anders funktioniert als zu ihrer Berufsanfängerzeit. Lernerfolge kann sie nachweisen. Das spricht für sie.

Der einzelnen Lehrerin ist nicht vorzuwerfen, dass das deutsche Bildungswesen merkwürdig ins Abseits geraten ist. Bei uns gibt es im Unterschied zu vergleichbaren Ländern auffällig viele Schüler ohne Schulabschluss und viele als „lernbehindert" etikettierte Kinder. Das ist auch nicht überall in Deutschland so, aber in der Tendenz ist dies nachweisbar. Einzelne herausragende Pädagogen oder Einrichtungen ändern nichts an den erschreckenden Ergebnissen von Schulleistungsstudien. Die Kritik kann sich also nicht an die einzelnen Menschen richten, sondern an unser gesamtes deutsches Bildungswesen, das solches Scheitern ermöglicht und forciert. Ein Bildungswesen, das den Kindern aus Armutsgebieten nicht ermöglicht, das zu lernen, was reichere Eltern ihren Kindern in Deutschland zu Hause beibringen (lassen), ist nicht nur veraltet und uneffektiv, es ist auch ungerecht und unanständig. Ein „Aufstand der Anständigen" wäre erforderlich, um hier mit Freiheit, Gleichheit und Brüderlichkeit ernst zu machen.

Der Abstieg des „schwachen Schülers" ist aufzuhalten, aber nicht allein durch den unermüdlichen Einsatz von Lehrkräften, Verwaltungsbeamten, Sozialarbeitern, Forschern und Eltern in ihren kleinen Bereichen, sondern durch einen gemeinsamen „Ruck". Heutige Strukturen sind „ver-rückt" und müssen wieder ins Lot gebracht werden. Dazu müssen wir die Perspektive wechseln. Die „Strukturdebatte" ist nicht mehr aufzuhalten. Das deutsche Bildungswesen braucht einen neuen Aufbau.

Dieses Buch soll ein praktisches Arbeitsbuch für an Schule interessierte Menschen sein. Kleine Diskussionszirkel, Arbeitskreise, Seminare, Konferenzen, Elterngruppen und viele andere finden hier Material als Grundlage zur konkreten Veränderung *ihrer* Schule. Es geht dabei um das eine Ziel, die Schule zu einer *menschenwürdigen und gesunden Einrichtung umzugestalten.*

Wie viele andere Schüler lernte ich als Kind - trotz fragwürdiger Schulpraxis –, wie man lernt. Meine eigene Schulvergangenheit habe ich mir inzwischen immer wieder neu vor meinen Augen wach werden lassen, habe mir meine alten Klassenräume, Schulhefte und Fotos angesehen und mich viel erinnert an bewegende Momente in meiner Lernbiografie. Und viele Menschen erzählten mir, in welchen Situationen sie in ihrem Leben gut lernen konnten. Sie nannten immer wieder die gleichen lernförderlichen Gegebenheiten, die leider in unseren „*Regel*-Schulen" (welche Regeln gelten dort eigentlich?) - so selten sind:

- Lernen am Vorbild (z. B. eines Verwandten)
- Selbstständig und frei arbeiten (z. B. beim Hobby)
- Stundenlang ausprobieren
- Völlig versunken und vergessen, in eine Sache vertieft
- Im Spiel
- Durch Üben, immer wieder regelmäßig üben
- Mit Partnern arbeiten (z. B. bei den Hausaufgaben)
- Mit Ermutigung durch eine wohlwollende Lehrerin oder Erzieherin
- In kleinen Schritten

Wo finden wir dieses Lernen in einer durchschnittlichen deutschen „Regelschule“? Auf der Suche nach Institutionen, die in der Lage sind, solche Lernprozesse zu initiieren, fand ich immer wieder reformpädagogisch ausgerichtete Schulen. Diese bemühten sich auch, möglichst viele (auch so genannte „behinderte“) Kinder im „Gemeinsamen Unterricht“ zu „integrieren“. Aussonderung von Kindern stand nie in ihren Programmen. Aber nirgends wurden *alle* Kinder aufgenommen. Einigen „Behinderungsformen“ fühlte man sich noch nicht gewachsen.

Die neueren „inklusiven“ Konzepte erweitern den Blickwinkel: Sie nehmen die Rechte der Kinder ernst und schließen **alle** Kinder in ihre Bildungs- und Betreuungsbemühungen ein (also *„inklusive“* alle Menschen). Sie gehen zugleich von einer Gleichwertigkeit aller Menschen aus, „unabhängig von der Rasse, der Hautfarbe, dem Geschlecht, der Sprache, der Religion, der politischen oder sonstigen Anschauung, der nationalen, ethischen oder sozialen Herkunft, des Vermögens, einer Behinderung, der Geburt oder des sonstigen Status des Kindes, seiner Eltern oder seines Vormunds“ (Rechte des Kindes, Artikel 2, 1989). Dass dies nicht selbstverständlich ist, sieht man daran, wie unser Schulwesen aufgebaut ist. „Seit Beginn der wissenschaftlichen Pädagogik hat es zu keiner Zeit eine allgemeine Pädagogik für alle Kinder gegeben, nur Sonderpädagogiken! Universitäten, Gymnasien, Realschulen, Hauptschulen – sie alle sind Sonderschulen, Schulen für Menschen ohne den jeweiligen anderen Menschen“ (Feuser 1989, S. 6). Das Anliegen einer nicht selektierenden und segregierenden „Allgemeinen Pädagogik“ müsste es eigentlich sein, die deutsche Schule zur „Schule für alle“ umzubauen.

Ich sehe die „inklusive Pädagogik“, die alle Kinder einschließt, als Erbe reformpädagogischer Einrichtungen an (vgl. zur didaktischen Fundierung: Platte 2005). Daher verwende ich in diesem Buch für ein verändertes Verständnis des Miteinanders ganz unterschiedlicher Kinder den Begriff *„Inklusion“*.

Zunächst möchte ich erklären, wie ich „Inklusion“ im Sinne einer demokratischen und reformpädagogischen Tradition verstehe. Für die Leserinnen und Leser, die ausführlicher informiert sein möchten, sei das Glossar am Ende des Buches empfohlen.

**Inklusion** hat das Ziel,

- individuelle Bedürfnisse *aller* Schüler zu berücksichtigen
- den *ganzen* Unterricht allmählich zu verbessern.

Der Begriff „Integration“ umfasst zwar theoretisch dieselben Ziele, greift aber zu kurz. Dies ist an den Fehlentwicklungen in der Schulpraxis abzulesen. Fehlformen der „Integration“ in so genannten „Regelschulen“ ergeben eine oberflächliche und sinnwidrige Praxis (vgl. die Entwicklung der Grundschule Berg Fidel im Kapitel 3.4). Auch in anderen Ländern lassen sich Fehlformen der Integration auf vielen Ebenen der Schulstruktur und im Schulalltag ausmachen. Die neuere Fachdiskussion (vgl. Feuser 2000; Hinz 2002; Schnell/Sander 2004) kritisiert Fehlentwicklungen in der integrativen Praxis. Für die „erweiterte und optimierte Integration“, die als „unteilbar“ angesehen wird (vgl. Platte 2005), benutzen wir den Begriff der Inklusion. Zwei mögliche Fehlentwicklungen der so genannten Integration in „Regelschulen“ wurden immer wieder beobachtet und erwähnt. Sie betreffen die Sonderpädagoginnen und die Aussonderung der Kinder:

1. Die „Sonder“-Pädagogin im „Gemeinsamen Unterricht“
   - beschränkt sich auf das als „behindert“ etikettierte Kind
   - hat einen selektiven Fokus auf das etikettierte Kind
   - ist als „Sonder“-Pädagogin zuständig für die „anderen“ Kinder (Klassenlehrerin ist für die „normalen“ Kinder zuständig)
   - hat eine Unterrichtsverpflichtung, die sich nach der Zahl der Kinder mit der Etikettierung „sonderpädagogischer Förderbedarf“ berechnet
   - ist randständiges Additiv in unverändertem Unterricht
2. „Aussonderung“ der etikettierten Kinder im „Gemeinsamen Unterricht“
   - Teilung der Schülerschaft
   - Negative Rolle in der Klasse
   - Vorschnelles Absenken der Erwartungen

In Kanada und den USA verwendete man den Begriff „Inclusion“ bereits in den 80er-Jahren. Spätestens seit der Verabschiedung der UNESCO-Erklärung von Salamanca im Jahre 1994 setzte sich besonders in der angelsächsischen Diskussion der Begriff „Inklusion“ immer mehr gegenüber dem der „Integration“ durch. In Großbritannien fand die „inclusive school“ – auch unter dem Aspekt der schulischen Qualitätssteigerung – starke bildungspolitische Befürworter (vgl. Biewer 2005). Würde nur das schillernde Wort Inklusion für ein pädagogisches Konstrukt reserviert, das sich eigentlich in der Praxis lediglich als „neuer Wein in alten Schläuchen“ herausstellte, wäre die Auseinandersetzung um die Definitionen überflüssig (vgl. zur Kritik des Inklusionsbegriffs: Knauer 2003; Liesen/Felder 2004).

In der Praxis ist beispielsweise auch niemandem damit geholfen, alte behindertenpädagogische Begriffe durch neue zu ersetzen, wenn die Selektionsvorgänge im Schulsystem erhalten bleiben (vgl. Eberwein 2000; Feuser 2003): Sätze wie „das lernbehinderte Kind muss auf die Sonderschule“ werden ausgetauscht durch „der Schüler mit sonderpädagogischem Förderbedarf im Bereich Lernen muss auf die Förderschule *Lernen* überwiesen werden“ – und nichts Wesentliches ändert sich dadurch. Als Schulleiter kann es mir nicht um die Wortbedeutungen gehen, sondern um den Schulalltag, der durchaus – auch heute schon – „inklusiv“ sein kann. Ich möchte in diesem Buch verdeutlichen, dass die *Praxis der Inklusion* sich gegen Fehlentwicklungen in der *Integrationspraxis* deutlich absetzt. Inklusion zeigt sich in der gesamten Schule. Sie bewirkt und ermöglicht eine veränderte Sichtweise auf verschiedenen Ebenen:

- *Verändertes Bild vom Kind und der Schulklasse*: Unterschiedlichkeit und Vielfalt der Kinder sind kein Störfaktor, sondern Tatsachen in jeder Schulklasse. Als Leitprinzip gilt: *Alle* Kinder werden – unabhängig von deren Besonderheiten – wohnortnah in die Schule aufgenommen. Die Schulklasse ist Lern- und Erfahrungsraum.
- *Veränderte Didaktik / Methodik:* Alle Kinder werden individuell unterstützt. Die Förderung beschränkt sich nicht auf „behinderte" Kinder, sondern lenkt den Blick auch auf Hochbegabte, Kinder mit Migrationshintergrund, soziale und psychische Belastungen, Aspekte der Mädchen- und Jungenerziehung.
- *Verändertes Bild vom Pädagogen*: Multiprofessionelle Teams sind gemeinsam zuständig für alle Kinder. Jedes Team reflektiert die Gesamtsituation im Sinne eines systemischen Ansatzes. Die Teams bemühen sich um die Synthese von Sonderpädagogik und Schulpädagogik. Dem System (Schule, Klasse) wird das „sonderpädagogische" Personal zugewiesen, nicht dem einzelnen förderbedürftigen Kind.

Der inklusive Unterricht knüpft an die Tradition der Reformpädagogik an. Der Inklusionsbegriff hat den Charakter einer übergeordneten Zielvorstellung, die im Schulprogramm einer Einzelschule beschrieben werden kann. Die Ziele der Inklusion sind – in jedem Fall – nur in kleinen Schritten zu erreichen. In einigen Schulen mit so genanntem „Gemeinsamem Unterricht" kann man sowohl Elemente der Inklusion, als auch tradierte Fehlentwicklungen der „Integration" finden. Damit gerät die Inklusion in eine Widersprüchlichkeit, die jeder Veränderung innewohnt. In dieser *dialektischen* Sichtweise liegt eine Chance: Sie zeigt die Stellen auf, an denen im Sinne einer humanen Pädagogik die Schule umgebaut werden kann und muss.

Das Fokussieren auf Fehlentwicklungen in der Integration kann bei der Reflexion des Schulalltags entscheidende Hilfen bieten. Beispiele aus der Grundschule Berg Fidel zeigen, wie wir damit konstruktiv umgegangen sind (vgl. Teil II dieses Buches). Der Keim des Neuen liegt im bewährten Alten. Da es nach Seitz (2005, S. 161) trotz 30-jähriger Erfahrung mit „Gemeinsamem Unterricht" in Deutschland nur sehr wenige konkrete, konzeptionelle Hinweise zu einer inklusiven Unterrichtswirklichkeit und einer inklusiven Fachdidaktik gibt, versuche ich – im zweiten Teil des Buches – unsere Schritte in Berg Fidel zu beschreiben, die wir auf dem langen, steinigen Weg zu einer integrativen und später auch inklusiven Schule bereits gemacht haben und in der Zukunft noch gehen.

Wer sich ein anschauliches Bild von unserer Schulentwicklungsarbeit in Berg Fidel machen möchte, und zugleich vielfältiges, anregendes Material für

Konferenzen und Elternabende in der eigenen Schule sucht, dem sei das Buch „Miteinander und voneinander lernen“ von Manfred Pollert (2006) empfohlen. Dort findet man zu schulischen Aufgabenfeldern (Schulprogramm, Lehrpläne, Qualitätsentwicklung, Altersmischung, „schwierige“ Kinder, Differenzierung, Freiarbeit u. a.), die ich im Teil II teilweise erläutere, erprobte Konferenz- und Fortbildungsverläufe mit Folien, Arbeitsaufgaben und Fragebögen, die auf andere Schulen übertragbar sind. Auch die vielfältig illustrierten Informationsmaterialien zur „pädagogischen Leistungskultur“, die der Grundschulverband herausgibt, können Eltern und Mitarbeiter einer Schule brauchbare Anregungen für Diskussionen geben (vgl. www.grundschulverband.de; Bartnitzky / Speck-Hamdan 2004).

# Teil I
# „Der aufhaltbare Abstieg des „schwachen Schülers“

## Kapitel 1
## Pädagogik für soziale Brennpunkte

„Obgleich die Mädchen in den früheren Jahren ihrer Kindheit den Jungen sogar geistig voraus sind, werden sie oft als dümmer, als unintelligenter angesehen. Man gibt sich mit ihnen nicht so viel Mühe wie mit den Jungen. Frühzeitig werden sie zu häuslicher Arbeit herangezogen. Frühzeitig lernen sie den ihnen von der bürgerlichen Gesellschaft zugedachten Beruf: Dienerin und Geschlechtsobjekt der Männer zu sein, kennen. Diese doppelte Unterdrückung (...) hat auch zur Folge, dass die Proletariermädchen und Frauen auch als Erwachsene niemals so recht das Gefühl der Gleich-

> wertigkeit empfinden, dass sie (...) das Los der Unterdrückten, das sie vom Augenblick ihres Bewusstwerdens immer wieder erlebt haben, als eine traurige Selbstverständlichkeit empfinden. Eine nicht geringe Gefahr für den Kampf der Arbeiterklasse um ihre Befreiung, zumal die Frauen die ersten, daher wichtigsten Erzieher der Kinder sind. Und nur freie Menschen können freie Menschen erziehen."
>
> (Otto Felix Kanitz 1925, zit. n. Brandecker 1989, S. 60f.)

Wenn man heute Texte über das Elend der Arbeiterkinder in den 1920er Jahren liest, (Edwin Hoernle, Otto Felix Kanitz, Otto Rühle, Anna Siemsen u. a.) kann man Dankbarkeit gegenüber den Sozialpädagogen, Lehrern und Politikern empfinden, die Züchtigung im Erziehungswesen und entwürdigende Lebensumstände von Kindern angeprangert und zu deren Abschaffung beigetragen haben.

Den meisten Kindern in Deutschland bleiben heute solche Erfahrungen erspart. Seit 1923 strebten internationale Vereinigungen nach einer Deklaration über die Rechte des Kindes. Damals wurden Grundsätze für die elementare Fürsorge und den Schutz des Kindes festgelegt. 1959 veröffentlichte schließlich die Vollversammlung der Vereinten Nationen eine 10-Punkte-Erklärung über die Rechte des Kindes: Das Kind hat nach dem Willen der UN Anspruch auf eine Erziehung, „die seine allgemeine Bildung fördert und es auf der Grundlage gleicher Möglichkeiten in den Stand setzt, seine Anlagen, seine Urteilskraft, sein Verständnis für moralische und soziale Verantwortung zu entwickeln (...)". Erstaunlich spät, im Jahre 1989 trat die UN-Konvention über die Rechte des Kindes in Kraft. Deutschland ratifizierte diese von allen Ländern (Ausnahme: USA und Somalia) angenommene Konvention mit Vorbehalten erst 1992. Ob jedoch im Alltag des bundesdeutscher Erziehungswesens die Würde des Kindes unangetastet ist, bleibt offen (vgl. Singer 1998).

Das Leben und Lernen der Kinder in Deutschland ist heute stark geprägt durch das Vormittagsschulsystem. Die Wirkungen der Halbtagsschule sollen im Folgenden zunächst beleuchtet werden. Daran schließt sich eine kurze Beschreibung der Lebenssituation randständiger Kinder an. Eine erste knappe Skizze einer schulischen Konzeption für soziale Brennpunkte folgt. Integrationspädagogische Ansätze für randständige Kinder wurden in der Vergangenheit vernachlässigt (vgl. Hinz 1998). Um eine Pädagogik der Vielfalt für einen Brennpunkt zu entwerfen, steht an erster Stelle die Analyse der Lebensumstände, in denen Kinder aufwachsen.

## 1. Folgen der Halbtagsschule für die „Freizeit" der Kinder

Mit dem System der Halbtagsschulen steht Deutschland weltweit als Sonderling da. Rein quantitativ verbringen die meisten Kinder in Deutschland mehr Zeit als in anderen Ländern außerhalb der Schule. Zwar unterscheidet sich die Menge der unterrichtsfreien Zeiten nicht extrem, weil in vielen südlichen Ländern die Ferien klimabedingt länger sind. Aber in kaum einem anderen Land gibt es Schulunterricht und schulische Aktivitäten nur am Vormittag. Das System der Halbtagsschulen bewirkt, dass der Alltag der Kinder teilweise problematische Züge bekommt. Viele Kinder werden dadurch in ihren Entwicklungsmöglichkeiten eingeschränkt:

- In Schulzeiten (außerhalb der Ferien) wird der Unterricht dicht gedrängt auf den Vormittag gelegt. Eine sinnvolle Rhythmisierung des Vormittags mit einem gesundheits- und lernförderlichen Wechsel von Spannung und Entspannung wird dabei selten praktiziert.
- Kinder kommen zum Mittagessen relativ spät nach Hause (mit Schulweg nicht selten erst um 14 Uhr). Nach dem Mittagessen zu Hause folgt ein Nachmittag, der durch eine Mischung aus Hausaufgabenverpflichtung und Freizeit gekennzeichnet ist.
- Der Anteil an Freizeit der Kinder hängt ab von Schulform, Alter und Elternwünschen. So finden sich unterschiedlichste Arten von Nachmittagsgestaltung in deutschen Haushalten. Einige Kinder sind wegen der Berufstätigkeit beider Eltern (teilweise von 12–20 Uhr) auf sich alleine gestellt. Manche Kinder nutzen Angebote von Sport- und Freizeitvereinen oder besuchen Jugendeinrichtungen. Viele Kinder müssen sich täglich neu orientieren und „freie“ Zeit auf eigene Faust gestalten.

In Deutschland teilen Kinder – in der Regel nach Absprache mit Eltern – die Zeit vom Mittagessen bis zum Abend frei ein. Dies könnte als Vorteil beurteilt werden, solange die Räume für das Spielen der Kinder attraktiv und geschützt sind. Im Grunde müssten Kinder in Deutschland mehr Anregungen als in Ganztagsschulländern für das Spiel außerhalb der Schule haben. Aber genau dies ist zunehmend nicht der Fall. Vielmehr werden Kinder bei ihrem „freien“ Spiel gefährdenden Situationen ausgesetzt:

- Straßenverkehr mit zunehmender Verkehrsdichte und weitgehend tolerierter Geschwindigkeitsüberschreitung
- Fahrrad fahren für Kinder auf Fußgängerwegen mit Kollisionsgefahren
- Grünanlagen und Wälder mit strengen Auflagen für die Nutzung in der Freizeit: Wegebegrenzungen zum Schutz der Natur, vorgegebene Reit- und Radwege u. a.
- Abgegrenzte Spielplätze und Flächen mit festgelegten Benutzungszeiten, die das Spielen in der Mittagszeit und an Sonn- und Feiertagen teils verbieten.
- Unbeaufsichtigtes Spielen in Wohnungen mit erhöhter Unfallgefahr und Suchtgefährdung: Gift, Strom, Feuer, TV, PC.

Kinder, die in Wohngebieten durch ihr Spiel störend auffallen und empfindliche Mitbewohner irritieren, werden von Ordnungsämtern auf wenige sehr begrenzte Räume und Zeiten für Kinderspiel verwiesen. Es bleibt bei genauer Abwägung aller Vor- und Nachteile für Eltern heute oft nur die Möglichkeit, die Kinder in der eigenen Wohnung und (falls vorhanden) im eigenen Garten frei spielen zu lassen. Die Bevölkerung hat sich daran gewöhnt, dass Kinder selten „draußen" spielen. Vielmehr ist es zur Selbstverständlichkeit geworden, dass „neue Medien" die aktiven Wege der Welterkundung ersetzen: Nicht mehr „Bäume klettern", mit „Stöckern" schlagen, im Boden graben, Tiere aufsuchen, Zäune überspringen oder auf Mauern balancieren ist normal, sondern bestenfalls spannende Fernsehsendungen über die Natur sehen.

Ob ein Kind die für seine Entwicklung nötigen Anregungen bekommt, hängt stark von der Lebenslage ab. Familien mit niedrigem Einkommen, in denen beide Eltern arbeiten müssen, können weniger mit ihren Kindern unternehmen als z. B. wohlhabende Familien, wo die Mutter zu Hause ist. Finanzkräftige Eltern gleichen an Wochenenden das Bewegungsdefizit ihrer Kinder aus durch Besuche in „Freizeitparks", Zoos und „Fun-Bädern", an künstlichen Kletterwänden und „Hüpfburgen". Kindern aus ärmeren Familien stehen diese Möglichkeiten nicht offen. Teilweise werden ihnen nicht einmal die verpflichtenden Klassenfahrten, Ausflüge oder Theaterbesuche der Schulklasse bezahlt, wenn Kommunen dafür kein Geld zur Verfügung stellen. Es gibt Schulen, in denen diese Kinder nicht am Schwimmunterricht teilnehmen, weil sie das Busgeld nicht bezahlen können. Immer dort, wo Eltern zahlen müssen, aber dazu aus verschiedenen Gründen nicht in der Lage sind, geraten Kinder ins Abseits.

Die Folge dieses deutschen Systems, in dem Halbtagsschulen dominieren, bleibt den meisten Erwachsenen verborgen: Es kommt zu einer Absonderung vom Leben. Kinder können die für ihre Entwicklung notwendigen Erfahrungen nur noch in wenigen präparierten Schonräumen außerhalb von Straße und Wald machen, da es kaum Räume für naturnahes Erforschen der Welt gibt. An die Stelle der „handelnden" Erforschung der Umwelt geraten viele Kinder immer mehr in einen Teufelskreis: Computerspiele und Filmkonsum nehmen ihnen die Zeit, die sie für die Entwicklung von Sprache, Bewegung und Erkundung brauchten; sie fühlen sich daraufhin den Anforderungen der Wirklichkeit weniger gewachsen und brauchen umso mehr die Phantasiewelt der Medien. Bei täglich mehrstündigem Computerspiel liegt die Gefahr von Abhängigkeit nahe.

Letztlich führt die Halbtagsschule in Deutschland also nicht dazu, dass für die andere Hälfte des Tages mehr Spielräume und -zeiten zur Verfügung stehen. Vielmehr werden die Aktivitäten der Kinder durch wenig kinderfreundliche Rahmenbedingungen eingeengt. Sie sind nach der Schule dem „freien Markt" überlassen. Der Staat in Form von Schule und Jugendhilfe entzieht sich der Verantwortung für anregende und naturnahe Spielmöglichkeiten. Die Städte und

Gemeinden müssen bei der engen Finanzlage zwischen Interessen von Kindern und finanzkräftigen Raumnutzern abwägen.

Das System der Halbtagsschulen führt zu Absonderung vom Leben und verursacht auf diese Weise im Zusammenspiel mit dem „freien Markt“, dem dichten Straßenverkehr und den wenigen Spiel-Räumen den Abstieg der „schwachen“ Schüler, die ohnehin anregungsarm leben.

## 2. Kinder aus Familien mit niedrigem Einkommen

Die Armutsberichte der letzten Jahre weisen aus, dass in Deutschland 20% der Kinder unter 15 Jahren unter finanziell eingeschränkten Bedingungen aufwachsen. Kinder, die dauerhaft und umfassend von Armut betroffen sind, geraten häufig in die „soziale Randständigkeit“. Hier kumulieren Belastungsfaktoren und beeinflussen das Aufwachsen negativ: Beengte Wohnverhältnisse, gesundheitliche Beeinträchtigungen, sozialräumliche Isolation und subkulturspezifische Normen senken die Bildungschancen dieser Kinder.

Die Forschung über die konkrete Lebenssituation der von Armut bedrohten Kinder steht am Anfang. Kategorien, wie Kinder verschiedener Sozialschichten, „Ausländerkinder“, „behinderte“ Kinder, Mädchen und Jungen, gerieten ins differenzierende Blickfeld der pädagogischen Forschung. Viele Studien zur Kindheit orientierten sich allerdings überwiegend an Problemlagen der Mittelschicht: „verinselte“, „verhäuslichte“, institutionalisierte, terminlich verplante Kindheit, Medien- und Konsumkindheit. Es wurde mit dem verallgemeinernden Begriff „veränderte Kindheit“ gearbeitet. Erst in den 1990er Jahren entdeckte die Forschung die „Vielfalt der Kinder“ und deren widersprüchliche Lebenswelten. Verschiedene Dimensionen von Kindheit wurden deutlich. Innerhalb der sozialen Strukturkategorien Kultur, Nationalität, Sozialschicht, Geschlecht, Behinderung u. a. wurde die individuelle Vielfalt untersucht und das Verhältnis der Menschen als veränderbar verstanden (vgl. Kaiser 2000).

Im Gegensatz zu dem Bild der „veränderten Kindheit“ zeigen *Lebensweltanalysen* sozial randständiger Kinder, dass diese wesentlich weniger mobil als Mittelschichtskinder sind und den größten Teil ihrer Freizeit selbstständig im sozialen Nahraum verbringen. Sie werden mehr allein gelassen und müssen sich häufig selbst ernähren und versorgen. Schulisch und sozialpädagogisch nicht verplante Phasen (vor der Schule, abends, am Wochenende) sind häufig durch Fernsehkonsum dominiert. Für ihre Zeiteinteilung müssen sie nicht selten selbst sorgen (morgens aufstehen, rechtzeitig zur Schule gehen, nach Hause kommen). Öfter übernehmen die älteren Geschwister die Aufsicht und Versorgung der „Kleinen“. Viele dieser Kinder teilen sich ein Zimmer mit den Geschwistern (vgl. Wischer & Werning 2000).

Auswirkungen der Lebensumstände von Kindern aus armen Elternhäusern auf deren Bildung sind relativ wenig erforscht. So wurden selbst in den PISA-Studien bestimmte Schüler aus der Zielpopulation herausgezogen, „wenn sie (a) aus geistigen, emotionalen oder körperlichen Gründen nicht in der Lage waren, selbstständig an den Testsitzungen teilzunehmen oder (b) die Testsprache nicht ihre Muttersprache war und sie weniger als ein Jahr in der Testsprache unterrichtet worden waren“ (Baumert et al. 2001, S. 35; vgl. auch Prenzel et al. 2004, S. 25). Stillschweigend wird hier die Kategorie der Selbstständigkeit als Bedingung für die Testbewältigung eingeführt. Die Kompetenz in verschiedenen Lernbereichen wurde also nur dann erhoben, wenn sie in Form einer selbstständigen Arbeitsleistung (ohne Hilfestellung) erbracht werden konnte. Ähnlich gingen die Forscher der IGLU-Studie (2003) vor. Auch Frühabgänger (in der Regel Leistungsschwächere aus unteren Sozialschichten), die mit 15 Jahren keine Schule mehr besuchten, wurden von der PISA-Forschung ausgenommen. Der Anteil dieser – somit nicht getesteter – Kinder betrug bei der PISA-2000-Studie in Mexiko und Brasilien rund 50%, in Lichtenstein 21%, in Korea 15%, in Lettland 10%, in Australien 7%, in Österreich 5% und in vielen anderen Ländern unter 5%. Die PISA-Leistungswerte dieser Länder wurden insofern überschätzt, als sie die „randständigen“ Kinder nicht berücksichtigten (vgl. Baumert et al. 2001, S. 36). Auch in der folgenden Studie von 2003 konnten ähnlich viele Jugendliche verschiedener Länder nicht getestet werden, weil sie keine Schule besuchten. Bei PISA 2003 gelang es allerdings zumindest in Deutschland, auch „schwächere“ Schüler, z. B. aus einigen Förderschulen am Test teilnehmen zu lassen (vgl. Prenzel et al. 2004, S. 25).

In vielen Studien werden jedoch Kinder aus „Schulen für Lernbehinderte“, die zum großen Teil aus unteren sozialen Schichten und Migrantenfamilien stammen, gar nicht einbezogen. Das *Nichterfassen der Daten randständiger Kinder* ist nicht durch die Zielsetzungen der Untersuchungen begründet, sondern basiert auf forschungsmethodischen Problemen. Die vielfältigen Lese- und Schreibprobleme dieser Kinder machen es notwendig, dass Tests oder Fragebögen mit jedem Schüler einzeln durchgegangen werden müssen. Zusätzlich erschweren sprachliche Verständigungsprobleme das selbstständige Ausfüllen der Tests von Kindern nicht-deutscher Herkunft (weitere Beispiele vgl. Wischer & Werning 2000).

Da es sich um einen sehr unterschiedlichen Umfang und um vielfältige Formen von Leistungsdefiziten handelt, dürften z. B. bei PISA die Daten der randständigen Kinder eigentlich statistisch nicht als unbedeutend vernachlässigt werden. Merkwürdig erscheint, dass in der Öffentlichkeit das Ausschließen randständiger Kinder von internationalen Schulleistungsstudien nicht beachtet wird.

Somit müssen die bisher in der Diskussion der PISA-Ergebnisse vorgetragenen Aussagen über die Abhängigkeit der Schulleistung von Sozialschicht und Migrationshintergrund als auf falschen Informationen beruhende Untertreibung angesehen werden. Die ungünstigen sozioökonomischen Rahmenbedingungen für schulisches Lernen können bei der Interpretation der Daten nicht übersehen werden: So konnten Klaus Klemm und Rainer Bock nachweisen, dass diejenigen deutschen Bundesländer bei PISA bessere Durchschnittswerte erzielten, wo niedrige Arbeitslosenquoten, starke Wirtschaftskraft, hoher Bildungsstandard und überdurchschnittliches Einkommen vorzufinden sind (vgl. Klemm/Block 2005).

PISA-Forschungsergebnisse aus dem Jahr 2003 belegen (vgl. Prenzel et al. 2004), dass Schulleistungen in kaum einem *vergleichbaren* Land stärker von der sozialen Herkunft abhängen als in Deutschland. Sozialstatus und Migrationsgeschichte der Eltern entscheiden bei uns stärker als in vielen an der PISA-Studie teilnehmenden *vergleichbaren* Staaten über die Lesekompetenz der Kinder. Es wurden die größten Unterschiede in der Lesekompetenz zwischen Jugendlichen aus höheren und niedrigeren Sozialschichten gefunden. Das passt wahrscheinlich zu der Tatsache, dass in Deutschland die Schere zwischen Armen und Reichen weiter auseinander gegangen ist (vgl. Deutscher Bundestag 2005). Selbst ein Land wie die USA, das als Beispiel für größte Disparitäten in den Bildungschancen gilt, weist geringere sozial bedingte Leistungsunterschiede auf (vgl. Baumert 2001, S. 382). In keinem *vergleichbaren* Land hat es ein Kind aus benachteiligten Lebenslagen so schwer, Lesen zu lernen. Unserem Erziehungs- und Bildungswesen gelingt es offenbar nicht in dem Maße wie etwa Finnland, eine Kompensation für ungleiche Startbedingungen zu ermöglichen (vgl. Bos et al. 2003). Die Koppelung von Leistung mit Sozialschicht und Migrationshintergrund ist bereits in der Grundschule bedeutend, in der Sekundarstufe I wird dieser Zusammenhang nicht – wie in einem effizient arbeitenden Schulwesen zu erwarten wäre – geringer, sondern verstärkt sich noch weiter. Es handelt sich um einen kumulativen Prozess, der an den Übergängen von Kindergarten zur Grundschule bzw. Sonderschule und von der Grundschule zur Sekundarschule bzw. Sonderschule verstärkt wird (vgl. Baumert et al. 2001, S. 323ff.; Bos et al. 2003, S. 265ff.).

In Ländern, wo die Schulsysteme eine größere Nähe zu reformpädagogischen Traditionen zeigen, konnten bessere Schülerleistungen gemessen werden. Eines dieser Länder ist Finnland, wo es Einheitsschulen von Klasse 1–9 mit integrierter sonderpädagogischer Förderung gibt. Dort fanden die Bildungsforscher bei einem hohen Gesamtniveau eine herausragende Leistungsspitze und noch dazu eine relativ geringe Abhängigkeit des Kompetenzerwerbs von der sozialen Lage der Herkunftsfamilie (vgl. Baumert et al. 2001). Nicht durch die Anwendung zentraler Druckmittel wie „Qualitätskontrollen“ oder „Vergleichsarbeiten“ erreichen diese finnischen Schulen ihre guten Erfolge, sondern durch Unterstützungssysteme für Schüler und Pädagogen.

In vielen deutschen Schulen versagen „schwache Schüler“ wegen ihrer geringen Chancen. Rund 23% der 15-jährigen Schüler haben bei uns im Verlauf ihrer Schulzeit eine Klasse wiederholt. Deutschland liegt damit deutlich über dem OECD-Mittelwert von 15,2%. Der Anteil der Klassenwiederholer an den 15-Jährigen in verschiedenen OECD-Ländern differiert deutlich (vgl. Schümer 2005):

| | |
|---|---|
| Frankreich: | 42,3% |
| Spanien: | 31,7% |
| Niederlande: | 30,9% |
| *Deutschland:* | 23,0% |
| Italien: | 16,1% |
| USA: | 13,2% |
| Kanada: | 12,2% |
| Australien: | 9,4% |
| Schweden: | 4,0% |
| Ver. Königreich: | 3,7% |
| Finnland: | 2,4% |
| Japan: | 0% |
| Norwegen: | 0% |

In Deutschland haben 40% der 15-Jährigen, die eine Hauptschule besuchen, während ihrer Schulzeit schon einmal eine Klasse wiederholt. Im Gymnasium liegt dieser Anteil nur bei knapp 10% (vgl. Drechsel/Senkbeil 2004). In Nordrhein-Westfalen wiederholten allein im Schuljahr 2004/05 in allen Schulformen 82000 Schüler. Bei angenommenen Durchschnittskosten von ca. 4000 € pro Schüler pro Jahr stände bei Wegfall der Klassenwiederholung eine enorme Geldsumme für die Entwicklung eines wenig selektierenden Schulsystems nach dem Beispiel Finnlands zur Verfügung. Die randständigen Kinder würden davon besonders profitieren.

Besonders die Jungen aus ärmeren Familien mit Migrantenhintergund sind im Vergleich zu Mädchen und Jungen aus „bildungsnahen Elternhäusern“ benachteiligt. Aus Untersuchungen zum Einfluss von Geschlecht und Migration auf den Bildungserfolg treten Tatsachen zu Tage, die besonders die als „bildungsfern“ stigmatisierten Schichten negativ treffen (vgl. Preuss-Lausitz 2005; Bellenberg u. a. 2004; Stanat/Müller 2005):

- **Einschulung**: Die Zurückstellungsquote liegt bei 7%. Jungen werden häufiger zurückgestellt (60%). 3% aller Erstklässler werden in Förderschulen eingeschult (mit steigender Tendenz).
- **Sitzenbleiben**: Ca. 2% der Grundschüler bleiben sitzen, davon sind 4mal häufiger Kinder mit Migrationshintergrund betroffen. 60% der Jungen und 40% der Mädchen wiederholen ein Schuljahr.
- **Sonderpädagogische Förderung**: Allgemein ist eine steigende Tendenz festzustellen. Inzwischen bekommen 5,5% der Kinder sonderpädagogische Förderung, 2,9% mit dem Förderschwerpunkt Lernen. 64% sind Jungen. In NRW werden 9000 SchülerInnen pro Jahr zur Förderschule überwiesen, nur 1500 SchülerInnen werden von der Sonderschule zur allgemeinen Schule zurück überwiesen.
- **Leistungsbewertung:** Für gleiche Leistungen bekommen Jungen schlechtere Noten als Mädchen
- **Hauptschulabschluss:** Von einem Altersjahrgang erreichen 22% der Mädchen und 30% der Jungen den Hauptschulabschluss. 7% der Mädchen und 11% der Jungen bekommen keinen Schulabschluss. 18% der Migranten und 7% der Deutschen verlassen die Schule ohne Abschluss. Von den Schülern ohne Hauptschulabschluss waren im Jahr 1970 noch 55% Jungen, bis 2001 stieg dieser Anteil auf 65% an.
- **Realschulabschluss:** Von einem Altersjahrgang erreichen 42% der Mädchen und nur 37% der Jungen den Realschulabschluss.
- **Abitur:** Von einem Altersjahrgang erreichen 28% der Mädchen und nur 22% der Jungen das Abitur. Nur 10% der Migranten erlangen die allgemeine Hochschulreife, bei den Deutschen sind es dagegen 25%. Während noch 1970 60% der Abiturienten Jungen waren, sank der Anteil 2002 auf nur noch 44%. Jungen verlassen häufiger als Mädchen vorzeitig das Gymnasium.
- **Lesen:** Jungen lesen weniger gern, seltener und schlechter.
- **Körperliche Faktoren:** Jungen sind häufiger krank, hyperaktiv, übergewichtig, feinmotorisch beeinträchtigt.
- **Verhaltensstörungen:** Von den Kindern die als „verhaltensgestört“ eingeschätzt werden, sind 75 % Jungen. Sie werden häufiger als Mädchen in entsprechende Förderschulen überwiesen. Jungen sind häufiger sowohl Täter, als auch Opfer von Gewalt. Sie geraten häufiger in Außenseiterrollen.

Besonders zielsicher wird Selektion bei bildungsbenachteiligten Kindern praktiziert, indem sie in die Förderschule mit dem Schwerpunkt Lernen überwiesen werden. Dort entzieht man sie dem gemeinsamen Lernen mit anderen Kindern mit der (gutachterlichen!) Begründung, die Förderschule sei der bessere Lernort und die Lehrkräfte in der Förderschule seien bessere Experten für die Förderung des „lernbehinderten" Kindes (vgl. Kottmann 2005). 70% aller Schüler mit sonderpädagogischem Förderbedarf in Deutschland werden in den Schwerpunkten „Lernen", „Sprache und Sprechen" sowie „Emotionale und soziale Entwicklung" gefördert. Brigitte Kottmann (2005) analysierte sämtliche Überweisungsgutachten dieser Förderschwerpunkte eines Schulamtsbezirks in NRW (n=167) aus dem Schuljahr 1999/2000. Dabei wurden folgende aussondernde Vorgänge registriert, die besonders Kinder aus so genannten „bildungsfernen" Familien benachteiligt:

- 90% der Verfahren führten auch tatsächlich zur Feststellung des sonderpädagogischen Förderbedarfs. Fragwürdig ist damit, dass Eltern gegenüber geäußert wurde, die Überprüfung sei unverbindlich.

- Vom Förderschwerpunkt Lernen sind besonders Kinder betroffen, die aus sozial benachteiligten Verhältnissen stammen, oder Migrantenkinder. Sie wurden in dem untersuchten Bezirk ausschließlich der Förderschule zugewiesen, obgleich viele Eltern mit dem Verfahren nicht einverstanden waren.

- Die Intelligenzmessung ist noch immer zentraler Bestandteil des Überweisungsverfahrens: Niedrige Werte legitimierten eine „Lernbehinderung". Hohe Werte widerlegten diese Diagnose jedoch in der Regel nicht. In den Fällen wurde die schwache Schulleistung zur Begründung herangezogen oder der Förderbedarf im Bereich der emotionalen und sozialen Entwicklung festgelegt.

Wie die benachteiligten, „schwachen Schüler" ihre Lebenslage bewältigen, ist wenig in Feldforschungsprojekten untersucht worden. Die Jungen und Mädchen als „Experten ihrer Lebenswelt" ernst zu nehmen (vgl. Wischer & Werning 2000), wird selten als Erhebungsmethode zur Erfassung der Lage armer Kinder gewählt. Viele Studien zur Kindheit berücksichtigen die sozial randständigen Kinder nicht. Ein verstehender Zugang zu den Lebenswelten, Alltagserfahrungen und subjektiven Deutungsmustern dieser Kinder fehlt häufig noch. Das Verhalten wird eher als abweichend interpretiert. Es besteht die Gefahr, dass sich defizitorientierte Sichtweisen auf randständige Kinder verfestigen.

## 3. Schulische Konzeption für Kinder in sozialen Brennpunkten

Die Pädagogik der Vielfalt muss „jeweils von den Beteiligten als 'Schule für alle' konkretisiert werden" (Hinz 1998, 143). Dabei kommt es darauf an, welches Einzugsgebiet eine Grundschule hat, ob „wohnortnah" integriert wird oder ob es sich um eine Angebotsschule handelt, die Schüler einer ganzen Stadt nach bestimmten Auswahlkriterien aufnehmen kann. Auch innerhalb derselben Schulbezirksgrenzen können zwei Grundschulen durch eine sozialökonomisch völlig unterschiedliche Schülerschaft geprägt sein. So ist es denkbar, dass eine konfessionsgebundene Grundschule mit „gemeinsamem Unterricht" „behinderte" und „nichtbehinderte" Kinder vorwiegend aus Mittelschichtsfamilien integriert, während eine benachbarte „Gemeinschaftsgrundschule", die offiziell „ohne Integration" arbeitet, im selben Einzugsgebiet fast nur Schüler aus armen und randständigen Familien (überwiegend mit nichtdeutscher Herkunft) unterrichtet. Wo sich die Integration innerhalb einer Grundschule auf „artikulationsstarke Elterninitiativen" oder „bildungsbürgerlich fortschrittliche und in der Tradition der 68-er-Bewegung stehende Theorie mit emanzipatorischem Impetus" (Hinz 1998, 127) gründet, entwickelt sich ein anderes Konzept, als in einer Grundschule im sozialen Brennpunkt. Dort ist teilweise die Grundversorgung der Kinder nicht sicherstellt. Einige Kinder kommen hungernd in die Schule, nicht selten nach einer langen, beunruhigenden Nacht und können aus nahe liegenden Gründen nicht gut lernen. Die Schülerschaft dieser Brennpunkt-Grundschulen ähnelt eher der von „Sonderschulen für Lernbehinderte", die auch überwiegend aus armen Elternhäusern, vielfach mit Migrationshintergrund stammt. Somit hat eine Brennpunkt-Grundschule in Bezug auf die Schülerschaft mehr Übereinstimmungen mit einer solchen Förderschule als mit einer Regelschule mit *Gemeinsamem Unterricht*, die überwiegend von Kindern der Mittelschicht besucht wird.

Eine „Inklusionspädagogik" oder eine „Pädagogik der Vielfalt" speziell für *Grundschulen in sozialen Brennpunkten* sollte konzipiert und theoretisch fundiert werden. Anstöße zu einer *inklusiven* Brennpunkt-Konzeption sind von der Grundschule Grumbrechtstraße in Hamburg ausgegangen. Diese Schule ist geprägt durch mehrere Entwicklungslinien, die teilweise parallel verliefen (vgl. Hinz 1998):

- Entwicklung zur Integrationsschule nach dem Modell der „Integrativen Regelklasse"
- Entwicklung zur Stadtteilschule durch Kooperation mit anderen Institutionen
- Entwicklung zur „gesunden Schule" durch Schulhofgestaltung, Pausenspielmaterialien, psychomotorische Angebote, gesundes Frühstück, Therapieangebote in den Räumen der Schule, ergonomisches Mobiliar, Kooperation mit medizinischen Diensten
- Entwicklung zur Altersmischung mit den Jahrgangstufen 0–2 und 3–4
- Entwicklung zur interkulturellen Schule mit sozialarbeiterischer Unterstützung für Elternarbeit und Sprachunterricht
- Entwicklung zur Angebotsschule mit der Öffnung der Schulbezirksgrenzen zum Zwecke der besseren sozialen Mischung
- Entwicklung eines Konzepts zur „Verlässlichen Halbtagsgrundschule"

Die Struktur einer Brennpunktschule unterscheidet sich grundlegend von der einer integrativen Grundschule mittelständischer Prägung. Im Brennpunkt darf die sozialökologische Dimension nicht vernachlässigt werden: Dort kann die Hauptaufgabe einer „Pädagogik der Vielfalt" nicht darin bestehen, Defizite der Kinder zu kompensieren, um sie für das Leben im „bildungsbürgerlichen Milieu" vorzubereiten. Vielmehr hilft die Schule mit, günstige Umfeldbedingungen für die Kinder zu schaffen. Zu den existenziellen Anliegen der Schule gehört hier, auch die Grundversorgung der Schüler mit Lebensmitteln sicher zu stellen. Außerdem tragen die Pädagoginnen dazu bei, gesundheitsfördernde Wachstumsbedingungen wie *verlässliche Beziehungen, Problemlösung und Bewegung* zu ermöglichen. Alle Grundlagen für erfolgreiches Lernen der Kinder stehen unmittelbar im Zentrum sozialpädagogischer Bemühungen der Schule. Auch Unterrichtskonzepte einer Brennpunktschule wie offener Unterricht, Inklusion, Altersmischung oder ganztägige Schulerziehung dienen der Förderung der Gesundheit (vgl. auch Kapitel 3).

Aus der von Ulf Preuss-Lausitz 2002 erstellten Übersicht über Ergebnisse der Integrationsforschung im deutschsprachigen Raum möchte ich einige Schlussfolgerungen für die pädagogische Arbeit im sozialen Brennpunkt ziehen:

| ***Wichtige Ergebnisse der Integrationsforschung, besonders im Primarbereich (vgl. Preuss-Lausitz 2002)*** | ***Pädagogische Schlussfolgerungen für Schulen im sozialen Brennpunkt*** |
|---|---|
| Im gemeinsamen Unterricht werden stärker als im nicht-integrativem Unterricht *offene Formen* eingesetzt: Mischung aus Gemeinsamkeit und innerer Differenzierung, Freiarbeit, Projektarbeit, Morgenkreise, Abschlusskreise, mit Körperarbeit, Sinnesschulung u. a. | Den offenen Unterricht auf hohem Niveau weiter entwickeln. |
| Schulleistungen von *nichtbehinderten* und besonders *begabten* Schülern sind besser in integrativen Klassen als in nicht-integrativen Parallelklassen, wenn das Lernen geprägt ist durch Selbst- und Mitbestimmung, individuelle Pläne, gemeinsame Themen, strukturierte Orientierung, Handeln, Kooperation, Übung u. a. | Selbstbestimmtes, handelndes und kooperatives Lernen im offenen Unterricht verbinden mit Bezug zur Klassengemeinschaft und Transparenz für alle. |
| Sonderpädagogische Förderung ist nur effektiv, wenn sie *klassenintegrierend* erfolgt und nicht in separaten Fördergruppen parallel zum Unterricht. | Nur geringes Maß an äußerer Differenzierung praktizieren. |
| *Schulleistungen* von „lernbehinderten" Schülern sind besser in integrativen Schulen als in Förderschulen. | Es sind keine oder nur wenige Überweisungen zur „Förderschule Lernen" nötig. |
| Soziale Integration ist im Allgemeinen erfolgreich. Integration in der *Freizeit* gelingt besonders dann, wenn *Schul- und Wohnumfeld* die gleichen sind. | Stadtteilschule ist anzustreben, keine Angebotsschule für Kinder aus anderen Bezirken, wenn keine Kontakte bestehen. |
| Kinder mit *Aggressionen* haben Probleme bei der sozialen Integration. | Verlässlichkeit, klare Regeln und Rituale, Klassenrat als Forum der Klassengemeinschaft zur Lösung von Problemen. |
| *Sympathien* aller Schüler zueinander sind besser in integrativen Klassen als in nicht-integrativen Parallelklassen. Nichtbehinderte Schüler fühlen sich in Integrationsklassen wohler. Schulzufriedenheit der Förderkinder ist höher als die der Nichtbehinderten in der eigenen Klasse. | Besondere Angebote für *alle* Kinder unabhängig von Förderbedarf sind nötig. |
| *Demokratische Sozialisation* wird verstärkt: Die Akzeptanz von Ausländern und allgemein von Anderssein ist besser in Integrationsklassen. Die Vermutung, dass Förderkinder in integrativen Klassen unter Diskriminierung, Leistungsdruck und wahrgenommener Diskrepanz leiden, ist nicht bestätigt. Ablehnung von Behinderten in Förderschulen ist am größten. | Eine „inklusive" Brennpunktschule schafft eine gute Basis für interkulturelle Erziehung und demokratische Schulkultur. |

| ***Wichtige Ergebnisse der Integrationsforschung, besonders im Primarbereich (vgl. Preuss-Lausitz 2002)*** | ***Pädagogische Schlussfolgerungen für Schulen im sozialen Brennpunkt*** |
|---|---|
| Eltern behinderter wie nichtbehinderter Kinder akzeptieren gemeinsamen Unterricht stark. | Vor Eltern braucht die inklusive Arbeit nicht versteckt zu werden. |
| Von Lehrerinnen werden folgende Rahmenwerte pro Klasse als günstig eingeschätzt:<br>24 Kinder, davon 2–3 Förderkinder verschiedener Behinderungsart, möglichst nur 1–2 Kinder mit aggressiven Verhaltensauffälligkeiten, Gleichverteilung von Jungen und Mädchen. Teilweise Doppelbesetzung günstig. | Gleichverteilung der Kinder mit Förderbedarf in alle Klassen der Schule, Gleichverteilung der Lehrerstunden auf alle Klassen. Regelungen zur Begrenzung der Aufnahme. |
| *Teamfähigkeit* ist zentrale Lehrerkompetenz, zweite Lehrkraft wird sowohl entlastend als auch belastend erlebt. Arbeitszeit ist erhöht, Berufszufriedenheit wächst. | Feste multiprofessionelle Teams, regelmäßige Supervision, verpflichtende Teamsitzungen mit Stundenentlastung. |
| Gemeinsamer Unterricht verbraucht nicht mehr Geld als der Unterricht in Förderschulen. Modellrechnung in Rheinland-Pfalz: Auflösung aller Förderschulen für Lernen und Sprache und die Integration von 30% geistig behinderter Kinder in Regelschulen wäre personell *kostenneutral*, zusätzliche Einsparungen bei den Schulträgern. | Eine pauschale sonderpädagogischen Stellenzuweisung für die Brennpunktschule ist sinnvoll. |

Zu vielen Forschungsfragen gibt es bisher kaum wissenschaftliche Studien: Zum gemeinsamen Unterricht mit Kindern nichtdeutscher Herkunft, mit Kindern verschiedener Behinderungsarten, mit Jugendlichen in der Sekundarstufe, zur fachdidaktischen Konkretisierung und Qualitätssicherung von integrativem und inklusivem Unterricht, zum internationalen Vergleich integrativen oder inklusiven Unterrichts, zum Vergleich des gemeinsamen Unterrichts mit Prozessen im Förderschulwesen. Integrative und inklusive Brennpunktschulen müssen folglich zu *Versuchsschulen* mit wissenschaftlicher Begleitung umgewandelt werden, um ungestört von administrativen Bremsklötzen verschiedene Wege inklusiver Förderung erproben und erforschen zu können. Die Kooperation zwischen integrativen Primar- und Sekundarschulen muss verstärkt werden. Weder integrationspädagogisch noch allgemein erziehungswissenschaftlich und erst recht nicht aus dem Blickwinkel der Inklusion ist nachvollziehbar, wieso die Grundschule in Deutschland auf 4 Jahre begrenzt bleibt (vgl. Stähling 2002 a).

# Kapitel 2
# „Du gehörst hier nicht hin“ oder: Aussondern von Kindern und Absondern vom Leben führt zum Abstieg des „schwachen Schülers“

„Verzeih mir meine Sünden. Ich habe viel gesündigt.
Aus dem Glas habe ich Pflaumenmus genascht,
habe über einen Buckligen gelacht,
habe geschwindelt, dass Mama mir erlaubt, schlafen zu gehen, wann ich will.
Zigaretten habe ich schon zweimal geraucht,
und ich habe hässliche Ausdrücke gebraucht.
Aber du bist ein guter, du verzeihst mir,
weil es mir leid tut und ich mich bessern will.“

Janusz Korczak: Gebet eines Jungen (1922)

## 1. „Einen Sozialarbeiter bekommen Sie sowieso nicht.“ – Brennpunktschule ohne Sozialarbeit führt zu Aussonderung von Schülern

„Meine Mutter hat mir kein Pausenbrot mitgegeben. Ich esse sowieso nichts – ich habe keinen Hunger.“

„Und warum trinkst du keinen Kakao?“

„Das soll ich nicht. Meine Mutter hat nicht so viel Geld dafür.“

Und so sitzt dieses Kind in der Frühstückspause an seinem Platz. Allein gelassen, etwas Besonderes. Ein Mitschüler steckt dem Kind heimlich ein Stück von seinem rein geschmuggelten Schokoriegel zu.

15% der Haushalte gelten nach Einschätzung von Praktikern als Familien, in denen mehrere Problemlagen aufeinander treffen: Schulprobleme, Überschuldung, chronische Krankheiten, schlechte Wohnverhältnisse, Alkoholismus und/oder Drogenabhängigkeit, Kriminalität, Prostitution (vgl. Richter 2003). Kinder aus diesen Verhältnissen entwickeln verschiedene Strategien des Überlebens. Allen gemeinsam ist, dass ihnen „stabile Strukturen“ fehlen. Ich stelle immer wieder im Alltag des sozialen Brennpunkts fest, dass Kinder in benachteiligten Lebenslagen den Wunsch nach verlässlicher Bindung zu Lehrern, anderen Erwachsenen und Mitschülern wie ein Grundbedürfnis ständig anmahnen: Sie möchten dazu gehören, gebraucht werden und wissen, dass sie morgen auch dabei sind.

Wer den mehr verhärteten als enttäuschten Blick eines Kindes kennt, das nach einer Klassenfahrt von seinen Eltern nicht abgeholt wird, weil mal wieder die Erwachsenen etwas „nicht geregelt“ bekommen, der ahnt dieses Grundbedürfnis nach Verlässlichkeit. Wer das zu spät zur Schule kommende Mädchen aus einer von Arbeitslosigkeit gezeichneten Familie erlebt, wie es schon resigniert das häufige Verschlafen der Eltern als Selbstverständlichkeit hinnimmt, kann spüren, wie sich ein solches Kind die Verspätung selbst vorwirft. Hier hat es mal wieder versagt: „Ich bin eben nicht gut in der Schule“ – als wäre damit schon klar, dass dieses Mädchen, das ohne zu trinken und zu essen (vom Zähne putzen ganz zu schweigen) viel zu spät zum Unterricht kommt, auch künftig keine Chance hat.

Hochachtung vor diesem Mädchen, das es trotz aller Hindernisse schafft, noch zur Schule zu kommen, wenn auch zu spät und ohne Socken, obwohl Winter ist. Auf ihrem mit einem roten Glitzerherz geschmückten T-Shirt lese ich die Botschaft „I need you“. Dann frage ich mich nicht mehr, ob wir hier in der Schule gemeint sein könnten. Wir hören die Botschaft, wir wissen, was zu tun ist und wir tun, was wir können. Schnell kommen wir an unsere Grenzen. Wir haben nicht viel Zeit. Die Eltern müssen unterstützt werden. Einen an der Schule angestellten Sozialarbeiter zur Unterstützung der aufsuchenden Elternarbeit haben wir nicht.

Wir berichten von diesen unwürdigen Lebensbedingungen in Gremien und Ausschüssen, und die verantwortlichen Jugendhilfeplaner suchen nach finanzierbaren Maßnahmen. Eine Sozialarbeiterstelle für eine Schule ist angeblich nicht bezahlbar. „Einen Sozialarbeiter bekommen sie sowieso nicht!“, sagt mir jemand von der Jugendhilfe.

Stattdessen schenkt man dem sozialen Brennpunkt einige über Werbung finanzierte Aktionen, die der mittelständigen Bevölkerung in anderen Stadtteilen auch angeboten werden: Zahnputzübungen mit Werbegeschenk-Bürsten, ein gesundes Schulfrühstück, Butterbrotdosen mit Werbeaufdrucken.

Viele dieser oder anderer „Einzelevents“ bleiben ohne nachhaltige Wirkung. „Das Geld dafür hätten sie sich sparen können“, höre ich immer wieder von erfahrenen Pädagogen vor Ort. Die Ämter zeigen sich allerdings sehr hilflos, wenn das Mädchen mit dem T-Shirt-Aufdruck konkret um Hilfe bittet. „I need you!“ – Sie braucht einen erwachsenen Menschen und eine Gruppe, die zuverlässig sind. Die amtliche Antwort darauf heißt: „Das ist aber doch Aufgabe der Eltern, nicht der Schule.“

- Wenn die Eltern jedoch versagen? – „Dann muss man sie an ihre Pflichten erinnern!“
- Wenn dies nicht hilft? – „Dann muss eine Beratungsstelle eingeschaltet werden.“
- Wenn die Eltern dies nicht wollen? – „Dann muss die Jugendhilfe informiert werden.“
- Wenn die Eltern den Kontakt ablehnen? – „Dann muss die Vernetzung der Einrichtungen verbessert werden.“

Für alle Probleme kennt man eine andere zuständige Institution. Ist auf diese Weise die Welt wieder im Lot? Die Experten im Brennpunkt und die Betroffenen selbst wissen, was dieses Mädchen anstelle von geschenkten Zahnbürsten und eingeschalten Institutionen brauchte: Einen zuverlässigen erwachsenen Menschen und eine vertrauenswürdige Gruppe. Wenn man das Mädchen fragte, es in die „Förderplanung“ einbezöge, wüsste man: Die verlässliche Bindung und die Zugehörigkeit zu Menschen ist durch nichts zu ersetzen. Wenn das vorhandene Personal dafür nicht ausreicht, helfen „Vernetzungen“, Gremien, Arbeitskreise und selbst „Helferkonferenzen“ wenig.

Am Beispiel eines „schwachen“ Schülers versuche ich, dies zu verdeutlichen. Der typische Fall „Ralf Dierks“ (vgl. Stähling 2005a; Namen wurden geändert) zeigt, auf welche Weise Institutionen wie Jugendhilfe, Sonderschulen, allgemeine Schulen und Polizei in Deutschland durch ihre eigenen Handlungen und systembedingten Vorgaben zur Kumulation der Problemlage randständiger

Kinder beitragen. Menschen in benachteiligten Lebenslagen müssen große Hindernisse auf dem Weg zu „allgemeiner Bildung" überwinden. Ralf Dierks gehört zu den 15 % der Schüler in Deutschland, die von Beginn der Pubertät an die Schule schwänzen.

## 1. Das Beispiel eines bildungsbenachteiligten Schülers

Der typische „Fall Ralf Dierks" war Grundlage einer Tagung mit dem Titel „Straßenkarrieren im *Schnittpunkt von Jugendhilfe, Schule und Polizei*", die 1999 beispielhaft aufzeigte, wie öffentliche Institutionen an Kinder mit „Straßenkarrieren" herangehen (vgl. Hansbauer 2000). Hier kann nur kurz die frühe Familiengeschichte des scheiternden Jungen gezeigt werden.

**Kommentierte Entwicklung von Ralf Dierks, nach Alter des Jungen** (vgl. Hansbauer 2000, Stähling 2005 a); die Handlungen von Jugendhilfe, Gesundheitsdienst, Polizei, Kindergarten, Schule sind eingerückt:

*2 Jahre:* Vater hatte die Mutter öfter geschlagen. Mutter verlässt die Familie. Sie versucht Ralf zu sich zu nehmen, scheitert damit. Vater bedroht sie. Wohnung ist unaufgeräumt, Ralfs Kleidung verschmutzt. Alkoholmissbrauch des Vaters. Vater verhindert, dass Ralf zu seiner Mutter Kontakt aufnimmt.

> Der Allgemeine Sozialdienst (ASD) besucht Vater und Ralf zu Hause, Vater bekommt vorläufiges Sorgerecht; Tagespflege: Betreuung bei Nachbarin.
> Kommentar: Ralf kann sich von früh an auf seine Eltern nicht verlassen. Er braucht eine stabile Bezugsperson. Eine heilpädagogische Tagesstätte, die zugleich die Eltern unterstützt und berät, könnte helfen.

*Ab 3 Jahren:* Der Kontakt zwischen Mutter und Ralf ist abgebrochen. Neue Lebensgefährtin des Vaters (Frau Gajic) mit 5-jähriger Tochter (bisher in Pflegefamilie) zieht in die Wohnung. Vater streitet sich lautstark mit der neuen Frau unter Alkoholeinfluss. Vater ist arbeitslos.

> Nach der Scheidung bekommt der Vater das Sorgerecht mit der Begründung, dass die leibliche Mutter den Kontakt zu Ralf abgebrochen hat. ASD hat keine weiteren Kontakte zum Vater. Nachts wird mehrfach die Polizei gerufen, um Alkoholisierte zur Ruhe zu bringen.
> Kommentar: Übertragung des Sorgerechts an den Vater ist problematisch. Eine verlässliche Beziehung ist nicht zu erwarten.

*6 Jahre:* Ralf fällt auf durch starke Aggressivität, Angst vor Menschen, Sprachstörungen. Frau Gajic wirft dem Schulkindergarten Unfähigkeit vor. Das Verhältnis vom Vater zu Ralf scheint zerstört. Das Verhältnis von Frau Gajic zu Ralf ist distanziert. Während einer Langzeitkur kommt es nur zu einem Besuch.

> Ralfs Verhaltensauffälligkeiten sind Thema im Kindergarten. Er wird vom Schulbesuch zurückgestellt: 1 Jahr Schulkindergarten. 300 km vom Wohnort entfernt wird eine therapeutische Langzeitkur durchgeführt.

Kommentar: Die auffälligen Störungen sind ein Hilferuf des Jungen nach mehr Halt und Zuverlässigkeit. Ralf erlebt seine Umgebung ohne dauerhaften Halt. Das Erziehungswesen mit häufig wechselnden Förderorten trägt hier zur Destabilisierung bei. Ein Kindergartenbericht liegt nicht vor. Auch dies ist ein Zeichen für eine Kommunikationssituation, die durch Datenschutz und Misstrauen erschwert ist.

*Ab 7 Jahren:* Ralf besucht die Sprachheilschule und fällt dort durch sein Verhalten auf. Ralf verbringt ohne Wissen der Eltern teilweise ganze Nachmittage außer Haus. Frau Gajic bittet um Hilfe durch den ASD, weil Ralf sich ihr gegenüber aggressiv verhält und den Kontakt blockiert.

Sprachheilschule. ASD-Beratungsgespräche: das Angebot einer Erziehungsbeistandschaft wird abgelehnt. Vater weist Einblick des ASD in familiäre Verhältnisse zurück. ASD vermittelt Besuch der Familie bei einer Erziehungsberatungsstelle. Dort lehnt der Vater persönliche Fragen ab und schätzt die Lage der Familie so ein, dass nur Ralf eine psychologische Beratung benötige. Die Psychologin berät daraufhin die Familie nicht mehr weiter.
Kommentar: Zu viele Institutionen arbeiten mit dem Kind. Nur eine Person in der Schule müsste die Familie beraten, unterstützen und Vertrauen aufbauen. Diese Person könnte für die gesamte Familie „Brücken“ bauen zu weiteren Einrichtungen.

*10 Jahre:* Ralf wechselt nach drei Jahren Sprachheilschule auf die Regelgrundschule. Vater meldet Ralf gegen die Empfehlung der Grundschullehrerin an der Gesamtschule an.

Kommentar: Das Schulsystem bietet dem Kind keine stabilen Verhältnisse an. Der Wechsel von Schulklassen, Schulen und Schulformen ist Gift für Ralfs Entwicklung. Berichte der Grundschule und der Sonderschule liegen nicht vor. Auch dies ist Ausdruck uneffektiver Kooperation.

*11 Jahre:* Ralf ist durch den Unterricht der Gesamtschule überfordert, erledigt seine Hausaufgaben nicht und bleibt der Schule einige Male fern. Der Vater verprügelt ihn, als er informiert wird. Daraufhin flüchtet Ralf für zwei Tage aus dem Haus.

In der Gesamtschule führt Ralfs Verhalten zu keinen Konsequenzen. Lehrer ermahnen ihn wegen der fehlenden Hausaufgaben, der Klassenlehrer spricht mehrfach mit Frau Gajic.
Kommentar: Weitere Pädagogen scheitern an Ralf. Kein Mensch kann Stabilität bieten. Das Schulsystem mit dem zu frühen Übergang zur „weiterführenden“ Schule führt zu Unsicherheiten, weil Bezugspersonen erneut wechseln. Ralf erlebt viele Misserfolge, was sein Selbstvertrauen untergräbt.

*11 Jahre:* Ralf wird bei einem Ladendiebstahl mit einer Gruppe gefasst. Vater ist überlastet durch die Erziehungsprobleme, sieht keinen Ausweg mehr und wünscht Heimaufenthalt.

Polizei kann die Eltern nach dem Ladendiebstahl nicht erreichen und bringt Ralf in ein Aufnahmeheim. Ein Sozialpädagoge spricht mit Ralf und den Eltern. Ralf kann sich kaum äußern. Vater beschimpft ihn und spricht resigniert über die Entwicklung seines Sohnes: Trotz aller Strenge habe er ihn nicht mehr im Griff. Er solle ins Heim. Frau Gajic wirft Ralf vor, er bringe der Familie Schande. Es erfolgt keine Heimeinweisung. Stattdessen wird ein Kontakt zu einer Erziehungsberatungsstelle hergestellt; Ralf ist nicht bereit und in der Lage, die Hilfe anzunehmen. Die Beratung wird schon nach der ersten Sitzung abgebrochen.
Kommentar: Ralf hat offenbar eine Bezugsgruppe gefunden, die Halt zu geben scheint. Alle legitimen Gruppen (Schulklassen) wurden so häufig gewechselt, dass eine kontinuierliche Bindung nicht aufgebaut werden konnte. So bietet die kriminelle Gruppe die lang ersehnte Aussicht auf Zugehörigkeit. Der Wunsch nach einem „Heim" ist aus jeder Sicht verständlich. Die Maßnahme erfolgt jedoch nicht. Das klassische Setting einer Beratungsstelle wird dem entmutigten Jungen nicht mehr gerecht. Ralf kann sich auf eine verlässliche Person so nicht einlassen. Ein Vertrauen kann nur noch sehr langsam wachsen.

*12 Jahre:* Ladendiebstahl; Ralf wird gefasst.

Polizei bringt Ralf nochmals in das Aufnahmeheim. Er wird auf eigenen Wunsch von dort nach Hause entlassen.

*12 Jahre:* Ralf fehlt drei Wochen unentschuldigt in der Schule. Weiterer Ladendiebstahl, bei dem Ralf flieht und beim Herauslaufen eine Frau in die Fensterscheibe stößt. Aus Angst vor dem Vater will er nicht mehr nach Hause und bittet beim Jugendamt, in ein Heim aufgenommen zu werden. Im Aufnahmeheim hält sich Ralf nicht an die Regeln. Ralf wohnt wieder zu Hause. Er fehlt weiterhin in der Schule. Vater versucht durch starken Druck Ralfs Verhalten zu ändern. Unter Alkoholeinfluss kommt es zu körperlichen Übergriffen.

Die Schule teilt das Fehlen dem Jugendamt mit. Das Jugendamt weist ihn nach dem weiteren Ladendiebstahl zunächst in das Aufnahmeheim ein. Aufgrund der Regelverstöße im Aufnahmeheim wird Ralf von dort nach Hause entlassen. Die Schule droht mit Bußgeld, wenn der Schulbesuch nicht regelmäßig erfolgt.
Kommentar: Der Heimaufenthalt erscheint Ralf als Rettung. Auch hier böte sich eine (allerdings späte) Chance, Ralf an eine dauerhafte Kontaktperson zu binden. Ein verlässlicher Mensch fehlt.

In den folgenden Jahren überschlagen sich die Ereignisse bei Ralf. Seine Lage spitzt sich weiter zu: Sucht und Delinquenz folgen. Ralf wird in eine Schule für Lernbehinderte und – sogar noch mit 16 Jahren – in eine Schule für Erziehungshilfe überwiesen. Es ist zu erwarten, dass Ralf zu den 23 % der Schüler in Deutschland gehört, die mit 15 Jahren kaum oder gar nicht lesen können (Baumert et al. 2001). Ralf findet trotz Förderung, Begleitung und Beratung wie viele andere „Sozialbenachteiligte" mit Lern-, Leistungs- und Verhaltensproblemen keine Arbeit.

Wie in vielen ähnlichen Fällen sind die dokumentierten Beobachtungen des Kindergartens und der Schulen sowie die Diagnosen der Gesundheitsdienste teilweise nicht zugänglich gemacht worden. Aus Gründen des Datenschutzes konnten daher viele – möglicherweise hilfreiche – Informationen nicht weitergegeben werden. Sogar für die Fachtagung mit Experten von Jugendhilfe, Schule und Polizei, wo der „Fall Ralf Dierks“ 1999 (mit geänderten Daten) exemplarisch besprochen wurde, konnten nicht alle notwendigen Informationen zur Entwicklung des Jungen zusammengetragen werden.

Die ungünstige familiäre Situation von Ralf trifft zusammen mit Fördersystemen in verschiedenen allgemeinbildenden Schulen, Sonderschulen und der Jugendhilfe, die nicht effizient zusammenwirken und dennoch einen sehr hohen Kostenfaktor darstellen (vgl. Rademacker 2004). In diesem „Verschiebebahnhof“ zwischen Schulen, ASD, Heim, Polizei, Beratungsstelle u.a. übernimmt niemand dafür Verantwortung, dass Ralf wirksame Hilfe bekommt. In Berlin sind eine größere Anzahl ähnlicher Fälle, in denen niemand die Verantwortung für das Kindeswohl übernimmt, empirisch belegt worden (vgl. Preuss-Lausitz/Textor 2006). Hilfeplangespräche mit den beteiligten Institutionen finden zwar statt, führen aber nicht zu einer zuverlässigen menschlichen Unterstützung. Übernimmt eine der angesprochenen Institutionen bei einer solchen „Hilfeplanung“ die „Federführung“, so verrät bereits das Wort „Feder“, wer hier geführt werden kann: Die Dokumentation in den Akten, nicht aber der Hilfebedürftige. „Wenn der Fall mal vor dem Richter landet“, muss die Aktenlage lückenlos und nachvollziehbar sein!

Zeit für das betroffene Kind und dessen Familie hat eigentlich keiner der am Hilfeplan Beteiligten. So delegiert man – falls irgendwelche „Fördermittel locker gemacht werden können“ – die echte Kontaktpflege zu den Betroffenen an andere, nicht selten Honorarkräfte. „Familienhilfe“ wird vorgeschlagen, um im alltäglichen Gespräch mit den Familienmitgliedern neue Wege zu bahnen. Auch Elternkurse oder Kinderevents werden versucht. Es ist leicht vorstellbar, dass Ralf nicht durch die Initiierung einzelner „Highlights“ wie „gesundes Schulfrühstück“, Aktionen gegen den Einstieg ins Rauchen oder Stressbewältigungsprogramme zum gesunden Leben geführt wird. Hier wird eine empirisch weitgehend gesicherte, grundlegende Regel der „Gesundheitsförderung“ missachtet, nämlich die Selbstbestimmung und Partizipation der Beteiligten (vgl. Paulus 2002). Man fragt nicht, was ein typischer „Störer“ wie Ralf eigentlich selbst will. Er und seine Begleiter vor Ort werden nicht ernst genommen, wenn man mithilfe von Einzelaktionen gegen ungesunde Ernährung, Bewegungsmangel, Fernsehkonsum, Rauchen, Drogen, Gewalt und Kriminalität missionieren will.

Erfahrungsgemäß findet der typische Abstieg eines Schülers wie Ralf in der *Schule* statt, indem über längere Zeiträume hinweg keine ermutigende Unterstützung geleistet wird. Der Teufelskreis beginnt in der Regel dadurch, dass sich die Lehrerin durch das Kind überfordert fühlt. Häufig fühlt sie sich gestört und weiß keinen Weg, die Situation zu steuern. Nicht selten fangen auch Mitschüler an, sich zu beschweren. Sie grenzen sich von dem auffälligen Kind ab und berichten zu Hause den Eltern von ihren Sorgen. Diese versuchen zuweilen ebenfalls einzugreifen, indem sie Ratschläge erteilen, sich zur Wehr zu setzten. Einige suchen die Lehrerin auf und bitten darum, dass ihr Kind nicht mit dem Störenfried zusammen sitzen und arbeiten solle. Die Lehrerin mahnt die Eltern des „auffälligen" Schülers an und bittet um Mithilfe. Falls sie mit den Eltern keine Lösung findet, empfiehlt sie, eine Beratungsstelle aufzusuchen. Es vergehen Monate, in denen sich nichts verändert. Um sich zu entlasten, berichtet die Lehrerin Hilfe suchend den Kolleginnen und der Schulleitung von ihren Problemen. Zugleich wird nun von der Schule eine Beratungsstelle oder ein sozialer Dienst eingeschaltet, da die Eltern möglicherweise selbst keine Initiative ergreifen. Bei den üblichen Wartezeiten vergehen weitere Monate und das nächste Zeugnis rückt näher.

In den Zensuren oder Gutachten spiegeln sich oft drastisch die hilflosen Versuche wider, dem Kind und den Eltern eine letzte Warnung mitzugeben. Spätestens jetzt droht die Nichtversetzung oder die Überweisung in eine „Förderschule". Inzwischen spricht die Lehrerin selbst mit den sozialen Diensten. Die entsprechenden Berater suchen ihre „alte Akte", in der bereits aus der Kindergartenzeit über diesen „Fall" ausführliche Aufzeichnungen und Gutachten verschiedener Stellen vorliegen. Aus Datenschutzgründen wird die Lehrerin meist nur andeutungsweise über die Vorgeschichte informiert. Die Berichte der Lehrerin jedoch werden schriftlich angefordert oder aber mitprotokolliert und können später als „Aktennotiz" bedeutsam werden. Während dieser langen Prozesse zwischen den Erwachsenen vergeht wertvolle Zeit, in der das Kind keine besondere Förderung erhält. Im Gegenteil: Der Fall weitet sich zu einer Belastung für die ganze Klasse aus und die Fachlehrer beklagen sich ebenfalls über Schwierigkeiten mit dem Kind. Der Schüler erfährt gerade nicht das Gefühl, dass er in der Klassengemeinschaft einen sicheren Platz hat. Ihm wird angedeutet, dass er möglicherweise „rausfliegt", wenn er „so weiter macht". Kind, Eltern, Lehrerin und Klassengemeinschaft erfahren sich fast täglich gemeinsam als hilflos. Die *Abwärtsspirale* ist nicht mehr zu bremsen. Ein sonderpädagogisches Gutachten wird angefertigt, der IQ des Kindes getestet, seine Gesundheit geprüft, sein Verhalten von externen Lehrern beobachtet und protokolliert. Das Ergebnis dieser „Überprüfung" steht zwar nicht vorher fest, aber niemand kann sich in dieser aussichtslosen Lage vorstellen, wie es weiterginge, wenn das Kind wider Erwarten doch in dieser Klasse bleiben müsste. Mindestens ein Klassenwechsel wäre angezeigt.

Das Kind wird ausgesondert. Nach dem Wechsel zur „Förderschule“ oder in eine andere Klasse finden wir ein entmutigtes Kind vor, das in den letzten Monaten keinesfalls lernen konnte, sein Leben sinnvoll in die Hand zu nehmen. Der Scherbenhaufen wird zusammengefegt und ein neuer Anfang steht bevor – so hofft man auf allen Seiten. Insgesamt gesehen wirkt hier das System Schule in „Kooperation“ mit anderen Institutionen daran mit, dass ein Kind nicht gefördert, sondern ausgesondert wird. Für alle Beteiligten ist dieses Verfahren uneffektiv und noch dazu volkswirtschaftlich äußerst unökonomisch. Noch schlimmer: Ein Kind wie Ralf ist nach dieser Prozedur nur noch schwer für neue Perspektiven zu gewinnen.

Man wird auch einem älteren Schüler wie Ralf nicht gerecht mit den üblichen Benachteiligungsprogrammen für solche Jugendliche, bei denen der Übergang von der Schule in die Arbeitswelt nicht gelingt. Ralf gehört zu den Jugendlichen, die keine berufliche Ausbildung beginnen können und in regulären Klassenverbänden und Kleingruppen kaum integrierbar sind. Er brauchte einen verantwortlichen Menschen, mit dem er regelmäßig über seine Probleme reden kann. Durch verbindliche private Betreuung und „personenzentrierte Bildungsangebote“ lassen sich Entwicklungen beeinflussen (vgl. Schroeder 2004). Die Bündelung aller notwendigen Maßnahmen unter dem Dach der Schule, dem „Haus des Lernens“ (s. u.), ist eine Zukunftsvision, die jedoch sehr lebendig werden kann, wenn man andere Länder betrachtet.

Hat ein Mensch wie Ralf einen Rechtsanspruch auf solche ihm angemessene „Erziehung”? Falls nicht: Wie haben wir dann die UN-Konvention über die Rechte des Kindes auf Entfaltung seiner Persönlichkeit zu verstehen? Im Fall Ralf treffen mehrere Artikel des Übereinkommens für die Rechte des Kindes von 1989 zu:

das Recht der Behinderten auf Unterstützung (§ 23),
das Recht auf Gesundheit (§ 24),
das Recht auf Bildung (§ 28, § 29),
das Recht auf Schutz vor Drogen (§ 33)
und das Recht auf Wiedereingliederung (§ 39).

## 2. Exkurs: Zur Geschichte der Spaltung von Jugendhilfe und Schule in Deutschland

Die in Deutschland vorhandene Arbeitsteilung zwischen einer *für das Soziale zuständigen Jugendhilfe* und einer sich *auf Unterricht konzentrierenden Halbtagsschule* ist eine Besonderheit. Eine solche Arbeitsteilung gibt es in kaum einem anderen Land (vgl. Rademacker 2004). Dagegen bietet die Schule in den USA „school social work“ als selbstverständlichen Bestandteil schulischer Arbeit an.

Auch in Großbritannien und Skandinavien sind Sozialdienste sowohl für die Betreuungsangebote in den Schulen (Mittagessen, Freizeit) zuständig, als auch für die Durchsetzung des regelmäßigen Schulbesuchs und die Zusammenarbeit mit den Familien, besonders dann, wenn sich Schwierigkeiten zeigen. In Schweden und Finnland ist zudem die gesundheitliche Grundversorgung einbezogen (vgl. Rademacker 2004, S. 172f.). Schule wird in diesen Ländern als Dienstleistungszentrum für Kinder, Jugendliche und Familien gesehen.

Die Aufspaltung der Aufgaben öffentlicher Bildung (Schule) und Erziehung (Jugendhilfe) wie sie in Deutschland praktiziert wird, ist auffällig. Zugleich finden wir hier eine besonders ausgeprägte Bildungsbenachteiligung, wie PISA belegt. Es ist zu vermuten, dass Schule und Jugendhilfe in Deutschland nicht ausreichend zusammen wirken und auf diese Weise vorhandene gesellschaftliche Selektionsmechanismen verstärken.

Ein Blick in die Geschichte:

Die elementare Fürsorge und der Schutz der Kinder standen im Vordergrund vieler Bemühungen der Schule im 19. Jahrhundert. So erfüllten die Lehrerinnen im Rahmen von ganztägiger Erziehung sozialpädagogische Funktionen. Mit der *Schrumpfung der Ganztags- zur Halbtagsschule in Deutschland* am Ende des 19. Jahrhunderts entstand eine Lücke, die von der "Jugendpflege“ gefüllt wurde. Träger der frühen deutschen Jugendpflege war überwiegend die Kirche. Es boten sich aber auch Sportvereine, Pfadfinder- und Wandergruppen, politische und paramilitärische Gruppen an.

So wurden in Deutschland *außerschulische, familienergänzende Aktivitäten* an freien Nachmittagen angeboten. Für die jungen Proletarier schien es nötig, nach Ende ihrer Schulzeit (mit 12 oder 13 Jahren) Aktivitäten durchzuführen, „um sie vor Abwegen zu bewahren“ (vgl. Konrad 1997).

Meist leiteten die Lehrer selbst die nach- oder außerschulischen Veranstaltungen an. Die Nähe der Jugendpflege zur Schule wurde bald kritisiert. So befürchtete Hugo Gaudig 1917 die „Verschulmeisterung der freien Pflege“ (vgl. Konrad 1997). Ein entscheidendes Motiv für die wachsende Trennung der Jugendpflege von der Schule war die *reformpädagogische Schulkritik* in den 20er Jahren: Die Jugendbewegung setzte dem autoritären Geist der deutschen Schule das Erlebnis „Fahrt und Lager“ (vgl. Konrad 1997) entgegen. Am Zwangsapparat der Schule vermisste man die „sozial“-pädagogische Seite.

Die langen reformpädagogischen Traditionen vieler Modell-Einrichtungen (z. B. des Amerikaners John Dewey, des Franzosen Célestin Freinet, der Italienerin Maria Montessori) wurden in Deutschland wenig beachtet und im Bildungswesen nicht verankert. Stattdessen entwickelte sich eine Spaltung von Kompetenzerwerb und Erziehung, die 1922 im Reichsjugendwohlfahrtsgesetz festgeschrieben wurde: Das *Jugendamt* bildete eine eigenständige Institution. Fürsorgeerziehungsmaßnahmen wurden in Deutschland nun nicht mehr von der Schule, sondern von den Jugendämtern über das Vormundschaftsgericht eingeleitet. Man strebte die Gleichberechtigung mit der Schule an. Auf der Reichsschulkonferenz 1920 wurde die Angliederung jugendpflegerischer Aufgaben an die Schule vehement abgelehnt (vgl. Konrad 1997). Als Hauptamtliche wurden nicht mehr Lehrer, sondern zunehmend sozialpädagogische Fachkräfte für die außerschulische Jugendarbeit ausgebildet. Die Distanz zwischen Schule und Jugendpflege vergrößerte sich.

An die Schulkritik der Jugendbewegung anknüpfend griffen die deutschen Faschisten die verbreitete Aversion gegen die Schule auf und verstärkten die außerschulische Erziehung in den Hitlerjugend-Verbänden. In den ersten Jahren des Faschismus durften Lehrer konsequenterweise nicht einmal als HJ-Führer tätig werden.

Im Nachkriegsdeutschland wurde die Zusammenarbeit von Schule und Jugendhilfe angestrebt. Die Geschichte der Sozialpädagogik und Sozialarbeit blieb immer verbunden mit der Entwicklung und Kritik des Schulsystems. So verstanden sich in den 70er-Jahren viele Sozialpädagogen als progressive Gegenmacht zur eher konservativen Schule.

Heute beschäftigt die Jugendhilfe mehr Fachpersonal als die Schule! Die deutsche Halbtagsschule als von bildungsbürgerlichen Ansprüchen geprägte „Unterrichtsanstalt“ hat sich schließlich auf das schmale Feld der Kenntnis- und Kompetenzerweiterung reduzieren lassen.

Die Jugendhilfe findet in der Arbeit mit den Jugendlichen ihre Schulkritik bestätigt und erschließt sich zudem ein neues Arbeitsfeld als *„Reparaturbetrieb für schulisches Versagen“* (z.B. berufsbezogene Jugendhilfe, die überwiegend aus Mitteln der Arbeitsverwaltung finanziert wird), die *Schule dagegen entlastet sich von schwierigen Schülern* und der sozialen Verantwortung für sie (vgl. Rademacker 2004, S. 174f.). Wenn heute in Deutschland ein Schulleiter die Bedürfnisse eines Kindes formuliert und Vorschläge zu Hilfsmaßnahmen macht, kann es passieren, dass die Jugendhilfe ihm vorwirft, seine Kompetenzen zu überschreiten. Die historisch entstandene Spaltung von Jugendhilfe und Schule ist im Zusammenhang mit der Entwicklung des für Deutschland typischen selektiven Schulwesens zu sehen.

## 3. Benachteiligung der „schwachen Schüler“ in Deutschland

Die deutsche Halbtagsschule verlangt von Eltern, dass sie ihre Kinder beim Lernen unterstützen (Hausaufgaben, Lernanregungen). Viele betroffene Eltern fühlen sich dem nicht gewachsen. Ihr Bildungsstand, ihre Lebenslage bzw. ihr Sprachniveau reichen nicht, um den eigenen Kindern „Bildung“ zu ermöglichen. Deshalb fordern sie vom deutschen Erziehungs- und Bildungswesen folgende notwendige Stützmaßnahmen für das Lernen ihrer Kinder (vgl. Stähling 2005a):

a) *Ganztägige und kostenfreie Erziehung und Grundversorgung* in Kindergarten und Schule. Falls eine Schule Ganztagsplätze anbietet, werden diese von benachteiligten Familien aus rein finanziellen Gründen oft nicht genutzt, da sie bereits z.B. den „Eigenanteil" am Essensgeld nicht bezahlen können. Nicht selten sind Eltern so verschuldet, dass sie die notwendigen Schulmaterialien trotz Unterstützung durch die Sozialämter nicht finanzieren können. Das Schulbrot und ein Frühstücksgetränk fehlen bei diesen Kindern in der Schule. Maßnahmen zur Vorbeugung von Zahnerkrankungen können manche Eltern nicht mehr bezahlen. Selbst notwendige ärztliche Behandlungen werden versäumt. Der Skandal besteht darin, dass Gesundheitsdienste keinerlei Konsequenzen ziehen können. Mit Ausnahme der jährlichen zahnärztlichen Schuluntersuchung finden ärztliche Reihenuntersuchungen nur vor der Einschulung statt. Weitere Gesundheitskontrollen werden in die Verantwortung der Eltern gelegt, die teilweise aufgrund ihrer Lebenssituation sowohl sprachlich als auch organisatorisch mit dieser Aufgabe überfordert sind. Die *Grundversorgung* der Kinder in sozialen Brennpunkten ist teilweise nicht gesichert.

b) *Intensive, vertrauliche Gespräche* zwischen Eltern und Kindergarten bzw. Eltern und Schule. Manche Eltern sind aufgrund ihrer Erfahrungen z. B. als Verfolgte in ihrem Heimatland so misstrauisch gegenüber Hilfsangeboten des „Staates", dass sie nur nach *jahrelangen vertrauensbildenden Maßnahmen* die Vorschläge der Pädagogen annehmen können. So ist die Teilnahme an Klassenfahrten oder am Schwimmunterricht für einige islamische Familien eine derartige Zumutung, dass nur der intensive Kontakt zur Klassenlehrerin weiterführen kann. Lehrerinnen müssen daher die Familien aufsuchen und Kontakte zu ihnen pflegen. Dies gehört zum grundlegenden Bestandteil der Lehrertätigkeit in sozialen Brennpunkten, ohne dass diese als besondere Qualifikation zusätzlich honoriert würde.

   Die restriktive *Auslegung von Datenschutzvorschriften* erschwert in einigen Fällen zudem das Eingreifen der Pädagogen. Wenn Eltern die Zusammenarbeit mit Schule und Jugendhilfe verweigern bzw. unterlaufen, kann den betroffenen Kindern daher wenig geholfen werden. Erst wenn konkrete Handlungen auffallen, die das „Kindeswohl gefährden", werden Maßnahmen auch gegen den Elternwillen eingeleitet.

   Viele Eltern bitten jedoch selbst um Hilfe bei der *Bewältigung ihrer Lebens- und Erziehungsschwierigkeiten*. Dabei müssen Eltern oft lange auf ein Beratungsgespräch warten, weil zu wenig kostenlose Beratungsstellen finanziert werden. Nur durch meist ehrenamtliches Engagement der Pädagogen vor Ort können frühzeitige Hilfsangebote gefunden und vermittelt werden.

c) *Das dauerhafte Verbleiben der Kinder in einer Klasse*. Viele Eltern beklagen die *kurze Dauer der Grundschule*, da die Lernentwicklung der Kinder durch den frühen Wechsel nach vier Jahren belastet wird (vgl. Stähling 2002a). Einige Kinder mit frühkindlichen Entwicklungsverzögerungen können sich erst spät einen Zahlbegriff erarbeiten. Manche Kinder – besonders aus Migrantenfamilien – haben ihre sprachlichen und sozialen Kompetenzen noch nicht ausreichend sichern können, um im Alter von 10 Jahren bereits in einem anders strukturierten Schulsystem ihren Fähigkeiten entsprechend mitarbeiten zu können. Eine längere Grundschulzeit wie in fast allen Ländern wird gewünscht.

Die Klassenwiederholung oder das „Abschieben“ in *Sonderschulen* werten Eltern in der Regel als sozialen Abstieg. Das Lern- oder Verhaltensproblem des Kindes erscheint ihnen in einer neuen Klasse oder einer „Förderschule“ nicht leichter lösbar zu sein. Es entsteht der Verdacht, dass ein anstrengendes Kind „abgeschoben“ und das Problem an einen anderen Pädagogen delegiert wird. Die betroffenen Eltern fordern stattdessen zusätzliche individuelle Lernförderung innerhalb der eigenen Klasse in der Regelschule. Bei der Zusatzförderung sollen herkunftsbedingte Besonderheiten berücksichtigt werden. Wenn sonderpädagogische Unterstützung nötig erscheint, möchten sie diese im Rahmen des regulären Unterrichts.

d) Ein besseres *Mischungsverhältnis von deutschen und ausländischen Schülern*. Eltern können sich kaum vorstellen, dass ihre Kinder die deutsche Sprache leicht lernen, wenn – wie meist in Ballungsgebieten – mehr als die Hälfte der Kinder einer Klasse zu Hause nicht deutsch sprechen. Die in sozialen Brennpunkten lebenden, betroffenen Familien wollen nicht selten den Stadtteil verlassen, um ihren Kindern ein „besseres“ Umfeld zu bieten. Schulen in diesen Stadtteilen werden dann begrüßt, wenn sie außergewöhnlich viele Förderangebote bereitstellen.

Die betroffenen Eltern haben keine Lobby und ihre Forderungen bleiben weitgehend ohne Folgen. Diese Stimmen sind jedoch ernst zu nehmen: Sie könnten unserem Erziehungs- und Bildungswesen Hinweise geben, wie den so genannten „schwachen“ Schülern zu helfen ist. Die Nachfrage nach Ganztagsschulen, aufsuchender Elternarbeit, Einheitsschule und Integration sind zwar in der Öffentlichkeit bekannt, können aber aus finanziellen und politischen Gründen nicht umgesetzt werden. Den Pädagogen vor Ort und den zuständigen sozialen Diensten ist es bisher nicht gelungen, die Bedürfnisse der Familien mit niedrigem Sozialstatus bzw. Migrantenhintergrund öffentlich bekannt zu machen.

Kinder in benachteiligten Lebenslagen müssten nicht nur mit allen Kindern gleichbehandelt werden, sondern zum *Ausgleich für ungleiche Startbedingungen* mehr Zuwendung und effektive Förderung in Schulen und Erziehungseinrichtungen bekommen. Die betroffenen Familien brauchen dringend zeitintensive und qualifizierte Unterstützung.

## 4. Senkung der Bildungsbenachteiligung durch das „Haus des Lernens“

Um die Bildungsungleichheit in Deutschland zu reduzieren, hat die Kultusministerkonferenz im Dezember 2003 beschlossen, so genannte *„Bildungsstandards”* einzuführen. Die Begriffe Bildung und Kompetenz werden dabei jedoch unscharf voneinander getrennt (vgl. Schlömerkemper 2004). Mit den so genannten „Bildungs“-Standards sind aber nicht Hilfen zur Entwicklung der Schülerpersönlichkeit gemeint, sondern die Festlegung von abprüfbaren *Kompetenz*niveaus. Gerade am Beispiel von Ralf Dirks kann gezeigt werden, dass die reine Ausrichtung auf *Kompetenz*-Steigerung (z.B. durch „Kurse“), ohne die Stärkung der Persönlichkeit des Schülers in den Mittelpunkt zu stellen, erfolglos bleibt. In unserem Bildungswesen werden nur wenige persönlichkeitsstärkende Maßnahmen zur Förderung derjenigen Schüler angeboten, die nicht in der Lage sind, Leistungs-Standards zu erreichen. Somit wirken die nationalen Standards kontraproduktiv als „Instrumente verschärfter Selektion“ (Böttcher/Brohm 2004, S. 275).

Unter welchen anderen Umständen aber hätte sich die Situation von Ralf Dierks und seiner Familie verbessert? Der Jugendforscher Ingo Richter bezweifelt den Nutzen von Einzelreformen in den Institutionen:

„Das soll nicht heißen, dass die Vielzahl sozialer und pädagogischer Maßnahmen sinnlos wäre – ganz im Gegenteil; doch je für sich genommen bieten sie keine ‘Patentrezepte’. Wenn wir wirklich einen Versuch machen wollen, die Zementierung der ‘New Under-Class’ zu verhindern, (...) dann müssen wir gänzlich umdenken: An die Stelle des bisherigen Systems, das *15% ausgrenzt und sozialpädagogischen Einrichtungen überantwortet*, müsste ein präventiv ganzheitlicher Ansatz treten. In jeder Gemeinde, in jedem Stadtteil sollte es ein *Haus der Jugend* geben (...)“ (Richter 2003, S. 20). In diesem „Haus der Jugend“ fände man Ansprechpartner bei allen Problemen.

Wie müsste eine allgemeinbildende Schule, ein *„Haus des Lernens"* für alle (vgl. Bildungskommission NRW 1995) beschaffen sein, wenn sie Ralf Dierks zum Schulabschluss und in die Berufsausbildung bringen könnte? Was hätte Ralf gebraucht, um sich trotz seiner belasteten privaten Situation positiv entwickeln zu können? Unter welchen schulischen Bedingungen hätte Ralf im Unterricht Fortschritte erzielt und ein verantwortungsbewusstes Leben lernen können?

Bereits 1930 brachte der Arzt und Gründer der Individualpsychologie Alfred Adler das Problem auf die Formel:

> „Ein Gramm Vorbeugung wiegt ein Pfund Heilung auf; es ist besser, ihn jetzt in das Schulleben einzugewöhnen, als sich später um einen jugendlichen Deliquenten kümmern zu müssen. (...) wenn der Junge nur einen einzigen Lehrer findet, der ihn richtig zu ermutigen und aufzumuntern weiß, dann wird er vor sicherem Schaden bewahrt" (Adler 1930/1976, S. 168).

Ralf brauchte in seiner Schule *stabile Beziehungen* zu förderlichen Menschen, durchschaubare und feste Strukturen und das konsequente und umgehende Reagieren auf Fehlverhalten.

Eine Schule, die dies leisten kann, hat folgende Eigenschaften:

a) *„Multiprofessionelle Teams"* in jeder Klasse (vgl. Stähling 2004a), in denen Klassenlehrer, Fachlehrer, Sonderpädagogen, Sozialpädagogen, Erzieherinnen u. a. zusammen für alle Kinder zuständig sind. Alle fühlen sich für die Erfolge und Misserfolge ihrer Schüler verantwortlich. Ralf kann weder abgewiesen, noch ausgesondert werden. Die Verantwortung für Ralf trägt nicht ein Einzelkämpfer, sondern das multiprofessionelle Team gemeinsam. Als Stützmaßnahme für das Team ist eine externe Supervision erforderlich.

b) *Integration* von Kindern mit besonderem Förderbedarf in jeder Klasse, ohne dass sie als „Sonderschüler" etikettiert werden. Eine „Pädagogik der Vielfalt" ermöglicht Ralf, sein Problem als eines von vielen zu verstehen.

c) Eine *effiziente Klassenführung* als Faktor der Unterrichtsqualität ist gerade auch für einen Schüler wie Ralf wichtig. Kennzeichen einer solchen förderlichen Klassenführung sind (vgl. Helmke 2003a):

   - Ein Regelsystem, das mit Ralf und seinen Mitschülern gemeinsam im Klassen- und Schülerrat erarbeitet wird (vgl. Stähling 2003).
   - Konsequente Reaktionen auf Regelverstöße im Sinne der Klassenrats-Verabredungen: Ralfs Verhalten ist niemandem gleichgültig, er spürt umgehend die Konsequenzen seines Handelns. Die Verantwortung für sein Tun wird ihm verdeutlicht und „zu-ge-mutet".

- Die transparente Unterrichtsorganisation und intensive Nutzung der Unterrichtszeit: Ralf kann genau einschätzen, was von ihm verlangt wird und welche Aufgaben auf ihn zukommen. Er kann seine Sichtweise dazu einbringen, mit anderen diskutieren und mitbestimmen.
- Das Zusammengehörigkeitsgefühl: Ralf wird durch eine anregungsreiche pädagogische Arbeit ermutigt, einen aktiven Beitrag zur Klassengemeinschaft zu leisten. Dieser Beitrag stärkt sein Selbstwertgefühl.

d) Eine *ganztägige* Erziehung, in der Ralf stabile Strukturen für seine Entwicklung und verlässliche Bezugspersonen findet.

e) *Aufsuchende Elternarbeit* als fester Bestandteil des Schulkonzepts: Unterstützt und in enger Kooperation mit Schulsozialarbeitern und Jugendhilfe bekommen Ralfs Eltern Hilfe. Zunächst wird vor allem ein vertrauensvolles Verhältnis aufgebaut und über Jahre gepflegt. Die Jugendhilfe wird möglicherweise der Schule angegliedert sein. Ein zuverlässiger erwachsener Mensch betreut Ralf und seine Familie. Er koordiniert seine Arbeit mit dem multiprofessionellen Team. Die Arbeit der Pädagogen in einer Ganztagsschule, die Jugendhilfe und Sonderpädagogik integriert, gestaltet sich zwar anders, aber nicht schwerer. Die Hoffnung besteht, dass sie sogar leichter ist, weil effektivere Arbeitsstrukturen möglich sind.

f) Eine *einheitliche* Schule von der Vorschule bis zur zehnten bzw. dreizehnten Klasse ohne Schulwechsel. Der Kindergarten ist (als Bestandteil der Schule) integriert in die gesamte pädagogische Arbeit unter einem Dach. Ralf erlebt stabile Beziehungen. Weil er die Einrichtung nicht wechselt, können Fördermaßnahmen und Kontakte ohne Unterbrechung fortgeführt werden. Heterogene und altersgemischte Klassen verzichten auf das Sitzenbleiben und bieten somit Ralf zusätzliche Chancen, sich in einer stabilen Gruppe zu erleben. Ralf übernimmt Aufgaben, an deren Bewältigung er sozial wächst. Er sollte dauerhaft in einer festen Klassengemeinschaft verbleiben.

Es gibt und gab eine Reihe reformpädagogischer Schulen oder Tagesheime, die viele der genannten Qualitätsmerkmale erfüllen. Es ist keine Illusion, Schulen dieser humanen Art zu entwickeln. Versuchsschulen können den empirischen Beleg liefern, ein „Treibhaus der Zukunft" (Reinhard Kahl) zu sein. Durch die dargestellte integrative Arbeit einer so gestalteten Ganztagsschule werden finanziellen Ressourcen der Jugendhilfe und des Sonderschulwesens frei. Entscheidungsträger lassen sich letztlich dadurch überzeugen, dass dieses Modell viel Geld spart bzw. frei setzt.

Die Sozialpädagogik ist nicht zuletzt aus der Kritik an der Schule hervorgegangen. Ihre Geschichte lässt sich nicht ohne ihren Auftrag als „schul-ergänzende" Jugenderziehung beschreiben. Die Aufhebung der beschriebenen uneffektiven Spaltung zwischen Jugendhilfe und Schule kann nur bei einer grundlegenden Reformierung der Schule gelingen.

# Kapitel 2

## 2. „Immer mit einem Bein im Gefängnis“ – Vorschriften und Bürokratie *behindern* die Lernprozesse der „Schwachen“ statt sie zu fördern

„Erhobenen Hauptes fordere ich, denn es ist nicht für mich. Gib den Kindern ein gutes Schicksal, gewähre ihren Anstrengungen Hilfe, ihrem Bemühen Segen. Nicht den leichtesten Weg führe sie, sondern den schönsten.“

Janusz Korczak: Gebet eines Erziehers (1922)

Die im letzten Kapitel beschriebene, historisch entstandene Arbeitsteilung von einer *auf Unterricht konzentrierenden Halbtagsschule* und einer *für das Soziale zuständigen Jugendhilfe* lässt sich auch an bürokratischen Vorgaben nachweisen. Die Grundschule ist in dieser Vorstellung eine traditionelle Unterrichtsanstalt mit halbtägiger Auslastung der Räume und keine Einrichtung, die „Gesundheitsförderung“, „Freizeitgestaltung“ oder „Erwachsenenbildung“ betreibt.

Weder sanitäre Anlagen, noch Flure oder Lärmschutzmaßnahmen müssen daher den Standards einer Volkshochschule, eines Altenheims, eines Jugendheims oder einer Kindertagesstätte entsprechen. Schulkinder haben danach kein Recht auf Toilettenanlagen, die nach Vorschriften für Erwachsene geheizt und gereinigt werden. Die Rechte der Erwachsenen, die Arbeitnehmerrechte sind weitreichender. Um Kosten zu sparen, trennt man folglich die Mitarbeitertoiletten und Toiletten für Behinderte von den allgemeinen Kindertoiletten. Mitarbeiter und Behinderte haben nämlich einen rechtlichen Anspruch auf bessere Hygiene und Komfort im Sanitärbereich. Die Sonder- oder „Förder“-Schulen scheinen aus der verwaltungstechnischen Sicht der Gemeinden, die für die Schulgebäude zuständig sind, günstiger zu arbeiten als „Regelschulen“ mit gemeinsamem Unterricht. Die „Kasernierung“ von Schülern mit ähnlich gelagerten „Behinderungsarten“ oder „Förderschwerpunkten“ wäre die – aus baufinanzieller Sicht – billigste Variante.

Auch die Stellenzuweisungen der Sonderschullehrerinnen an die Regelschulen bei *gleichzeitiger Fortführung* eines Sonderschulwesens ist wesentlich teurer, als eine einheitliche Beschulungspraxis. So werden Schüler mit dem Förderschwerpunkt „Lernen“ (ehemals als lernbehindert etikettiert) in einer Förderschule nicht selten in Klassen mit 15 Kindern „sparsam“ unterrichtet. Im gemeinsamen Unterricht dagegen fallen die Stellenberechnungsgrundlagen meist günstiger aus, da mehr Personal gebraucht wird; denn größere Systeme können Personalausfälle leichter durch Vertretung abfangen und werden daher relativ schwächer besetzt als integrative Schulen mit nur wenigen Sonderpädagogenstellen. Somit geraten die integrativen Regelschulen in Konkurrenz mit den Förderschulen um die Lehrerstunden. Eine größere Ausweitung des Gemeinsamen Unterrichts an mehr Regelschulen kann weder von den bestehenden integrativen Regelschulen noch von den Förderschulen gewünscht werden, da die dann dort eingerichteten Stellen in anderen Schulen fehlen würden. Da die Rahmenbedingungen an nicht-integrativen Schulen den Lehrkräften eher nahe legen, „Schwierige“ und „Schwache“ auszusondern, beobachten wir seit Jahren, dass immer mehr Überprüfungen zur „Feststellung des sonderpädagogischen Förderbedarfs“ beantragt werden. Die Zahl der Sonderschüler steigt überproportional an. Dies verursacht weitere Kosten. Man fürchtet auch aus finanziellen Gründen, dass die Nachfrage nach „Gemeinsamem Unterricht“ wachsen könnte, wenn an mehr Schulen als bisher Integration angeboten würde. Die Zahl der Kinder mit sonderpädagogischem Förderbedarf im „Gemeinsamen Unterricht“ würde dann überproportional ansteigen. Integration bleibt folglich die Ausnahme und wird offensichtlich aus finanziellen Gründen klein gehalten. Dies widerspricht jedoch der geltenden Rechtsprechung des Bundesverfassungsgerichtes von 1997, das eine *Vorrangstellung* zugunsten der Integration formuliert hat. Eine Zuweisung zur Sonderschule gegen den Willen der Betroffenen muss danach ein Ausnahmefall sein, der nur zulässig ist, wenn die personellen, sächlichen und organisatorischen Bedingungen in der allgemeinen Schule – nach Prüfung aller Veränderungsmöglichkeiten – die Beschulung des behinderten Kindes nicht zulassen (vgl. Füssel 2002).

Um alle Kinder unabhängig von ihrem besonderen Förderbedarf in einem inklusiven Schulkonzept zu fördern, sind vielfältige Maßnahmen nötig, die mit administrativen Vorschriften kollidieren können. Wenn „behinderte“ Kinder integriert werden sollen, müssen deren rechtliche Ansprüche erfüllt werden. Bei Finanzknappheit der Schulträger und Landesregierungen führt dies aber gerade nicht zum Ausbau des „Gemeinsamen Unterrichts“, sondern eher zur Nichtgenehmigung integrativer Maßnahmen und Fortsetzung der Selektion im Schulsystem.

Die folgende Übersicht stellt die Alltagsnotwendigkeiten einer inklusiven Grundschule neben die Widersprüche aus verschiedenen Ämtern, entwirft Maßnahmen zur Veränderung und benennt erste erfolgreiche „kleine Schritte“, um einen Hebel ansetzen zu können. Im zweiten Teil dieses Buches berichte ich über Erfahrungen der Grundschule Berg Fidel bei einigen dieser mühsamen Veränderungsschritte.

Beispiele für Veränderungen, um Selektion von Kindern der allgemeinen Schule abzubauen

| ***Alltagsnotwendigkeiten inklusiver Pädagogik*** | ***Widersprüche*** | ***Langfristige Veränderungsmaßnahmen*** | ***Erste Änderungsschritte*** |
|---|---|---|---|
| *Sonderpädagogen als Unterstützung* der Klassenlehrer, Klassen und Schule (als System) | Anspruch der als „Behindert“ etikettierten Kinder auf Förderung durch Sonderschullehrer; Stellenberechnungsgrundlagen (nach Behinderungsart) erlauben keine stabile Kontinuität des Personals in Regelschulen | Pauschale Stellenzuweisung von Sonderpädagogen an Grundschulen | Gerechte schulinterne Gleichverteilung von Stellenanteilen auf die vorhandenen Klassen (vgl. Kapitel 3.4) |

| ***Alltagsnotwendigkeiten inklusiver Pädagogik*** | ***Widersprüche*** | ***Langfristige Veränderungsmaßnahmen*** | ***Erste Änderungsschritte*** |
|---|---|---|---|
| Mitarbeiter-Supervision, *Teamsitzungen* brauchen Zeit und Klausur-Räume zum Rückzug | Lehrerzimmer als einziger Mitarbeiterraum vorgesehen; Stundenentlastung für Teamarbeit ist nicht möglich; Einsatzzeiten für Putzdienste erschweren die Nutzung des Schulgebäudes über die Kernunterrichtszeit hinaus | Ausstattung und Einrichtung kleiner Gruppenräume mit erwachsenengerechter Einrichtung; Anerkennung der Teambesprechungen als Teil der regulären Arbeitszeit der Mitarbeiter | Nutzung von Klassen- und Mehrzweckräumen für Mitarbeiterbesprechungen; spätere Einsatzzeiten für Putzdienste |
| *Mitarbeiter-Raum* für Besprechung aller Mitarbeiter mit entsprechender Möblierung und Küchenecke nach Ansprüchen der Gesundheitsförderung mit Schalldämmung | Bestimmung der Größe der Konferenzräume nach Anzahl der gebildeten Klassen; andere Ausstattung ist in Grundschulen nicht vorgesehen | In die Raumgrößenberechung fließt die Zahl der sonderpädagogischen Mitarbeiter, der Ganztagsmitarbeiter, der Hilfskräfte für Küche und Technik mit ein. | Sparsamer Einsatz neuer Möbel. Nutzung alter, körpergerechter Möbel; Schalldämmung an Decken und Wänden |
| *Mitspracherecht* aller an der Schule beschäftigter pädagogischen Mitarbeiter bei pädagogischen Entscheidungen | Mitbestimmungsvorschriften begrenzen das Stimmrecht einzelner Berufsgruppen in bestimmten Dienstverhältnissen an den Schulen | Teilnahme aller Mitarbeiter an Konferenzen, Stimmrecht für alle | Schulkonferenzbeschluss bezüglich der Mitsprachemöglichkeit der pädagogischen Mitarbeiter an der Schule |
| *Curricula* sind orientiert an der Individualisierung des Unterrichts. In multiprofessionellen Teams wird die Arbeit geplant, reflektiert und evaluiert. | Zentral verordnete Lehrpläne und Standards machen Vorgaben, die für alle gelten. Zentrale Vergleichsarbeiten dienen der Kontrolle, ob die abprüfbaren Kompetenzen erreicht wurden. Verantwortlich für Kinder mit sonderpädagogischem Förderbedarf ist der Sonderpädagoge. | Bildung von multiprofessionellen Teams, die regelmäßig ihre Arbeit planen und gemeinsam verantwortlich sind für die Lernprozesse der gesamten Klasse und jedes Kindes (vgl. Kap. 3.4.). | Pädagogische Freiräume nutzen. In Projekten fächerübergreifend Lerninhalte bearbeiten. Offene Unterrichtsformen, besonders freie Arbeit in jeder Klasse der Schule einführen. Das „Durchnehmen des Stoffes“ als uneffektive Lernform erkennen und abbauen. |

| ***Alltagsnotwendigkeiten inklusiver Pädagogik*** | ***Widersprüche*** | ***Langfristige Veränderungsmaßnahmen*** | ***Erste Änderungsschritte*** |
|---|---|---|---|
| Kindgerechte *Einschulung* und frühzeitiges Kennenlernen möglichst aller Vorschulkinder | Überlastung des Systems Grundschule, Begrenzung der Integration in so genannte „Integrationsklassen" | Aufnahme aller Kinder eines Wohnbezirks in die Grundschule | Begrenzte Aufnahme der Schüler mit Förderbedarf in alle Klassen, frühzeitige Ermittlung des sonderpädagogischen Förderbedarfs |
| *Austausch* von wichtigen Entwicklungsdaten als Voraussetzung für die Entscheidung über Fördermaßnahmen. | Problem: Datenschutzvorschriften erlauben keine Datenweitergabe ohne Einwilligung der Betroffenen | Jugendhilfe, Kindergärten und Schulen unter einer gemeinsamen Leitung, um eine kontinuierliche Förderung zu gewährleisten. | Pflege enger Kontakte zu Kindergärten, Jugendhilfe, weiterführenden Schulen |
| *Leistungen wahrnehmen* und würdigen. Gerecht ist: „Jedem das Seine": Kinder sind unverwechselbare Individuen. Sie haben unterschiedliche Stärken und Vorlieben. Auch geringste Lernzuwächse werden sichtbar gemacht, um die Arbeitshaltung mit Erfolgszuversicht zu stärken. Die Abschaffung des Benotungssystems wie in vergleichbaren Ländern ist förderlich und denkbar. | Leistungen einstufen. Gerecht ist: „Jedem das Gleiche". Leistungen der Schüler sind nur vergleichbar, wenn Aufgaben und Unterrichtsmethoden möglichst stark homogen und standardisiert sind. Schüler werden am Mittelwert gemessen. | Schulische Bedingungen sollen so sein, dass die Leistungen alle Kinder den pädagogisch begründbaren Anforderungen entsprechen (Noten von 1 bis 3). Kinder entscheiden selbst über Aufgabenauswahl, Zeit und Methode der Bearbeitung der Aufgabe, Gütekriterium der Erfolgsmessung. „Direkte Leistungsvorlage" (Vierlinger 1993,57 ff.) oder Portfolio. | Schulkonferenzbeschluss: Benotungen erst zum spätest möglichen Zeitpunkt, anstelle von 5en und 6en Leistungsbeschreibung, Beteiligung der Kinder an der Notenfindung, intensive Elternberatung vor jeder Zeugnisausgabe. Regelmäßige Informationen über den Leistungstand (Elternhospitationen, Vorlage von Arbeitsprodukten) |
| *Mehrzweckräume* für *Toben*, Sinneswahrnehmung, Entspannung und Rückzug | In Grundschulen nicht vorgesehen | Kindgerechte Ausstattung mit Kissen, Sitzecken, Matten, gemütlicher Gestaltung: „Leseoase", „Hörclub", Toberaum | Ausstattung vorhandener Räume mit alten Einrichtungsgegenständen |

| ***Alltagsnotwendigkeiten inklusiver Pädagogik*** | ***Widersprüche*** | ***Langfristige Veränderungsmaßnahmen*** | ***Erste Änderungsschritte*** |
|---|---|---|---|
| *Mehrzweckraum für Experimente* im Sachunterricht | In Grundschulen nicht vorgesehen | Ausstattung und Einrichtung einer „Forscherwerkstatt“ | Anschubfinanzierung über Stiftungsgelder u. a. der Industrie |
| *Raum für regelmäßige Schulfeiern* mit der gesamten Schulgemeinschaft und Eltern | In Grundschulen nicht vorgesehen | Ausstattung und Einrichtung von Aula oder Versammlungsraum | Umbau vorhandener Klassenräume |
| *Einzelförderung oder Tests im Raum* mit ansprechender Gestaltung und geeigneter Ausstattung | In Grundschulen nicht vorgesehen | Ausstattung und Einrichtung eines schallgedämmter kleinen Raumes | Umbau vorhandener kleiner ehemaliger Putz- und Lehrmittelräume |
| *Gesprächsmöglichkeit mit Eltern* am laufenden Unterrichtstag | In Grundschulen nicht vorgesehen | Ausstattung und Einrichtung eines Elternsprechzimmers | Umbau vorhandener kleiner ehemaliger Putz- und Lehrmittelräume |
| In *Fluren*: Elterngesprächsecken, Arbeitsbereiche für Schülergruppen, Time-out-Bereiche zur Förderung unkonzentrierter und verhaltensauffälliger Kinder. Dazu Tische, Stühle, Sitzecken, Trennwände, Schalldämmung. Klassentüren geöffnet halten, u. a. um Möglichkeiten von Diebstahl und Zerstörung zu reduzieren | In schlecht isolierten Fluren Heizung nicht ausreichend, um in Fluren arbeiten zu können; Kostenfaktor zu hoch; daher aus Heizkostengründen Klassentüren geschlossen halten, damit die Klassen nicht zu kalt werden; Sicherung gegen Diebstahl und Zerstörung nicht möglich; Möbel u. a. (Brand-Lasten) entfernen; Rettungswege freihalten | In Fluren: Heizkörper einbauen, Isolierungen verbessern, Temperatur erhöhen; Schalldämmung (Decken, Wände). Einrichtung mit geeignetem Mobiliar; neue Rettungswege einrichten; Brandschutztüren | Flurtemperaturen den Werten für Arbeitnehmer und Behinderte anpassen; Klassentüren öffnen. Nach Beratung durch Bauaufsicht und Feuerwehr Aufenthaltsbereiche in Fluren festlegen, Mobiliar so aufstellen, dass Fluchtwege frei bleiben, evt. an der Wand befestigen |

| ***Alltagsnotwendigkeiten inklusiver Pädagogik*** | ***Widersprüche*** | ***Langfristige Veränderungsmaßnahmen*** | ***Erste Änderungsschritte*** |
|---|---|---|---|
| *Schülertische und –stühle* in altersgemischten Klassen auf mittlerer Größe mit Fußstützen für kleinere Kinder. Teilweise mit höhenverstellbaren Einzelplätzen. Mehrere Stühle für Erwachsene. | Bestimmung der Art und Anzahl von Tischen und Stühlen nach Schülerzahl und Alter | Möblierung der Räume nach den Erfordernissen der Klassen und Mehrzweckräume | Sparsamer Einsatz moderner Möbel. Nutzung alter, körpergerechter Möbel |
| *Gemeinsamer Unterricht* und gemeinsames Leben von Kindern „mit und ohne Behinderungen" im Klassenverband ohne äußere Differenzierung in allen Räumen und Fluren der Schule. Um die Leistungsfähigkeit aller Schüler nicht zu beeinträchtigen, muss in allen Räumen und Fluren der *Schall gedämmt* sein. | Schalldämmung erlaubt nach DIN bis zu 0,55 s Nachhallzeit. Fremdsprachenunterricht, Unterricht mit Hörgeschädigten und schwachen Schülern haben niedrigere Grenzwerte und können in dafür gedämmten Räumen stattfinden. | Schalldämmung nach DIN *in allen Räumen*, so dass die vorgeschriebenen Grenzwerte für Fremdsprachenunterricht, hörgeschädigte und schwache Schüler eingehalten werden (0,45 s Nachhallzeit) | Bei anfallenden Sanierungen: Schalldämmung an Decken und breiten Streifen im oberen Wandbereich und evt. durch Teppichböden und Vorhänge |

Eine unüberschaubare Menge an dienstrechtlichen Verfügungen und Erlassen im Schulbereich kann Lehrer dazu verleiten, die Befolgung von Vorschriften wichtiger zu nehmen als die individuelle Förderung eines Kindes. Der altbekannte Lehrerspruch „ich stehe immer mit einem Bein im Gefängnis" ist dazu geeignet, die Furcht vor unüblichen Lernarrangements zu festigen. Da verwandeln sich sofort Waldgänge und Klassenfahrten zu Grundsatzfragen und so genannte „außerschulische Lernorte" zu Quellen von Lehrerängsten.

Ein Schulleiter im Grundschulbereich müsste schon mit der sprachlichen Wendigkeit eines Fachanwalts für Schulrecht, dem unerbittlichen Beharrungsvermögen eines Bauleiters und Architekten und der flinken Durchsetzungskraft eines Rettungsdienstes von der Feuerwehr ausgestattet sein, um sich in der Auseinandersetzung mit der Bürokratie effektiv für die Rechte der Kinder einsetzen zu können. Alle diese Qualifikationen hat er sich in der Regel autodidaktisch beizubringen.

Wenn eine Schulleiterin mit der Bürokratie um jede einzelne Hilfsmaßnahme kämpfen muss und dabei noch den Druck von Eltern und Mitarbeitern im Nacken spürt, tritt die eigentliche Hauptaufgabe, die Unterstützung der Kinder in ihrer Entwicklung zu sehr in den Hintergrund. Bei dieser Aufgabe der Schulen sollten Ämter Hilfestellungen leisten und fragen: Was braucht ihr? Wie können wir euch helfen? Was brauchen diese Kinder?

Meist entsteht jedoch nicht das Gefühl, den „Fachleuten vom Amt“ gewachsen zu sein. Im Gegenteil: Wir Pädagogen schwitzen vor Ort in einem Kampf um das Wohlergehen des Kindes, scheitern bei dieser schweren Aufgabe immer wieder, werden in der Verzweiflung ungeduldig zu Kindern, können unseren eigenen Ansprüchen oft nicht gerecht werden, reden stundenlang mit Kolleginnen über belastende Alltagserfahrungen in der Schule, entwickeln neue Pläne, verwerfen die alten, zweifeln an der Wirkung unseres Tuns, kennen keinen „Feierabend“, diskutieren mit Eltern über Erziehungsfragen – und dann kommt plötzlich ein neuer Erlass und trifft mitten ins Mark: Unsere Arbeit soll regelmäßig „evaluiert“ werden! Mit diesem Wort soll die altbekannte Bewertung und Beurteilung unseres Unterrichts einen modischen wissenschaftlichen Anstrich bekommen. Früher kam der Schulrat zur „Regelbeurteilung“: Die Kandidatin konnte wochenlang nicht ruhig schlafen, schrieb Stundenentwürfe, Klassenbuch, Stoffverteilungspläne (meistens von anderen ab) und log das Blaue vom Himmel herunter. Jetzt soll endlich die Wahrheit rauskommen durch Evaluation.

Wir sollen den Beweis antreten, dass wir etwas erreichen? Den Output unseres suspekten Schaffens einmal auf den Tisch legen? Klar vorzeigen, was wir nun wirklich Konkretes geleistet haben? Belegen, dass wir keine „faulen Säcke“ waren? Das Wort „Evaluation“ tritt an die Stelle der Schulratsvisite und das schlechte Gewissen wird weiter genährt, nie genug geleistet zu haben. Dies ist der Prozess, der sich hinter dem neuen wissenschaftlichen „Unwort“ „Output-Steuerung“ verbirgt: Man glaubt allen Ernstes die Persönlichkeit eines Schülers dadurch zu bilden, dass man ihm und seinen Erziehern vor die Nase hält, was er in einzelnen winzigen Teildisziplinen der großen Lernbereiche (besonders in Mathematik und Sprache) unter Testbedingungen in einer Stunde aufs Papier gebracht hat. Niemand hat bisher wissenschaftlich belegen können, dass dieser winzige Teil des „Outputs“ von Schule mit *Bildung* in irgendeiner Weise zusammen hängen könnte. In der öffentlichen Diskussion um Schulleistung wird teilweise scheinwissenschaftlich und unrichtig die Verengung auf wenige abfragbare kognitive Elemente mit Bildung gleich gesetzt.

Eine merkwürdige Unterwürfigkeit unter selbst definierte und zusammenphantasierte Vorschriften hat sich breit gemacht, als sei die Schule auch noch für etwas anderes da, als ausschließlich für die Kinder. Dies kann man an der wenig effektiven Teamarbeit in vielen Schulen sehen. Das beste Totschläger-Argument gegen den Einsatz von Pädagogen für notwendige Fördertätigkeiten in einer Schulklasse ist, dass behauptet wird, sie dürften dies gar nicht; z. B. ein Sonderpädagoge dürfte nicht mit anderen Kindern arbeiten als mit denen, die mit der Etikettierung „Sonderpädagogischer Förderbedarf“ versehen sind. Oder eine Studentin dürfte keinen Unterricht machen. Oder eine Lehramtsanwärterin dürfte nur in den Fächern unterrichten, in denen sie „ausgebildet“ würde. Aus ähnlichen Befürchtungen arbeitet man in etlichen Grundschulen bemerkenswert unkreativ mit den Potenzialen der Mitarbeiter. Da gibt es Schulen, an denen mit Hinweis auf irgendwelche Vorschriften z. B. Erzieherinnen des Ganztagsbereichs nicht an der so genannten „Lehrer“-Konferenz teilnehmen können.

Außenstehende Pädagogen, die z. B. als Besucher aus dem Ausland zu uns kommen, könnten meinen, in diesen Schulen spuke es: Da werden jahrelang so genannte „unausgebildete Honorarkräfte“, Praktikanten oder Elternhelfer in der „Übermittagbetreuung“ einer Schule eingesetzt, von Erfahrenen angeleitet und beraten und die Schulleiterin sagt dazu: „Wenn da mal was passiert, bin ich dran, denn ich habe die Verantwortung!“ So werden wertvolle Arbeitskräfte ausgenutzt. Freiwillige Helfer können unter dem schlechten Gewissen der Professionellen Erfahrungen sammeln.

Um nun gegen alle eventuell auftretenden oder erdenklichen Unglücke gefeit zu sein, könnte eine Schulbehörde – aber erst nach Anfrage – auf die Idee kommen, dass „schulfremdes“ Personal einheitliche Bedingungen zu erfüllen habe: Bewerbung mit Lebenslauf, Auswahlverfahren, Vorlage von Versicherungsbescheinigungen, Gesundheitszeugnis im Falle eines Umgangs mit Lebensmitteln, ausschließliche Benutzung von in der schuleigenen Waschmaschine gewaschenen Handtüchern, Händereinigung mit Desinfektionsmitteln, Belehrung über die Meldepflicht bei ansteckenden Krankheiten (dies ist nur ein Bruchteil der Ideen eines Verwaltungsangestellten im Schul- oder Gesundheitsamt).

In Schulen, wo auf solchen Nebenkriegschauplätzen gekämpft wird, geht leider wertvolle Energie für die Förderung von Kindern und die Qualitätsentwicklung verloren. Es wäre gerade eine Aufgabe der Qualitätsentwicklung, über den für die Kinder sinnvollen Einsatz der vorhandenen Förderkräfte der Schule nachzudenken. Dann eröffnen sich überraschend neue Quellen für Fördereinsätze. Man wird dann auch aufmerksam darauf, wo weitere Mitarbeiter gefunden werden könnten.

Eine Bevormundung der Pädagogen durch bürokratische Organisationsformen, die Max Weber als „eine Erfindung wie eine Maschine“ beschrieben hat, muss abgewehrt werden. Kindern würde durch bürokratische Formen Schaden zugefügt. Die Strukturen von erziehendem Unterricht und Bürokratie sind substanziell unterschiedlich. Rupert Vierlinger (1993,68) kennzeichnet diese gegensätzlichen Denkformen folgendermaßen:

| ***Verwaltung*** | ***Erziehender Unterricht*** |
|---|---|
| Soziale Distanz | Emotionale Identifikation |
| Institutionalisiertes Misstrauen | Risikoreiches Vertrauen |
| rationalisieren | motivieren |
| Reglementierung, Vereinheitlichung, Kontrolle | Individualität zum Ausdruck bringen |

„In einer ‘verwalteten’ Schule müssen die guten Lehrer ansuchen, um ihre ausgezeichneten Vorhaben verwirklichen zu dürfen, während das Mittelmäßige und auch Stümperhafte von vornherein genehmigt sind, wenn nur die dekretierten Bahnen nicht verlassen werden.“ (Vielinger 1993, 158)

Die Reformbemühungen für eine humane Schule müssen unweigerlich in Konflikt mit Verwaltungsautoritäten geraten. Es scheint unlogisch und widersinnig, wenn Reformen zentral verordnet und administrativ gesteuert werden. Die Umgestaltung des Erziehungswesens erwächst vielmehr aus dem Engagement der dort Tätigen, die sich die Freiheit zu individuellen Problemlösungen nehmen. Die Bildung mitbestimmungsfähiger Menschen liegt in der Verantwortung aller Schulen und muss vor administrativen Detailregelungen wie die Fixierung verbindlicher Standards geschützt werden. Im Sinne einer demokratischen Grundordnung sind die pädagogische Freiheit und ein großer Handlungsspielraum jedes einzelnen Pädagogen unverzichtbare Rahmenbedingungen für verantwortliches und humanes „Schulemachen“.

Kapitel 2

## 3. „Den Stoff hatten wir doch schon durchgenommen“ – Konzentration der Lehrerinnen und Lehrer auf Fächer statt auf Kinder führt zur Aussonderung von Schülern

Die Verleger drucken gelegentlich goldene Worte bedeutender Leute; um wie viel nützlicher wäre es, eine Sammlung von falschen Aussagen der Klassiker der Wahrheit und der Wissenschaft herauszugeben.“

Janusz Korczak: Wie liebt man ein Kind (1914–18)

Wer sich den Stundenplan einer durchschnittlichen Grundschulklasse ansieht, bekommt den Eindruck eines geordneten Aufeinanders verschiedener, für das Lernen der Kinder wichtiger „Fächer“. Da wird möglichst täglich 45 Minuten Mathematik und Deutsch unterrichtet, gefolgt von Sachunterricht und Religion, schließlich zur Erbauung und zum Ausgleich für die Anstrengungen der „sitzenden Fächer“ folgen die Musik-, Kunst- und Sportstunden. Hinter jedem Fach stehen riesige Materialsammlungen und Bibliotheken, die Ansprüche formulieren. Da sollen die Kinder in sämtlichen Fächern im Laufe der Grundschulzeit so genannte „Mindeststandards“ erarbeitet haben.

Die Inhaltsbereiche und Themen des Sachunterrichts beispielsweise sind in der Regel nicht fachlich begrenzt, sondern „integrieren“ viele Disziplinen: Ökologie, Biologie, Physik, Chemie, Technik, Erdkunde, Geschichte, Politik. Eine solche so genannte Integration muss jedoch jeder Lehrer selbst leisten, da die universitäre Lehrerausbildung in der Regel auch nach Fächern gegliedert ist, aber zur Schulpraxis kaum Bezug hat und sogar die Theorie der grundschulspezifische Sachunterrichtsdidaktik vernachlässigt. Verständlich – was soll auch ein Botaniker als Fachwissenschaftler dazu sagen, wie die anderen Disziplinen im Verbund mit der Botanik für ein Grundschulkind einen Waldgang didaktisch aufbereiten können, wenn innerhalb der Universität noch nicht einmal eine regelmäßige fachwissenschaftliche Kooperation z. B. mit den Geographen besteht.

Andererseits verbirgt mancher Fachdidaktiker seinen Absolutheitsanspruch hinter bescheidenen Gesten und mitleidvollen Blicken auf die Praktiker. Wenn man erst mal in seinem Element ist, wird arglos gedroht mit dem Verlust unserer Kulturgüter, sobald das Fach vernachlässigt würde: So lamentieren die „Fach“-Leute unverhohlen kulturpessimistisch, dass die Kinder kein Volkslied mehr singen könnten, kaum mehr eine Stoffdrucktechnik lernten und schließlich die Volksgesundheit in Gefahr sei, wenn die Lehrer – unausgebildet und fachfremd – den Kindern nicht artig den Dauerlauf vermittelten. Auch für das Ende der „Made in Germany“-Ära sind Grundschullehrerinnen verantwortlich, da sie – mangels Ausbildung – Naturwissenschaft und Technik im Schulalltag vernachlässigten.

Und man schaut kopfschüttelnd herab auf das minderwertige Treiben der schlecht bezahlten Lehrerinnen in Grundschulen: „Wie sollen die Kinder denn Biologie lernen, wenn noch nicht mal die Lehrerin die einheimischen Singvögel beim Namen nennen kann.“ Für die „Fachwelt“ aus den Universitäten und Lehrerausbildungsseminaren muss es angesichts dieses Desasters schier unbegreiflich erscheinen, wie man dem Durchschnittsschüler in der Schule etwas „beibringen“ kann, wenn auch noch Kinder verschiedener Sprachen in einer Klasse zusammen sitzen. Beinahe geheimnisvoll erscheinen unter dem begrenzten Blickwinkel der Fachdidaktiker die Lernerfolge der Lehrerinnen, die nicht nur Kinder verschiedener Nationen, sondern auch noch verschiedener Altersstufen und unterschiedlicher „Begabungen“ in relativ großen Klassen „gleichzeitig“ unterrichten.

Wenn die Lehrerinnen in den Grundschulen kistenweise bepackt mit Lernmaterialien hunderte Ansprüche zu erfüllen haben, erscheint jedem Außenstehenden diese unzumutbare Bürde als Ursache für das Scheitern unserer deutschen Schüler. „Dies kann niemand leisten!" – und damit ist der dünne Faden zwischen den Fachdisziplinen der Universität und der Schule gerissen. Geradezu mildtätig und versöhnlich wirkt da der kokette Versuch, den Kindern an so genannten "Kinderuniversitäten" in uni-typischen Massen-Vorlesungen das nötige Rüstzeug zu geben, um dennoch den von unserer Gesellschaft geforderten „Mindeststandards" genügen zu können.

Der fachdidaktisch angeblich so miserable Unterricht in den Grundschulen schreit nur nach einer Lösung: Aussonderung von schwierigen Schülern! Und damit liefert die Fachdidaktik – ohne es zu beabsichtigen – den Verfechtern eines „gegliederten", selektiven Schulsystems die nötige Schützenhilfe.

Dass aber die Klassenlehrerinnen in den Schulklassen die Experten sind, scheint man nicht einsehen zu wollen. Dann müsste man auch erkennen, dass die erfolgreichen Lehrerinnen nur unter *Umgehung der „Standards"* ihre Arbeit bewältigen und versuchen, den Lernerfordernissen aller Kinder gerecht zu werden – allerdings nicht selten mit schlechtem Gewissen und einem Minderwertigkeitsgefühl, das sich aus antrainierter Hochachtung vor den praxisfernen Universitätsleuten speist.

Mit dem konstruktivistischen Konzept der „Vielperspektivität" (vgl. Köhnlein 2000) kommt Entspannung in die Diskussion. Astrid Kaiser (2000) weist angesichts der „Vielfalt der Kinder" dem *Gespräch und Erfahrungsaustausch* die zentrale, fächerintegrierende Funktion im Sachunterricht zu. Während in der Wendezeit von der Heimatkunde zum wissenschaftsorientierten Sachunterricht auf die wachsende, gesellschaftliche Veränderungsdynamik didaktisch mit einem überfordernden Fächerkanon reagiert wurde, stehen im „kommunikativen Sachunterricht" (Kaiser 2004) und Sprachunterricht die soziale Beziehung der Menschen, ihre historische Bedingtheit und Entwicklungsmöglichkeit im Vordergrund.

Die Pädagogen vor Ort reagieren nach diesem Konzept auf die rasche Veränderbarkeit von Unterrichtsinhalten mit den pädagogischen Ansätzen von Kindorientierung, Erfahrungsorientierung und Kommunikation. Die Lehrerin knüpft an Erfahrungen der Kinder an und ist offen für deren Weltsicht. Der Unterrichtsgegenstand wird stärker durch soziale und emotionale Zielsetzungen (Identität, Zusammenleben, Veränderbarkeit) bestimmt und damit erweitert. Die Planung des Unterrichts orientiert sich an gemeinsamen Interessen der Klasse. Das Zusammenleben der Kinder und Erwachsenen in der Schule selbst wird zum Modell. Das Lösen von Aufgaben in einer Schul- oder Klassengemeinschaft benötigt die Verständigung zwischen Menschen, die verschiedene subjektive Deutungen gegenüber einer Sache einbringen. Gerade durch die „Vielperspektivität" erschließen sich die tieferen Schichten eines Lerninhaltes. Die „Vielfalt“ der Kinder wird zum Gewinn für den Lernprozess aller.

Selbst im naturwissenschaftlichen Sachunterricht wird das Wissen nicht einfach transportiert, sondern jedes Kind konstruiert seine kognitiven Strukturen an Aufgaben, die beispielsweise in der freien Arbeit aus Eigeninteresse gewählt werden. So führen etwa Kinder in Kleingruppen chemische Experimente durch. Die Lehrerin nimmt die Alltagsvorstellungen und Erfahrungen der Schüler ernst. In der handelnden Vertiefung und anschließenden Verständigung weichen diese Hypothesen der Kinder wissenschaftlichen Konzepten. Das Denken der Kinder wird ernst genommen und anschließend konfrontiert mit den Ergebnissen von Experimenten. Solche Lernprozesse können beim Kind zu einem nachhaltigen „Konzeptwechsel“ führen (vgl. Kaiser/Mannel 2004). Die auftretenden realen Auseinandersetzungen sind nicht vorstrukturiert, sondern offen und erfordern vielfältige Zugangsweisen und das Verstehen verschiedener Perspektiven. Viele *Lernziele und Inhalte sind nicht vorweg definierbar.* Das Leben in der Schule wird zum Ausgangspunkt spannender Lernprozesse.

In neueren Lehrplänen wird inzwischen gefordert: Die Lehrinhalte sollen sich nicht nur auf die Bestände unserer Kultur beziehen, sondern z. B. auch auf die *unterschiedlichen Interessen der Kinder.* Die Lehrerinnen und Lehrer sollen eine Brücke bauen zwischen „wissenschaftlichen Fragestellungen“ und der „Lebenswirklichkeit“ der Kinder.

Der Erfolg vieler Grundschulen beruht nicht auf der Erfüllung fachdidaktischer Ansprüche, sondern auf der selbstbewussten *Parteinahme für die Interessen der Kinder.* Diese Praxis ist nicht mit dem Begriff des „fächerübergreifenden“ Unterrichts zu beschreiben, da auch hier nur die Auflösung traditioneller Fächergrenzen gemeint ist. Viele Grundschulen sind in der Praxis weiter. Sie haben die Fächer überwunden. Sie praktizieren „fächerüberwindenden“ (vgl. Daum 2000), oder sogar „fächerlosen“ Unterricht. Aus diesem Blickwinkel erscheint es folgerichtig, dass ein so genanntes „behindertes“ Kind in der Klassengemeinschaft einer Regelklasse erfolgreich lernt. Auch die „nicht-behinderten“ Mitschüler profitieren von der gesteigerten Unterrichtsqualität eines „Gemeinsamen Unterrichts“ (vgl. Dürr 2001; Seitz 2004). „Die Didaktik der Vielfalt ist auch auf der inhaltlichen Seite reicher, weil sie auch den Reichtum an Beziehungen und Biografien, an Erkenntnissen und Perspektiven verschiedener lernender Menschen anzusprechen versucht“ (Kaiser 2000, 98f.), indem folgende projektorientierte, in der Reformpädagogik erprobte Lernformen überwiegen:

- Realerkundungen, Interviews, Beobachtungen
- Handelndes, entdeckendes Lernen
- Arbeitsteilige Gruppenarbeit
- Austausch von Arbeitsergebnissen und Sichtweisen im strukturierten Sitzkreis

- Ergebnisbücher für die Klasse und andere Kinder
- Austausch durch Klassenkorrespondenz
- Ausstellungstische, Stelltafeln, Plakate
- Präsentation von Arbeitsergebnissen in der Schulfeier

Im praktischen „fächerübergreifenden“ oder „fächerlosen“ Alltagslernen eines Kindes spielen die Fächer keine entscheidende Rolle, es sei denn die Lerntätigkeiten der Kinder werden zum Zwecke der Transparenz des Tagesablaufs mit Titeln versehen, die an die Fächer erinnern: z. B. „Mathezeit“ als eine Zeit, in der die gesamte heterogene Gruppe zugleich an verschiedenen Lernfeldern der Mathematik tätig wird.

Die Kriterien für eine „Evaluation“ allerdings sind anders als die individuell unterschiedlichen Lernhandlungen der einzelnen Kinder. Wenn Lehrerinnen eines solchen „schülerorientierten“ oder „kommunikativen“ Unterrichts darüber Rechenschaft ablegen müssen, was die Kinder „eigentlich konkret gelernt haben“, so können sie für alle Lernbereiche belegen, dass jedes Kind „nachweisbar“ einen Zuwachs an Wissen, Können und Lernhaltung erfahren hat. Unterrichtspraktiker vor Ort bekommen Unterstützung durch die fachdidaktische Forschung, wenn sie sich gegenüber Außenstehenden rechtfertigen müssen. Denn dort werden theoretisch säuberlich getrennt, für jeden Lernbereich differenziert didaktische Einzelheiten ausgeworfen, die in der Unterrichtswirklichkeit nur in Kombination mit vielen anderen Ebenen zur Geltung kommen. Wir können dann – am besten im Nachhinein – Rechenschaft über die Lernprozesse in einem Fach ablegen.

Was dies im Einzelnen für einen „gemeinsamen Unterricht“ bedeuten kann, wurde allerdings bisher selten erläutert. An einem Beispiel soll konkretisiert werden, wie z. B. sowohl geistig behinderte als auch „durchschnittlich begabte“ Kinder gemeinsam am „Lernfeld Zeit“ (Rechenschaftskategorie im Sachunterricht!) einen möglichst messbaren Lernzuwachs gewinnen. Simone Seitz (2005) macht für die „didaktische Konkretisierung“ einige brauchbare Praxisvorschläge. Die aufgeführten Empfehlungen für das „Fach Sachunterricht“ lassen sich durch folgende fachdidaktischen Merkmale kennzeichnen:

- Die Biografie und die Emotionen jedes einzelnen Kindes stehen im Vordergrund der Auseinandersetzung mit „Zeit“. Die Identitätsentwicklung wird gefördert. Jedes Kind erfährt Wertschätzung. Individuelle Deutungsmuster werden ernst genommen.
- Die Beziehungen der Kinder zueinander sind zentral und ermöglichen gemeinsames Lernen. Im Austausch individueller Deutungsmuster der Kinder werden verschiedene Perspektiven auf das Thema „Zeit“ zusammen geführt.
- Das Thema „Zeit“ ist integriert in ein übergreifendes Konzept ästhetischer Bildung

- Zugangsweisen werden bevorzugt, die das körperliche Erleben ermöglichen.
- Elementare Momente des Erlebens in der Gegenwart werden geachtet.

Praxisvorschläge für das Lernfeld „Zeit“ im „inklusiven Sachunterricht“ (gemeinsamen Unterricht) nach Seitz (2005, S. 179 ff.), ergänzt und gegliedert nach dem Grad der Wiederkehr der Durchführung

| | | | | | |
|---|---|---|---|---|---|
| ***Einzelne Lernaktivitäten*** *mit Reflexion* | Angeregt durch Fotos und Dinge von „früher“ schreiben, malen und spielen die Kinder | Kinder machen eine angeleitete Fantasiereise zur motorischen Entwicklung (Liegen bis erstes Laufen) | Kinder schaffen Zukunftsentwürfe in Texten, Bildern, szenischem Spiel | Kinder setzten sich durch kreative Verfahren mit Sexualität, Geburt, Wachstum, Krankheit und Tod auseinander | |
| ***Wiederkehrende Tätigkeiten*** *mit vergleichender Reflexion* | Jedes Kind schreibt ein eigenes „Kompetenzbuch“ mit Bildern/ Fotos zu bedeutenden Lebensschritten (Essen mit Löffel, 1. Schwimmen) und zu Wachstumsprozessen | Jedes Kind erstellt eine individuelle Dokumentation von Tonaufnahmen mit Erzählungen und Geräuschbeispielen, verteilt über die Schulzeit | Individuelle Videodokumentation zu jedem Kind während der Schulzeit | Kinder erfahren und messen die Zeit im Sport, bei Bewegungsübungen, beim Fühlen von Atmung und Herzschlag | Kinder erfahren die Zeit in Rhythmusübungen, in der Musik, in Sinnesexperimenten, bewegten Kunstwerken |
| ***Verankerung im Leben*** *der Klassengemeinschaft mit regelmäßiger Reflexion* | Jedes Kind führt ein eigenes Lerntagebuch, das individuelle Lerntempo wird akzeptiert, bewusster Umgang mit Lerntempo wird angeregt, individuelle Lernziele werden im Gespräch entwickelt (vgl. Kapitel 3.5) | „Landkarte der Lernwege“ zur Schaffung von Lerntransparenz, Offenlegung von Lernfortschritten über den Zeitraum der Schulzeit (vgl. Kapitel 3.5) | Klassentagebuch: Erlebnisse notieren, Fotos / Bilder dazu | Jedes Kind kann jederzeit seine Probleme ins „Klassenratbuch“ schreiben. In regelmäßigen Zeitabständen wird drüber im Klassenrat gesprochen (vgl. Kapitel 3.1) | Haustiere, Pflanzen im Klassenraum als Lernanlass |

Alle genannten Praxisvorschläge sind auch für viele andere Lernfelder und Fächer geeignet. Das Angebotsrepertoire einer Lehrerin erfüllt eigentlich immer verschiedene Ziele parallel. Insofern muss die Furcht mancher Lehrkräfte vor der Rechenschaftslegung als unbegründet erscheinen: Hunderte von fachdidaktisch legitimierbaren Zielen werden im Alltagsunterricht „abgedeckt“. Das administrativ geforderte Klassenbuch mit Ziel- und Themenformulierungen zu füllen ist somit eine der anspruchslosesten Arbeiten im Lehrerberuf, wenn man die Lehrplanbegrifflichkeiten der einzelnen Fächer beherrscht. Die eigentliche Herausforderung besteht vielmehr darin, die angestrebten Verhaltens- und Bewusstseinsveränderungen auch tatsächlich wirkungsvoll, nachhaltig und zeitsparend zuwege zu bringen. Wenn sich dabei die unterrichtlichen Bemühungen nicht so sehr auf so genannte „fachdidaktische Kategorien“ konzentrieren, sondern auf die Bedürfnislage der Kinder, dann ist eine Aussonderung von Kindern unwahrscheinlicher.

Auch wenn bisher inklusive Fachdidaktiken am Anfang stehen, ist am gezeigten Unterrichtsbeispiel zu erkennen, dass eine große Nähe zu schülerorientierten Konzepten in der Grundschulpädagogik – „offenem Unterricht“ – besteht (z. B. Peschel 2002). Hier wird – unter dem Titel „Inklusion“ eine Brücke geschlagen zwischen mehreren pädagogischen Bewegungen, die in der Reformpädagogik ihre Wurzeln haben. 16 Universitäten aus 11 Ländern entwickeln inzwischen ein Curriculum zur Lehreraus- und -fortbildung für den Gemeinsamen Unterricht. Lehrerinnen in Europa werden für den inklusiven Unterricht qualifiziert (vgl. Wilhelm u. a. 2002 und http://integer.pa-linz.ac.at).

Nun werden einige Lehrerinnen „weiterführender“ Schulen einwenden, das hier beschriebene „fächerüberwindende“ oder „fächerlose“ Unterrichten sei vielleicht für die „Kleinen“ noch als „spielerische Vorbereitung“ auf den Fachunterricht akzeptabel. Mit fortschreitenden Jahrgängen müssten allerdings diese handelnden und kommunikativen Zugangsweisen durch ein „Abverlangen“ von „bildungsrelevantem Lernstoff“ ersetzt werden. Das „Messen“ der Schülerleistungen an individuellen Maßstäben sei lediglich als Hinführung zu einer vergleichenden Leistungsbewertung zu verstehen.

Jörg Schlömerkemper (2005) weist in einem Beitrag mit dem Titel „Bildung braucht Erziehung“ auf ähnlich fragwürdige Ansichten hin: Erziehung – in dieser Sichtweise nur als elementare Voraussetzung für Bildung – habe die Verhaltensweisen zu sichern, die für eine ungehinderte Auseinandersetzung mit den „Inhalten der Bildung“ erforderlich seien. Erziehung liege sozusagen zeitlich vor der Bildung. Dem entgegnet Schlömerkemper, dass es fahrlässig sei, Bildungsprozesse von ihren latenten erzieherischen (Neben-)Wirkungen zu trennen und sich einfach auf positive Effekte von „Mehr Bildung“ zu verlassen: „Nach meinem Verständnis ist ‘Bildung’ zwar der Intention nach auf die allseitige Entfaltung der Persönlichkeit gerichtet, in der faktischen Wirkung kommt aber hinzu, dass

'Bildung' zugleich (und in einer widersprüchlichen Beziehung) ein Medium der sozialen Abgrenzung ist" (2005, S. 263). Im selektiven Schulalltag können durch Bildungsprozesse erzieherische Wirkungen erzeugt werden, die den eigentlichen Absichten von „Bildung" widersprechen: „So macht es einen Unterschied, ob Kompetenzen in einem Kontext erworben werden, der auf individuelle Profilierung auf Kosten anderer und vordergründig mit der Absicht auf Berechtigungen zielt, oder in einem Kontext, der die prinzipielle Gleichberechtigung und wechselseitige Abhängigkeit von Menschen mit verschiedenen Kompetenzen betont. Und es ist nicht unbedeutend, ob gelernte Kenntnisse und Fertigkeiten gegen Zertifikate eingetauscht und dann 'vergessen' werden können, oder ob sie in einem kulturell und sozial anregenden Lernfeld nachhaltig als bedeutsam erlebt werden können" (Schlömerkemper 2005, S. 264).

In einem inklusiven Konzept sind Bildungswerte konkret erfahrbar: Schüler erleben, dass ihre individuellen Kompetenzen gebraucht werden. Im Zusammenleben der Klassengemeinschaft, in gemeinsam geplanten Projekten, in Reflexionen über die eigenen Lernwege, in der täglichen Verantwortung für Mitmenschen, Tiere und Pflanzen gewinnen die erworbenen oder zu erwerbenden Fähigkeiten und Kenntnisse der Schüler an Bedeutung. Kinder und Jugendliche erfahren dann – wie schon bei den Reformpädagogen – dass sich Arbeit lohnt, dass Übung kein Selbstzweck ist und dass Fehler zu jedem Lernprozess dazu gehören, wie das Wasser zum Leben. Auch „gute" Lerninhalte bewirken nicht per se eine kritisch reflexive oder ethische Herausforderung. Erst im konkreten Zusammenleben in der Klasse erwächst aus anspruchsvollen Lerninhalten ein *Habitus*, der diesen Inhalten entspricht. In der Leitung des Zusammenlebens einer Klasse liegt die große *didaktische* Leistung von „guten" Lehrerinnen.

Eine Lehrerin wirkt in der Klassengemeinschaft immer auch über ihr Vorbild – ganz gleich, ob ihr das bewusst ist oder nicht. Sie beeinflusst so die Lernhaltung der Schüler und fördert durch ihr lebendiges Beispiel bei den Kindern die notwendige Disziplin, Konzentration, Übung, Geduld und das Anstreben der Meisterschaft. Erich Fromm verdeutlicht in „Die Kunst des Liebens" (1956), dass ein Mensch, der eine Kunst erlernen will, diese Haltungen braucht. Die Lehrerin sollte diesen menschlichen *Habitus* mithilfe ihrer eigenen Persönlichkeit lehren:

„Über die Vermittlung von Wissen geht uns jene Art zu lehren verloren, die für die menschliche Entwicklung am allerwichtigsten ist: die einfache Gegenwart eines reifen, liebenden Menschen. In früheren Epochen unserer Kultur oder in China und Indien schätzte man einen Menschen mit hervorragenden seelischen und geistigen Eigenschaften am höchsten. Auch der Lehrer hatte *nicht in erster Linie die Aufgabe, Wissen zu vermitteln*, sondern er sollte bestimmte menschliche Haltungen lehren. (…) Falls es uns nicht gelingen sollte, die Vision eines reifen Lebens lebendig zu halten, so besteht allerdings die Wahrscheinlichkeit, dass unsere gesamte kulturelle Tradition zusammenbricht. Diese Tradition gründet sich nicht in erster Linie auf die Übermittlung bestimmter Arten von Wissen, sondern auf die Weitergabe bestimmter menschlicher Wesenszüge. Wenn die kommenden Generationen diese Wesenszüge nicht mehr vor Augen haben, wird eine fünftausendjährige Kultur zusammenbrechen, selbst dann, wenn ihr Wissen auch weiterhin gelehrt und weiter entwickelt wird.“ (Fromm 1956/1999, S. 508f.; Hervorh. R. S.)

Kapitel 2

## 4. „Ich bin nie fertig mit der Arbeit“ – Überlastung und Einzelkämpfertum von Lehrerinnen und Lehrern führt zu Aussonderung von Schülern

> „Was bin ich euch, wenn nicht Ballast für euren freien Flug, Spinnweb auf euren bunten Flügeln, die Schere die der blutigen Pflicht genügt, eure keimenden Triebe zu beschneiden. Ich bin ein Hindernis auf eurem Weg, der ratlos hin und wider Schwankende, der Krittler, der euch zusetzt, der Unaufrichtige, verschwiegene, farblos und lächerlich, wenn ich euch überzeugen möchte.“
>
> Janusz Korczak: Wie liebt man ein Kind (1914–18)

„ Was wollen Sie eigentlich? – Jetzt bin ich krank, höllische Kopfschmerzen. – Soll ich mich tot schuften – nur weil ich einen schwierigen Schüler in meiner Klasse habe? Sollen wir diese auffälligen Kinder in der Grundschule behalten, auch wenn wir dafür keine zusätzlichen Lehrerstunden bekommen? Wir sind ja schön dumm, wenn wir das tun – keiner dankt uns, nicht mal die Eltern des Kindes selbst und schon gar nicht die anderen Eltern. Jetzt wurde ein Vortrag angeboten über ADHS und da kam doch gleich eine Mutter an und fragte, ob ich denn nicht auch dahin ginge. Sie meinte noch ganz frech, das müsste Pflicht für alle Lehrer sein! – Jetzt habe ich mich erst mal krank gemeldet – ich bin doch nicht der Popanz hier.

Der Schulrat rechnet uns vor (und dem glaube ich kein Wort!), dass andere Schulen noch mehr Lehrerstunden gestrichen bekämen. Es ist wohl mein Privatvergnügen, schwierige Kinder zu unterrichten. Viel einfacher hätte ich es, wenn diese Kinder sofort in die Sonderschule gingen, dort gehören sie nämlich eigentlich hin. Denn die anderen leiden ja auch darunter – für die habe ich ja dann auch nicht genug Zeit. Unser ‘Kerngeschäft’ – wie der Schulrat immer so anschaulich sagt – ist der Unterricht und nicht die Sozialarbeit. Dafür bin ich ausgebildet, nur dafür. Wenn die Eltern von den normalen Kindern wüssten, wie wenig Zeit ich noch für ihr Kind habe ... In dieser Woche gleich zwei Besprechungen, nur wegen der Sonderpädagogik. Das ist alles zu viel – ich kann nicht mehr – jetzt auch noch das Sportfest, alles schön und gut, aber es ist zu viel. Mein Kopf dröhnt!

Egal was wir leisten – Vergleichsarbeiten, Klassenfahrten, Feiern, schwierige Kinder fördern – alles geschieht ohne irgendwelche Anerkennung. Im Gegenteil: Wer was Besonderes neben dem Kerngeschäft machen möchte, verbrennt sich die Finger – oder er brennt aus: Burnout. Es kann niemand von mir verlangen, dass ich krank werde, um meinen Job richtig zu machen.

Die Kinder selber werden ja auch krank von dem Hin und Her: Wenn ich nicht mehr kann, wie soll sich ein schwieriges Kind bei mir wohl fühlen? Es spürt doch, dass es eine Last ist. Dann kann ein Kind auch nicht lernen, ehrlich gesagt: Dann besser gleich runter von der Schule!“

Wer diese Stimmen von berufserfahrenen Lehrerinnen kennt, wird ahnen, dass solche Pädagogen sich durchzusetzen wissen. Sie bleiben – von außen betrachtet – länger gesund als andere, die kein Ventil für ihre Beanspruchungen finden. Wer „Dampf ablässt“ muss aber nicht unbedingt Kinder aussondern: Hunde, die bellen, beißen nicht! Gerade aus psychohygienischen Gründen halte ich es für sehr wichtig, dass praktizierende Pädagogen – ähnlich wie Psychotherapeuten – sich ihrer eigenen „lebensstilbedingten“ Grenzen bewusst werden. Erst durch die

Auseinandersetzung mit „unbewusst“ wirkenden Persönlichkeitsanteilen und den eigenen, teilweise traumatisierenden Schulerfahrungen haben wir eine Chance zu einer toleranten und humanen Entwicklung.

Wo aber ist der richtige Ort für das „Dampfablassen“? Können wir unsere negativen Gefühle gegenüber „Störenfrieden“ und „Hohlköpfen“ irgendwo in der Schule zum Ausdruck bringen? Gehört es zu unserem professionellen Können, destruktive Tendenzen in unserem Alltagsgefühl auszuschalten? Sind wir in der Lage, nach dienstlichem Berufsethos zu handeln und anderen, von uns Abhängigen selbst dann förderlich zu begegnen, wenn sie uns massiv zu stören scheinen? Wohl nur schwerlich, wenn wir alleine mit unseren negativen Gefühlen gelassen werden. Und wer in einer Klasse „mit dem Rücken zur Wand“ steht, neigt eher dazu auszusondern als jemand, der sich der Grenzen seines Handelns bewusst ist.

Nach meiner Erfahrung gibt es keine Alternative zur Supervision für alle Pädagogen. Jede und jeder braucht einen geschützten Rahmen, in dem ehrlich und ohne Angst vor „dienstlichen Konsequenzen“ geredet werden kann. Im „Lehrerzimmer“ in den „Pausen“ oder „zwischen Tür und Angel“ finden wir meist nicht die geeignete Ruhe, um Klarheit zu schaffen. Vielmehr sind festgelegte Zeiten für die Supervision erforderlich. „Außenstehende“ Supervisoren können am besten helfen, da sie am wenigsten selbst ein Teil des Problems sind. Alle 4 bis 6 Wochen sollten wir Praktiker uns einer solchen „inneren Klärung“ unterziehen.

Eine lebendige Schule zeichnet sich nicht durch Abwesenheit von Problemen aus, sondern durch die Entwicklung eines Instrumentariums zur Bewältigung von Schwierigkeiten, um sie nutzbar zu machen. Fred Ziebarth (2002) fasst seine Forderung nach Supervision in allen pädagogischen Handlungsfeldern unter das Motto: „Integration bedeutet auch *Nicht*aussonderung von Problemen“.

In Supervisionen kann uns bewusst werden, welchen „Seelenmüll“ wir mit uns schleppen und wie sich dieser auswirken kann, wenn wir ihn nicht als „Teil von uns“ anzunehmen gelernt haben. Wir begegnen in der Ausübung unseres Lehrerberufs ständig unserer eigenen Kindheit und auch dem eigenen kleinen Kind im Erwachsenen. Dies hat Einfluss auf die Qualität unserer Erziehungsbemühungen. Das Aussondern von „schwachen Schülern“ oder Migrantenkindern kann Folge unaufgearbeiteter persönlicher Unsicherheiten und Ressentiments gegenüber Menschen mit Behinderungen oder fremden Ethnien sein. Das Nichteingestehen abwertender Gefühle und Einstellungen nützt niemandem und führt eher zu der von Andreas Hinz (2002) beschriebenen typischen Etikettierung, die sich in der Weltanschauung der „Zwei-Gruppen-Theorie“ widerspiegelt. Kinder werden im Alltagsgeschäft „abgestempelt“ als „die Behinderten“, „die Ausländer“, „die Zigeuner“ „die Hochbegabten“, „die Hyperaktiven“, „die Jungen“ oder „die sozial Schwachen“. Der gemeinsame Kern solcher Einstellungsmuster ist die sich in unserem Land immer wieder ausbreitende, menschenrechtswidrige

Ideologie der Ungleichwertigkeit der Menschen. Dieser Gesinnung, die besonders in einem beruflich homogenen Kollegium „Stimmung machen" kann, ist durch moralische Appelle nicht beizukommen. Vielmehr muss sie wahrgenommen werden als ein Schutzschild gegen Überbeanspruchungen im Lehrerberuf. Die individuellen Reaktionen auf die Überbeanspruchung sind abhängig vom in der Kindheit geprägten „Lebensstil" (vgl. Alfred Adler) des einzelnen Pädagogen.

Wer die für ihn persönlich unbequemen Kinder „rausschmeißt", die „Klasse putzt", hat im deutschen Schulsystem traditionell eigentlich wenige Gegner. Die Regelschullehrerin fühlt sich „nicht kompetent" für diese Kinder und erfährt Entlastung durch die Überweisung auf die Sonderschule, die mit Recht lieber „Förderschule" genannt werden will. Auf diese Weise ist die Regelschule nicht gezwungen, sich selbst mit dem Aufbau von förderlichen Strukturen für „schwierige und schwache Schüler" auseinander zu setzen. Förderschulen wirken insofern auf die Regelschulen systemstabilisierend: „Sonderpädagogen und Sonderschulen können dazu beitragen, dass das Verständnis von Lernen und seinen Bedingungen nicht überdacht und Schul- und Unterrichtskonzepte nicht revidiert werden. Diese Wirkung ist auch deshalb zu befürchten, weil Sonderpädagogiken den Eindruck erwecken, sie verfügten über besondere, bewährte Konzepte." (Begemann 2002, 138). Jedes Kind lernt individuell verschieden auf der Basis seiner Voraussetzungen. Somit kann es auch kein spezifisches Vermittlungskonzept für so genannte „Behinderte" geben (vgl. Begemann 2002).

Durch die Erfahrung der eigenen Überforderung fühlen sich einige Lehrerinnen auch nicht mehr unbedingt den Grundnormen der sozialen Gleichwertigkeit und psychischen Unversehrtheit von Menschen verpflichtet. Um das eigene Selbstwertgefühl aufrecht zu erhalten, wird das „schwierige" Kind möglicherweise ausgesondert. „Es hat keinen Zweck für dieses Kind auf dieser Schule – die Förderung auf einer Sonderschule ist eben viel besser", heißt es dann beschönigend. Dass dabei die überfordernden Strukturen in der Regelschule einen fruchtbaren Nährboden bereiten für die Selektionspraxis wird häufig übersehen. Die in Deutschland „normale" vierjährige Grundschule mit ihren überdurchschnittlich engagierten Lehrerinnen dient in unserem Schulsystem eben nicht der Integration. Paradoxerweise sind dafür gut ausgestattete Sondereinrichtungen und externe Experten zuständig. Integration sollen diejenigen betreiben, die außen stehen, die nicht zum Regelschulsystem gehören.

Die Kolleginnen der Regelschulen, die das „Unmögliche" probieren, die an das Kind glauben und alles versuchen, um z. B. eine „Abschiebung in die Sonderschule" zu verhindern, sind allerdings Burnout gefährdet. Sie erleben sich in einem Beruf, in dem sie nie fertig werden mit der Arbeit. Adorno verweist auf eine typische Belastungsdynamik im Lehrerberuf: „Es ist darum so verzweifelt schwer für die Lehrer, es recht zu machen, weil ihr Beruf ihnen die in den meisten anderen Berufen mögliche Trennung ihrer objektiven Arbeit (...) vom persönlichen Affekt verwehrt. Denn ihre Arbeit vollzieht sich in der Form einer unmittelbaren Beziehung, eines Gib und Nimm, der sie doch unterm Bann ihrer höchst mittelbaren Zwecke nie gerecht werden kann. Prinzipiell bleibt, was in der Schule geschieht, weit hinter dem leidenschaftlich erwarteten zurück“ (Adorno 1965).

Beanspruchungen, die aus inneren Konflikten (z. B. zwischen Ansprüchen der Integration und deren Verwirklichung) entstehen, müssten verstärkt Gegenstand von Untersuchungen werden (vgl. Stähling 1998). Bei der Erhebung von Daten im Alltag berufserfahrener Lehrer muss dieses Belastungsphänomen berücksichtigt werden.

Berufserfahrene Lehrerinnen und Lehrer (Experten) werden nicht selten durch schlechtes Gewissen belastet, wie Saupe & Möller (1981) bereits in einer Befragung (n=404 Lehrer) feststellten. Geprägt von hohen Ansprüchen entsteht häufig das Gefühl, “eigentlich“ für die Schule mehr machen zu müssen. Eine Ursache für die Arbeitsbelastung der Lehrer ist der pädagogische Arbeitsauftrag, der „weitgehend undefiniert, nach oben unbegrenzt“ ist (vgl. Schönwälder 2001, S. 144). Das dichte Aufeinander verschiedenster Anforderungen ist typisch für den Unterrichtsvormittag. Spätestens zu Hause verfolgt viele Lehrerinnen das schlechte Gewissen, noch nicht genug getan zu haben. Die Freizeit leidet darunter. Wenn dann noch Konflikte mit Kolleginnen hinzukommen, ist der Weg nicht mehr weit zu dem tief greifenden psychophysischen Erschöpfungszustand, der Burnout genannt wird. Meist wird dieser bedrohliche Zustand gesteigert durch Belastungen im Privatleben, Beziehungsprobleme, Verlust tragender Freundschaften, Resignation, Schlafstörungen und das Absinken körperlicher Leistungsfähigkeit.

Dass hier das Aussondern von Schülern als Krankheitsprävention der Lehrerinnen zu verstehen ist, verweist auf die wenig gesundheitsfördernden Zustände in den Schulen.

Damit eine Schule bei allen dort arbeitenden Menschen die körperliche und psychische Gesundheit fördern kann, müssen die gesundheitlichen Belastungsfaktoren reduziert werden. Die folgende Liste nennt einige dieser belastenden Faktoren für Schüler und Lehrer. Um diese Einflüsse reduzieren zu können, sind bezeichnender Weise alle die Maßnahmen sinnvoll, die sich als Wege zu einer inklusiven, einer „guten“ Schule erweisen.

Belastungsfaktoren der Schule (vgl. Paulus 2002 a, b; Stähling 1998)

| für Schülerinnen und Schüler | für Lehrerinnen und Lehrer |
|---|---|
| Klassenklima: Mangelnder Zusammenhalt, wenig Unterstützung, Ausgrenzung, Gewalt, keine dauerhafte Bindung zwischen Kindergruppe und Lehrerin | Schülerschaft: Wachsende Anzahl an Kindern mit sozialen und erzieherischen Defiziten ohne zusätzliches (sonderpädagogisches) Personal |
| Lehrer-Schüler-Verhältnis: Mangelnde Wertschätzung und Offenheit | Verhältnis der Gesellschaft zu den Lehrerinnen: Mangelnde Wertschätzung, Erfolge unsicher und schwer messbar, wenig positive Rückmeldungen, geringe gesellschaftliche Investition in Jugend |
| Leistungsanforderungen: Schulstress durch mangelnde Transparenz und Gerechtigkeit und Angst vor Aussonderung | Leistungsansprüche: Mehr Aufgaben bei schlechteren Arbeitsbedingungen |
| Schulklima: Ungerechtigkeit im sozialen Miteinander, fehlendes Zugehörigkeitsgefühl, Ausgrenzung | Wandel des Berufsbildes: Neben Unterricht auch Qualitätsentwicklung, Organisation, Kooperation, sozialpädagogische Tätigkeiten ohne Teamarbeit.<br>Täglich hohe Belastungen: Arbeitsaufgaben komplex und widersprüchlich, anhaltende nervliche Anspannung, fehlende Kooperationsstrukturen mit Kollegen, Einzelkämpfer, häufige Auseinandersetzungen mit Kollegen, Eltern, Vorgesetzen |
| Mitbestimmung: Festlegung und Umsetzung von Regeln liegt nicht in der Hand der Schüler | Arbeitszeit: Wenig Gerechtigkeit, Entscheidungsspielräume und Flexibilität |
| Lebensbezug: Mangelnde Perspektiven, Sinnlosigkeitserfahrung bei der schulischen Arbeit | Überalterung: Anregungen von jungen Kolleginnen fehlen häufig, Mangel an Innovation |
| Räumlichkeiten: Wenig Bewegungs-, Gestaltungs- und Sitzmöglichkeiten, Unsauberkeit, wenig Raumangebote | Physische Belastung: Unterricht häufig im Stehen, mit viel Sprecharbeit und Lärm, erhöhte Infektionsgefahr. Große Klassen |

Werden die genannten Belastungsfaktoren durch inklusive Kulturen, Strukturen und Praktiken (vgl. Index für Inklusion 2003 im Kapitel 4.1) reduziert, so entfesseln sich Kräfte, die zuvor in den Mühlen alter Schulkulturen, in ihren Strukturen und Praktiken gefangen waren.

Die Inklusion ist zugleich ein Weg zur gesundheitsfördernden Schule.

Ändert man den Blickwinkel von der Pathogenese zur Frage, wodurch sich Gesundheit in der Schule entwickeln kann, so stößt man auf die gleichen Ziele, die auch eine inklusive, eine „gute Schule“ kennzeichnen (vgl. Paulus 2003): Kinder und Erwachsene werden gestärkt und dabei unterstützt,

- dass sie Zutrauen zu sich selbst entwickeln und erhalten (Gefühl der Machbarkeit)
- dass sie ihr Handeln als sinn- und wertvoll betrachten (Gefühl der Sinnhaftigkeit)
- dass sie ihr Leben und ihre Umgebung begreifen (Gefühl der Verstehbarkeit).

Bildung steht hier im Dienst der Gesundheit, und Gesundheitsförderung dient zugleich der Bildung. Gesundheit und Bildung bedingen sich wechselseitig: Schule ist somit erstens zu sehen als ein Ort, an dem verwirklicht wird, was mit Begriffen wie Ernährungserziehung, Hygiene, Sexualerziehung, Suchtprävention, Bewegungserziehung, Erste Hilfe nur angedeutet werden kann. Zweitens hat Schule als Arbeitsplatz für Erwachsene und Kinder gesundheitsförderliche Bedingungen zu schaffen, die zugleich dem Arbeiten und Lernen dienlich sind.

# Teil II

# Inklusion in der Praxis

## Kapitel 3
## Die „Grundschule Berg Fidel“ im sozialen Brennpunkt – Auf dem Weg zur inklusiven und gesunden Teamschule

„Der Traum ist ein Lebensprogramm.
Könnten wir darin lesen, würden wir sehen,
dass Träume sich erfüllen.“

Janusz Korczak: Wie liebt man ein Kind (1914–18)

# Kapitel 3

## 1. Gesundheitsförderung als Leitprinzip

„Gesundheit ist wie das Salz – man merkt es nur, wenn es fehlt"
(Sprichwort aus Italien)

Ein ausländisches Mädchen hat starke Sprechstörungen. Ich kann sie kaum verstehen, weil sie häufig die Silben „verschluckt". Beim Zuhören habe ich das Gefühl, dass sie mir viel mitzuteilen hat, aber dies sprachlich nicht kann. Sie bemüht sich jedoch mit erstaunlich großer Geduld, mir immer wieder in ihrer gebrochenen Lautsprache ihre Freude und ihre Sorgen mitzuteilen. Nach einem Jahr Schule sind die Eltern endlich bereit, bei einem Facharzt das Gehör untersuchen zu lassen. Sie suchen allerdings keinen Arzt auf. Die Eltern stimmen schließlich einem Termin beim Ohrenarzt zu, als die Lehrerin anbietet, selbst das Kind und die Eltern mit dem eigenen Auto zum Arzt zu bringen. Am Untersuchungstag erscheinen die Eltern nicht. Die Lehrerin fährt alleine mit dem Kind. Der Ohrenarzt stellt bei dem Mädchen eine gravierende Hörstörung auf einem Ohr fest, die u.a. durch falsche Ohrhygiene verursacht ist. Hinter dieser so genannten „Sprachbehinderung" entdecken wir ein Problemgemisch, das typisch ist für Lebenslagen in sozialen Brennpunkten:

- Das Mädchen stammt aus einem Land, in dem die Eltern politisch verfolgt wurden.
- Die Eltern sind misstrauisch gegenüber allen „staatlichen" Eingriffen, stehen sonderpädagogischer Förderung und ärztlichen Untersuchungen skeptisch gegenüber.
- Die Familie ist überfordert mit der Bewältigung des Alltags. Das Familieneinkommen ist sehr gering. Die Kinder kommen häufig zu spät zur Schule, vergessen ihre Pflichtaufgaben. Schulanmeldungen und andere amtliche Pflichten werden nur nach mehrfacher Aufforderung erledigt.
- Die Mutter spricht kaum Deutsch, der Vater etwas besser. Zur Verständigung mit den Eltern ist meist ein Dolmetscher erforderlich. Obwohl die Familie bereits viele Jahre in Deutschland wohnt, integriert sie sich kaum.
- Ärztliche Untersuchungen werden versäumt.

Um diesem Kind also helfen zu können reicht eine pure sprachtherapeutische Behandlung nicht aus. Auch Deutschunterricht in Einzelförderung zeigt kaum Erfolg. Ebenso ist die ohrenärztliche Behandlung nur ein erster Schritt zu einer umfassenden „Gesundheitsförderung“, die das gesamte Familiensystem, die Unterstützungsmaßnahmen in der Schule bis hin zum pädagogischen begründeten Tagesrhythmus des Kindes in der Ganztagsschule ins Visier nimmt. Somit ist bei diesem Kind die „Gesundheitsförderung“ gleich zu setzten mit aufsuchender Elternarbeit und dem konkreten Leben im Schulalltag. Erst auf dieser Basis können „Therapiemaßnahmen“ wie Sprechübungen und Deutschförderung auf fruchtbaren Boden fallen.

Folgenlos erweist sich auch ein pures „Zahnhygiene“-Übungsprogramm bei Kindern, deren familiärer Hintergrund die regelmäßige Zahnhygiene kaum möglich macht. Ein Junge kommt fast täglich zu spät zur Schule. Er hat sich morgens selbstständig zu wecken, seine kleine Schwester zum Kindergarten zu bringen und kommt ohne gefrühstückt und die Zähne geputzt zu haben in die Schule. Der Kindergarten im sozialen Brennpunkt hat sich bereits auf solche Verhältnisse eingestellt und bietet täglich ein Frühstücksbuffet für alle Kinder an. Anschließend werden die Zähne geputzt.

Für die weltweite Jugendgesundheitsstudie der WHO aus dem Jahr 2002 wurden 160.000 11–15-Jährige aus 36 Regionen befragt. Es zeigte sich besonders auch für Deutschland ein alarmierender Trend. Danach wäre es fatal, Schulen nicht in die Gesundheitsförderung einzubeziehen:

- *Ernährung*: Ernährungsgewohnheiten sind abhängig von der sozialen Lage der Familie. Fast 17% der deutschen Jugendlichen gehen ohne Frühstück zur Schule (zum Vergleich: Schweden 7%)
- *Rauchen und Alkohol*: Jugendliche fangen früh an, regelmäßig zu rauchen und Alkohol zu konsumieren. Ca. 20% der deutschen Jugendlichen trinken Alkohol regelmäßig (zum Vergleich USA: 9% ). Ca. 10% der deutschen 13-Jährigen rauchen täglich (zum Vergleich USA: ca. 2–4%)
- *Bewegung*: Nur 26% der deutschen Jugendlichen bewegen sich ausreichend (zum Vergleich USA: ca. 50%)
- *Schule*: Ca. 46% der deutschen Jugendlichen mobben ihre Mitschüler. Viele Schüler wünschen sich mehr Mitspracherecht und weniger Leistungsdruck

Allerdings muss hier davor gewarnt werde, vorschnelle Schlüsse aus diesen WHO-Daten für die einzelne Schule zu ziehen. Auch in einem sozialen Brennpunkt ist nicht zwangsläufig die Gesundheit der Kinder gefährdeter als anderswo. Die Lebenskulturen der Eltern beeinflussen das Gesundheitsverhalten stark. Auch wenn Kinder aus Familien mit niedrigem Einkommen stammen, können die Kinder beispielsweise durch konsequente Maßnahmen der Schule bzw. des Kindergartens zu einem gesunden Frühstück und viel Bewegung kommen und durch ein positives Schulklima sich aufgehoben fühlen.

In der Grundschule Berg Fidel in Münster und in den benachbarten Kindergärten wurden bei einer Befragung der Pädagoginnen 2003 folgende Defizite in der Grundversorgung festgestellt:

In den Kindergärten des Stadtteils Berg Fidel (ungefähre Durchschnittswerte):

| | |
|---|---|
| 18% | unregelmäßiger Kindergartenbesuch |
| 30% | kein Frühstück zu Hause |
| 30% | motorische Defizite |
| 30% | mangelhafte Körperpflege |
| 37% | keine witterungsangepasste oder saubere Kleidung |
| 40% | starkes Bedürfnis nach emotionaler Zuwendung |
| 54% | schwer verständliche Aussprache, Fehler in der Lautbildung |

In der Grundschule Berg Fidel:

| | |
|---|---|
| 23% | schwer verständliche Aussprache, Fehler in der Lautbildung |
| 23% | motorische Defizite |
| 20% | der Viertklässler: trotz intensivem Verkehrstraining unsicher im Straßenverkehr |
| 26% | der Viertklässler: trotz Verkehrserziehung kein verkehrssicheres Fahrrad |
| 40% | kein Frühstück zu Hause |
| 40% | zahnärztlicher Behandlungsbedarf |
| 75% | Förderbedarf in deutscher Sprache |

Bei dem sprachbehinderten Mädchen ist die Fahrt zum Arzt deswegen möglich, weil die „*gesundheitsfördernde* Schule" Lehrerstunden für solche Sozialarbeit zur Verfügung stellt. Um der Kollegin diese Arbeit zu ermöglichen, ohne dass andere Tätigkeiten unter Zeit- und Leistungsdruck geraten, braucht sie eine flexible Arbeitsgestaltung und Stundenentlastungen. Zugleich zeigt das Beispiel, dass schulische Bildungsarbeit verbessert wird: das Mädchen kann nach erfolgter Diagnose und ärztlicher Behandlung gestützt durch Sprachtherapie mit wachsendem Erfolg an Aktivitäten der Klassengemeinschaft teilnehmen. Das durch die WHO in Ottava 1986 gesetzte Hauptziel der Gesundheitsförderung, nämlich „Menschen ein höheres Maß an Selbstbestimmung über ihre Gesundheit zu ermöglichen" (vgl. Paulus 2002b) wird durch den Einsatz der Lehrerin in ersten sehr konkreten Schritten verwirklicht:

- Die Familie erfährt in der Begegnung mit der Lehrerin und den Therapeuten, dass ein aktiver Einsatz für die Gesundheit lohnt.
- Ermutigend bahnen wir eine Veränderung der familiären Logik an, nach der staatliche Hilfssysteme nur Ausdruck politischer Diskriminierung sein können.
- Allmählich über Jahre schwinden Vorbehalte. Auf dieser Basis nehmen die Eltern und das Kind die Möglichkeiten gesundheitlicher Vorsorge ernster

und entwickeln ein Gefühl dafür, womit sie ihre Gesundheit stärken können. Allerdings haben wir dafür leider nur vier Grundschuljahre.

- Der schulische Erfolg begleitet diesen Umlernprozess und stärkt die Kompetenzen, an gesellschaftlichen Entwicklungen teilhaben zu können.
- Zusätzlich hat die Lehrerin durch ihren engen Kontakt zu dem Mädchen regelmäßig die Gelegenheit, über den Stand der medikamentösen und sprachtherapeutischen Behandlungen zu sprechen und zu Mitarbeit anzuhalten und Eigenverantwortung anzubahnen. Die Kräfte der „Selbstregulation" (vgl. Sieland 2000) werden gestärkt.
- Andere Kinder können teilhaben, indem innerhalb der Klassengemeinschaft die Lernprozesse thematisiert werden.

An dieser Stelle ernte ich möglicherweise leichten Spott von denen, die wissen, dass solche grundlegenden Veränderungsprozesse leider noch selten gelingen. Die Schule als Allheilmittel, als Keimzelle einer neuen Gesellschaft? Ist nicht diese „Gesundheitsförderung" nichts anderes als ein erneuter Versuch, die gesellschaftlichen Bedingungen, in denen wir solche Kinder in Brennpunkten aufwachsen sehen, umzugestalten?

Die klassische Gesundheitserziehung beachtet die soziale Lebenslage nicht angemessen, sondern richtet sich vorwiegend an die Schüler. Sie ist mit ihrem traditionellen auf Information und Abschreckung basierenden Ansatz an ihre Grenzen gestoßen. Dagegen berücksichtigt das Konzept der „gesundheitsfördernden Schule" eher die gesellschaftlich-kulturellen Rahmenbedingungen. Ziel ist, die Schule so umzubauen, dass die Gesundheit der in ihr tätigen Schüler und Mitarbeiter gefördert werden kann. Die vierjährige Grundschule reicht für die Kinder allerdings selten aus.

In unserer Schule wird uns nicht nur interessieren, wie es dazu kommt, dass Kinder und Erwachsene krank werden (Pathogenese), sondern auch was sie gesund hält (Salutogenese). Diese salutogentische Frage nach der Gesundheit wurde besonders von dem amerikanisch-israelischen Medizinsoziologen Aaron Antonowsky (1923–1994) gestellt. Für die inklusive Pädagogik kann sie bedeutsam sein.

Wenn ein Kind ausgesondert wird, so zieht man Daten zur Pathogenese hinzu. Auf der Basis vermeintlich objektiver Testwerte können dann Krankheitszuschreibungen entstehen, die wie ein Stigma wirken. Kinder werden daraufhin zuweilen ausgesondert und bekommen „Sonderförderung" durch „Sonderpersonal" in „Sonderräumen" einer „Sondereinrichtung".

Die salutogenetische Sichtweise (salus, lat. = Wohlbefinden, Gesundheit, Heil; genesis, griech. = Entstehen, Werden) öffnet dagegen den Horizont: Nach Antonowsky (1997) wirken überall pathogene Einflüsse. Gesundheit kann kein Normalzustand sein; vielmehr gehören Krankheit und Gesundheit zu jedem Leben und sind möglichst im Gleichgewicht zu halten. Wenn also z. B. das ausländische

Mädchen mit der „Sprachbehinderung“ in einer Klassengemeinschaft aufgenommen ist und dazu gehört, dann wachsen in ihm die Fähigkeiten, mit den inneren und äußeren Anforderungen, mit Stress und Konflikten umzugehen. Das Zugehörigkeitsgefühl stärkt die psychische und körperliche Gesundheit. Was kann unsere Schule noch bieten, um dieses Mädchen in ihren psychosozialen Kompetenzen zu stärken?

Wir stehen erst am Anfang eines Prozesses zur gesundheitsfördernden Schule, die zugleich eine inklusive Schule sein wird. 1997 wurden in der 1. Konferenz des Europäischen Netzwerks gesundheitsfördernder Schulen in Thessaloniki die Anregungen und Erkenntnisse von Experten aus 43 Ländern zu einer Resolution zusammengefasst (vgl. Paulus 2002b). Die dort genannten 10 Kriterien einer gesundheitsfördernde Schule sollen mit der Alltagspraxis der Grundschule Berg Fidel verglichen werden, um einerseits den dort bereits beschritten Weg in den größeren Zusammenhang von Gesundheitsförderung zu stellen und sich andererseits offene Fragen realistisch vor Augen zu führen:

**10 Prinzipien der gesundheitsfördernden Schule (Thessaloniki 1997) angewendet auf die Grundschule Berg Fidel**

1. Prinzip: **Demokratie**
Ermutigung zur aktiven Beteiligung aller an der Gestaltung der Schule, Klassenrat, Schülerrat, *Mitbestimmung von Kindern, Eltern und Mitarbeitern* bei der Erstellung

der Regeln für das Zusammenleben, bei der Auswahl der Unterrichtsinhalte und bei organisatorischen Fragen der Unterrichtsgestaltung;
gemeinsame Beratungen zu Maßnahmen der Belastungsreduzierung (Lärm, Raumklima, Umgangsformen, Transparenz, Klassengröße, Rauchen im Schulgelände u. a.)

2. Prinzip: **Gerechtigkeit als Unterrichtsprinzip**
Klare und transparente Regeln und Rituale, die im *Klassenrat* erarbeitet werden, Gewaltprävention durch Klassenrat u. a., klare Maßnahmen gegen Diskriminierung und Ausgrenzung;
Entlastung der Erwachsenen durch *gemeinsame Regelerstellung*, Mut zum Fehler;
Transparenz und Gerechtigkeit in den *Leistungsanforderungen und -rückmeldungen;*
wohnortnahe Schule für möglichst alle, *Inklusion* angestrebt

3. Prinzip: **Selbstbefähigung, Handlungskompetenz: Mitwirkung an Entscheidungen**
Klassenrat, Schülerrat, *Mitbestimmung im Unterricht*, Schüler, Eltern, Mitarbeiter können Veränderungen bewirken, Schulprogrammarbeit mit Eltern und Pädagogen, selbstständige Stundenplangestaltung im Team, flexible Gestaltung des *Einsatzplans der Mitarbeiter* nach Erfordernissen von Kindern, Erwachsenen und der entsprechenden Sachlage;
*aufsuchende Elternarbeit* und Anbahnung von Vertrauensbildung zwischen Eltern, Schule und Beratungsstellen
*Problem: Sozialarbeiterstelle fehlt*

4. Prinzip: **Schulische Umwelt: Sicherheitsmaßnahmen, Verfahrensweisen zur Förderung des Wohlbefindens**
Überprüfung der Sicherheitsmaßnahmen und Ausschaltung von Unfallgefahren im Schulgelände. Markierungen der Schulweg-Straßenüberquerungen im Stadtteil durch Eltern und Pädagogen.
„*Bewegte Schule*“: Rhythmisierung des Schultags ohne 45-Minuten-Rhythmus; Bewegungspausen, Pausenspielgeräte, zusätzliche Bewegungsangebote in der Turnhalle, auf dem Sportplatz und in Rückzugsräumen, Schwimmunterricht über 4 Jahre in der gesamten Grundschulzeit;
Zeit zum *Frühstück, Zähneputzen* nach dem Mittagessen, Versorgung mit Getränken in allen Klassen;
tägliche *Reflexion* in Gesprächskreisen der Klassen über das Klassengeschehen und das eigene Verhalten;
*Entspannungsecken*, Leseecken für Kinder;
Rückzugsgelegenheit für Erwachsene, flexibler Einsatzplan für Erwachsene;
*Probleme: Bauliche Substanz der Schule, mangelhafte Toilettenanlagen, fehlende Reparaturen im Rahmen der Schulhof- und Raumgestaltung, Mangel an Räumen für die Arbeit und den Rückzug von Mitarbeitern und für Elternberatung, höhenverstellbare Möbel für die Arbeit in der Altersmischung fehlen, geringe Heizung und Isolierung in den Fluren, wenig geeignete Fluchtwege*

5. Prinzip: **Curriculum**
Die Umsetzung der Lehrpläne orientiert sich an den heutigen und zukünftigen Bedürfnissen der Kinder und spiegelt nicht die Zerstückelung der Wirklichkeit in Einzeldisziplinen wider, Unterrichtsinhalte helfen den Kindern beim Verstehen ihres Alltags. Ziel der Schule ist „Lebenskompetenz“. Sie wird auch in Projekten außerhalb der Schulräume erworben. Das Curriculum dient den Mitarbeitern als Anregung für die fachliche Entwicklung.

Programme zur gezielten Bearbeitung von Themen wie Ernährung, Zahnhygiene, Drogen, Sexualerziehung.

6. Prinzip: **Lehrerbildung**
Studierende und Lernende aller pädagogischen Fachrichtungen lernen bei uns, indem sie mitarbeiten und innovative Anstöße einbringen (Erzieherinnen, Sozialpädagoginnen, Sonderschullehrerinnen, Lehrerinnen aller Schulstufen), Auswahl der Mitarbeiter in eigener Verantwortung durch die Teams selbst.

7. Prinzip: **Erfolge messen**
Häufige Hospitationen in anderen Schulen geben Anlässe zum Vergleich und Anregungen zur Weiterentwicklung, Besuche anderer Experten geben regelmäßig Rückmeldung zu: Atmosphäre der Schule, Lernhaltung und Leistungsvermögen der Kinder, pädagogischer Leistung der Lehrerinnen usw.

8. Prinzip: **Zusammenarbeit**
Enges Netzwerk an Kooperationen mit Kindergärten, Horten, Jugendheim, Förderschulen, weiterführenden Schulen, Beratungsstellen, Jugendhilfe, Gesundheitsdiensten, Kinderärzten, Fachärzten, Polizei u. a. Mitarbeiter der Schule sind keine Einzelkämpfer, sondern erhalten Rückhalt durch Teams, auch bei der Elternarbeit.
*Probleme: Datenschutzvorschriften hindern die Institutionen in extremen Fällen an einer effektiven, fallbezogenen Hilfeplanung, weil verschiedene Einrichtungen mitwirken, die sich nicht unter einem Dach im „Haus des Lernens" befinden. Kooperationshindernisse entstehen durch verschiedene institutionelle Anbindungen.*

9. Prinzip: **Gemeinschaften**
Die altersgemischte Klassengemeinschaft (mit den Jahrgängen 1 bis 4 in einer Klasse) als Ausgangspunkt aller Planungen. Die Klassengemeinschaft bietet verlässliche integrative / inklusive Strukturen, Zusammenhalt, Unterstützung, Wertschätzung, Respekt und die Lösung von Problemen. Schulklima drückt Zugehörigkeitsgefühl aus.
Schulpflegschaft und Schulkonferenz als Entscheidungs- und -beratungsgremium.
Eltern können bei der Planung der pädagogischen Arbeit in der Klasse mit gestalten.
*Problem: Ein Teil der Eltern ist stark von Armut betroffen und teilweise wenig in der Lage, an der Erziehungsarbeit mitzuwirken. Zusätzlich haben viele Eltern Sprachprobleme.*

10. Prinzip: **Nachhaltigkeit**
Supervision in allen Teams der Schule, Arbeitszeit für Teamsitzungen und Koordination der Arbeit, Rücksicht auf persönliche Belange der Mitarbeiter durch die Teams und die Schulleitung, Einsatz von ausgewählten Praktikanten aller Fachrichtungen für die gezielte Förderung und Betreuung unter Anleitung von Pädagogen, sonderpädagogische Mitarbeiter in allen Klassen, Ganztagsschule.

Das wichtigste Problem ist nach meiner Einschätzung, in der Praxis Wege zu konkretisieren. Nur im Miteinander erleben die Experten täglich, was notwendig ist. Blendwerk und Vorführeffekte blockieren den Fortschritt. Würden die genannten Prinzipien zur Gesundheitsförderung von oben nach unten verordnet, käme nur das alte schulisches Täuschungsprinzip zur Geltung: So tun, als ob es längst alle so machen – und die Behörden müssen dies glaubten, weil es schwarz auf weiß geschrieben steht!

Es besteht also die Gefahr, dass Vereinbarungen zur Gesundheitsförderung wie die 1997 in Thessaloniki erarbeitete Resolution die „durchschlagende Wirkungslosigkeit“ von Utopien bekommen. So ist auch die relativ geringe Verbreitung dieses Beschlusses von Thessaloniki zu erklären. Er ist nicht in den Schulen selbst entstanden, sondern von außen den Schulen aufgetragen worden. Da die Schule als Institution des Bildungswesens personell nicht die Angelegenheiten des Gesundheitswesens übernehmen kann, gibt es allenfalls in Brennpunkten wie Berg Fidel eine mögliche direkte Verzahnung der Aufgabenbereiche. Voraussetzung dafür ist, dass die schulischen Mitarbeiter sich als multiprofessionelle Teams organisieren und die anfallenden Aufgaben zu ihren eigenen machen. Die Brennpunktschule erweitert ihr Aufgabenfeld um die Sozialarbeit und Gesundheitsförderung. Selbst wenn sie dazu keine zusätzlichen Kräfte beschäftigen kann, erfüllt sie notgedrungen solche Aufgaben mit, weil den Mitarbeitern täglich die Probleme ins Auge fallen.

Jedoch die breite Erfahrung in vielen Schulen, dass die Aufgabe der Gesundheitsförderung gerade nicht mit Hilfe von schulischen Ressourcen zu schultern ist, führt schließlich zu neuen Versuchen, die den urtümlichen Interessen der Schulen mehr entgegenkommen können: Die Gesundheitsförderung bietet an, Schulen bei ihrem „Kerngeschäft“, dem Bemühen um bessere Schulqualität zu unterstützen. Auf der im Jahre 2002 durchgeführten 2. internationalen Konferenz des *europäischen Netzwerks Gesundheitsfördernder Schulen* in Egmond (Niederlande) wurde die Schulentwicklung in das Zentrum des Interesses gerückt. Bestätigung findet dieser neue Ansatz durch Studien, die ein gutes psycho-soziales *Schulklima* mit erhöhtem Lernerfolg und verbessertem Gesundheitsverhalten in engem Zusammenhang stellen. Das veränderte Arbeitsmodell unter dem Thema „**Allianz von Bildung und Gesundheit**“ führt zu einer neuen Belebung und Orientierung der Gesundheitsförderung. Es zielt ab auf eine „gute, gesunde Schule“ und wird in Deutschland seit 2002 u. a. mit dem Schulprojekt „Anschub.de“ (Bertelsmann-Stiftung) in Verbindung gebracht (vgl. Paulus 2003).

Die konkreten, prägenden schulischen Säulen der Grundschule Berg Fidel wie *Klassenrat, offener Unterricht, Teams, Ganztag, Gemeinsamer Unterricht und Altersmischung* die in folgenden Kapiteln etwas konkreter erläutert werden sollen, bieten eine Basis für gesundes Aufwachsen und zugleich gute Bildung und Erziehung. Dies ist ein entscheidendes Argument für die reformpädagogische Ausrichtung einer Schule im sozialen Brennpunkt.

## Gesundheitsförderung, Problemlösung und Demokratie konkret: Der Klassenrat

In der Grundschule Berg Fidel findet sich die Allianz von Bildung und Gesundheit im alltäglichen Schulleben wieder, wie aus den oben dargestellten zehn Prinzipien der gesundheitsfördernden Schule hervorgeht. Von den vielen Facetten dieses Bündnisses greife ich das m. E. wichtigste Element heraus: den Klassenrat. Es ist die Zeit, in der Kinder ihr *Recht auf Achtung* kultivieren. Dort können sie in Ruhe, Probleme behandeln. Der Klassenrat findet wöchentlich in *allen* Klassen der Schule statt.

Sorgen und Nöte von Kindern hört man, wenn man nur die Ohren aufmacht.

- A hat zu mir „fickdeinemutter" gesagt
- B hat mich getreten
- C ärgert immer
- D hat Zahnbürsten vertauscht
- Einer hat meinen Turnbeutel versteckt
- F will 1 € von mir haben, sonst gibt er mir meine Jacke nicht wieder
- G lässt mich nicht mitmachen, nur weil ich nicht so gut Seilchen springe

- H hat zu mir gesagt „ich bin nicht mehr dein Freund“
- I und J nehmen den Kleinen immer den Ball weg und lassen sie nicht spielen
- K hat gesagt, dass sein großer Bruder mich verhaut, wenn ich verrate, dass er raucht
- L lacht mich immer aus, weil ich nicht gut deutsch kann
- M sagt zu mir „Osama“
- N hat mich ohne Grund einfach geschubst

So hören sich die ureigenen Angelegenheiten von Kindern an, die wir alle ernst nehmen sollten. Ob Nachbarn, Eltern oder Lehrer – jeder ist gefragt, den Kindern zu zeigen, dass Unrecht nicht ungehört verhallt. Was liegt näher, als darüber zu sprechen – mit den betroffenen Kindern.

Aber wann ist Zeit dafür?

Ist das nicht alleine Sache der Kinder? (Verwöhnen oder bevormunden wir die Kinder sonst?) Hat die Schule nicht ein anderes „Kerngeschäft“?

Muss die Schule sich überhaupt damit beschäftigen?

Die Antwort meiner Kolleginnen und Kollegen in der Grundschule Berg Fidel lautet: Ja, ohne jedes Wenn und Aber muss unsere Schule den Kindern in regelmäßigen und ruhigen Gesprächen Zeit geben, die emotional aufgeladenen Dinge mit Abstand zu betrachten. Dazu dient der Klassenrat. Hier können die Kinder viele soziale Auseinandersetzungen auf dem Schulhof, in der Turnhalle, der Klasse, dem Schulweg und der Freizeit aufarbeiten.

Wie wollen wir *„den Kindern das Wort geben“*, wenn wir nicht bei den Sorgen und Nöten anfangen? Die Reformpädagogen der 20er-Jahre haben uns gezeigt, zu welchen (heute fast unvorstellbaren) Mitwirkungs- oder „Partizipations“-Formen Kinder in der Lage sind (vgl. Kiper 1997; Stähling 2002c).

Aber – so lauten gleich die Bedenken – wie will man mit ihnen sprechen? Die Kinder zanken dann weiter und hören sich gar nicht zu. Wird nicht alles schlimmer, wenn man aus einer Mücke einen Elefanten macht? Gegenfrage: Wer definiert denn, wie schwer ein Problem für ein Kind wirkt? Wir Erwachsenen? Und wer entscheidet, bei welcher Schwierigkeit kein Gespräch nötig ist?

Aus all den Überlegungen haben Pädagogen und Eltern unserer Schule eine Konsequenz gezogen. Die Schulkonferenz hat nach gründlicher Vorarbeit entschieden: Wir schauen bei Problemen nicht weg. In jeder Klasse findet einmal wöchentlich mit allen Kindern ein Klassenrat statt, in dem Probleme und Gemeinschaftsaufgaben der Kinder besprochen werden (vgl. Dreikurs u. a. 1987; Stähling 2003a, 2005b). Dafür erhielt die Grundschule Berg Fidel 2002 den Demokratie-Preis des Grundschulverbandes. Denn es ist ein urdemokratisches Ziel, Probleme durch gemeinsame Beratungen lösen zu lernen. Alle Menschen ohne Ausnahme haben dieselben Rechte. Dieses Menschenrecht erleben die

Kinder bei uns, wenn im Alltag und im Klassenratgespräch der Wert jedes Mitglieds geachtet wird. Das Vorbild des Pädagogen hilft. Aus seinem Mund ist nichts *Kränk*endes oder Be*schämen*des zu hören wie: „Der gehört hier nicht hin!“ So heißt es statt „Du störst“ besser „das, was du jetzt tust, stört!“

Das Gedankengut des Kapitalismus – und in seiner Extremform des Faschismus – findet hier keinen Nährboden. Niemand dürfte sich in einer demokratischen Schule dauerhaft als „fremd“, „nutzlos“ oder „überflüssig“ fühlen. Wenn mit einem Kind „sowieso keiner spielt“, ist dies ein Alarmzeichen für die Klassengemeinschaft, aber kein Stigma. Wertlos gelten Menschen, wenn nur deren Gebrauchswert zählt. Keine lebendige Kindergruppe wird ein Kind aussondern und auf diese Weise *kränken* wollen. Dazu kommt es erst, wenn sich niemand Zeit nimmt, auftauchende Probleme in Ruhe und couragiert anzugehen. „Sicherheit und Ordnung“ sind nur in Gefahr, wenn Sorgen und Ängste nicht ernsthaft besprochen werden. Dann kommt die Stunde der Despoten, die den Resignierten wieder eine Hoffnung schenken. Nur hilflose, ge*kränk*te und in die Ecke gedrängte Pädagogen kommen auf die Idee, jemanden dauerhaft aus einer Gruppe auszuschließen und zu beschämen.

Ein „inklusiver“ Humanismus basiert darauf, das alle dazu gehören: Falls dann etwas nicht so einfach gelingt, helfen Geduld und Humor. Wie alle Werthaltungen, die in unserer Schule von den Erwachsenen vorgelebt werden, wird auch dieser „inklusive“ Humanismus durch Ansteckung und Nachahmung übertragen. Das wichtigste, was eine Pädagogin in unserer Schule lernen muss, ist, Kinder ernst zu nehmen. Wir sollten auch über die Begrenztheit von jedem von uns lachen können.

Folgende sieben kleine Schritte sind wir gegangen, um den Klassenrat einzuführen. Am längsten hat gedauert, bis Schritt 7 verwirklicht war:

Schritt 1:

Einen Sitzkreis bilden. Das Beste ist ein festes Bänkchenquadrat, das – aus Platzgründen – immer vor der Tafel steht.

Schritt 2:

Eine Kladde nehmen und „Klassenrat“ draufschreiben. Von nun an kann jedes Kind (jederzeit) etwas in das Klassenrat-Buch rein schreiben, wenn es ein Problem irgendwelcher Art hat. Statt zu schreiben kann man auch seine Sorgen malen oder einem Schreibfähigen diktieren. Name dazu, vielleicht auch Datum – fertig. Beim nächsten Klassenrat wird es besprochen (nicht eher).

Schritt 3:

Lehrerinnen und Lehrer haben eine tolerante Haltung zu entwickeln: Der moralische Zeigefinger ist Tabu in einem Klassenrat! Wir wollen die Sorgen verstehen. Wer jemandem Gewalt angetan hat, bekommt eine Chance, sich zu erklären (wie

in einem Rechtsstaat auch!) Wenn es ihm Leid tut, kann er sich entschuldigen – es eventuell wieder gut machen.

Schritt 4:

Einmal wöchentlich zur festen Zeit findet der Klassenrat statt. Ohne Ausnahme! Auf diesen Termin müssen sich Kinder, aber auch Eltern verlassen können! Wenn kein Problem im Buch steht, ist Zeit für Spiele im Kreis, (z. B. „Heißer Stuhl“: Ein Kind in der Mitte bekommt von den anderen nur Gutes zu hören: „Deine Haare finde ich schön! – Du kannst mir gut helfen! – Ich finde, du machst tolle Witze!“)

Schritt 5:

Beim Klassenrat werden die Probleme der Reihe nach durchgearbeitet.

Gespräche haben Regeln:

- Zuerst spricht, wer ein Problem ins Klassenratbuch geschrieben oder gemalt hat.
- Er spricht so lange er will und wird von niemandem unterbrochen.
- Dann spricht der „Gegner". Auch er wird von niemandem unterbrochen.
- Erst wenn die beiden Parteien zu Ende geredet haben, ist Zeit für Fragen aus dem Kreis.
- Gemeinsam wird am Ende nach Lösungen gesucht.

Schritt 6:

Kinder haben gute Ideen, wie man sich wieder „verträgt". Die Pädagogen lernen, sich auf die Kinder zu verlassen. Kinder sind den Erwachsenen gleichwertig.

Beispiel:
Die Kinder geben dem „Täter" noch eine Chance. Wird jedoch diese Chance nicht genutzt, dann folgt eine Konsequenz, die bereits vorher festgelegt wird. Schlägt einer in der Pause andere Kinder, so bekommt er im Wiederholungsfall – konsequenterweise – keine weitere Gelegenheit, andere zu schlagen. Er hat Pausenverbot. Dies ist vorher mit ihm im Klassenrat vereinbart worden. Mitbestimmung live!

Schritt 7:

Klassenrat in allen Klassen der Schule ist ein Idealfall. Vieles wird dadurch leichter. Wer ein Problem mit einem Kind aus einer anderen Klasse hat, geht – begleitet von einem Vertrauten – in den fremden Klassenrat und trägt sein Anliegen dort vor.

Nach vielen Jahren Klassenrat können wir in allen Klassen der Schule einen deutlichen Rückgang von Gewalt zwischen den Schülern erkennen. Die Kinder in der Grundschule Berg Fidel stammen aus 30 Nationen. In allen Klassen sind Kinder mit Verhaltensauffälligkeiten und verschiedensten Lernproblemen selbstverständlich dabei. Zu erwarten wären mehr Schwierigkeiten als anderswo. Wir stellen jedoch fest, dass Gewalt nicht (mehr) das Thema Nr. 1 ist. Der Grund: Niemand wird mit seinen Sorgen allein gelassen. Jeder an unserer Schule merkt bald, dass wir im Klassenrat für alle sozialen Schwierigkeiten eine Lösung finden können – eigentlich unglaublich! – wenn auch nicht durch die Erwachsenen, dann doch mit Hilfe der Kinder! Denn die sind unglaublich!

Der Klassenrat beschäftigt sich aber auch mit weniger problematischen Angelegenheiten der Gemeinschaft. Dort werden auch die notwendigen Dienste verteilt. Fast alle Arbeiten sind freiwillig und daher beliebt. Kein Kind wird z. B. gezwungen, die Tafel zu putzen. Wer sich jedoch für einen Dienst entscheidet, muss ihn eine Woche tun, bis er beim nächsten Klassenrat einen freiwilligen „Nachfolger“ bestimmt hat.

Wichtig scheint mir dabei die große Namentafel (1 m × 1 m) zu sein, wo jeder Dienst mit einem Kärtchen an den Namen des Kindes geheftet wird. Der springende Punkt ist ein scheinbar kleiner, der aber große Wirkung zeigt: Nicht Namen werden den vorgegebenen Diensten zugeordnet, sondern jedes Kind kann sich ein Aufgabenfeld („Revier“) selbst aussuchen und definieren. Und wiederum erstaunlich: die Kinder entdecken selbst, was sie tun könnten: Blumen und Tiere pflegen, Karteikästen ordnen, Obst schneiden, Papier zur Mülltonne bringen, Zahnpasta verteilen usw. Es gibt bei uns mehr Dienste als Kinder, so dass jeder mindestens eine Aufgabe übernimmt! Wer nicht arbeiten will, macht eben Urlaub, wie in jedem Beruf üblich! Manche Kinder haben schon mehrmals Urlaub gemacht, andere noch nie. Es gibt sogar Kinder, die sich überlasten und gleichzeitig drei bis fünf Dienste übernehmen. Dabei kommen sie in Stress und haben zu lernen, wie sie ihre Arbeit einteilen können.

Manche übergeordneten Fragen können die Klassenräte nicht alleine lösen, weil sie Regelungen der gesamten Schule betreffen. Viele Probleme haben mit dem enormen Bewegungsbedürfnis der Kinder zu tun. Sie berühren nicht selten die Gesundheitsförderung. Einige Stimmen:

- Welche neuen Spielgeräte wünschen wir uns auf dem Schulgelände?
- Können wir in der Pause Fußball auf dem nahe gelegenen Sportplatz spielen?
- Dürfen wir in der Pause in der Turnhalle spielen?
- Können wir mit Inlinern fahren?
- Welche Kinder dürfen wann in die Schaukeln oder an den Basketballkorb?
- Wie werden die Pausenhofspiele am „Spielewagen" verteilt?
- Die Außentoiletten sind verstopft und verdreckt.
- Können die Kinder in der Pause einen Kiosk aufmachen?
- Die Aufsicht hat keine Zeit für unsere Sorgen.
- Wer wird Schülersprecher?

Für diese Fragen gibt es den „Schülerrat". Andere Schulen nennen dieses Gremium „Kinderparlament". Es ist die Versammlung der Klassensprecher und findet etwa alle vier Wochen statt. Der Schulleiter nimmt an diesem wichtigen politischen Gremium teil und leitet es. Aus jeder Klasse werden ein Mädchen und ein Junge als Vertreter des Klassenrats zum Schülerrat entsendet. Diese Gruppe aus Kindern aller Jahrgänge ist besser als manches Erwachsenenparlament in der Lage, Vorschläge zu beraten und Entscheidungen herbeizuführen. Ist eine Frage komplizierter und betrifft sie sogar die Mitarbeiter der Schule direkt, muss auch die Mitarbeiterkonferenz um eine Stellungnahme gebeten werden. Die meisten Fragen lassen sich klären, indem zunächst die Klassenräte beraten und ihre Meinungen im Schülerrat gehört werden.

Kapitel 3

## 2. „Differenzieren lässt sich lernen“ – Kinder im offenen Unterricht

„Es ist nicht leicht zu erklären, was Takt bedeutet. Taktvoll ist wohl jemand, der mit Menschen umzugehen versteht. Er erkennt entweder durch Güte oder mit dem Verstand, was jemandem gerade am meisten fehlt, und er ist gern bereit zu helfen. Er ist behutsam; bei einem Streitsüchtigen liegt ihm nichts daran, auf seiner Meinung zu bestehen, er rühmt sich nicht und spottest nicht, den Traurigen verstört er nicht durch einen Scherz, er greift nicht ein und erteilt keine Ratschläge, solange er nicht darum gebeten wird, er redet nicht zu viel, er wird nicht wütend, und er versucht jeden zu entschuldigen und in Schutz zu nehmen. Er ist nicht da, wenn er nicht gebraucht wird, doch er ist zur Stelle, wenn er sich nützlich machen kann.“

Janusz Korczak: Regeln des Lebens (1930)

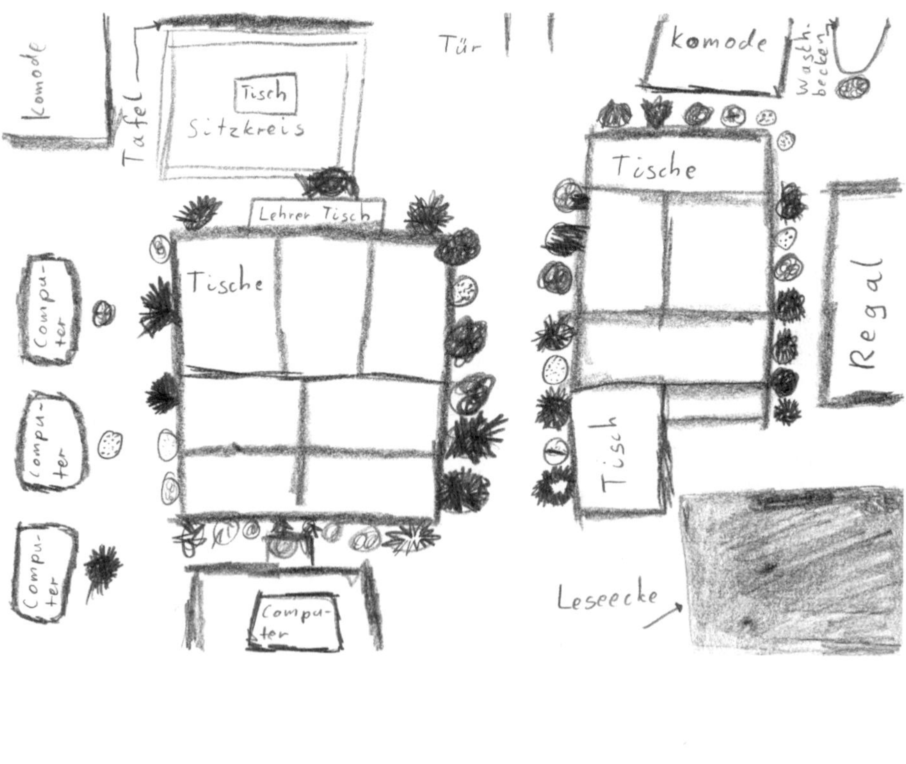

In der Grundschule Berg Fidel stand von Beginn an ein Leitgedanke im Vordergrund: Verlässlichkeit und Zuwendung. Die Kinder aus dem „sozialen Brennpunkt“ brauchen Menschen, auf die sie sich verlassen können. Ein Kind, das zu Hause niemanden vorfindet, dem es von seinen Sorgen erzählt, weil Mutter und Vater jede Arbeit annehmen müssen, um Schulden abzuzahlen, wird verhärten. Wenn dann auch noch die Lehrerin und die Mitschüler in der Schule sagen, dass jeder sehen muss, wie er damit alleine fertig wird, verliert das Kind die Hoffnung: „Mir hilft sowieso keiner!“ Immer, wenn ich wieder diese Worte höre oder zu hören meine, läuten alle Alarmglocken. Dann haben wir Pädagogen zu handeln. Dies gehört zu den ureigenen Aufgaben von Schule, selbst dann, wenn man Schule als reine Unterrichtsanstalt definieren würde. Der mit Problemen beladene Kopf lernt nicht gut, weil die Konzentration auf die Sache versagt.

Somit hat eine Lehrerin im „Armutsgebiet“ keine andere Wahl: Sie muss „sozialpädagogisch“ arbeiten und sich dem Kind emotional zuwenden. Konzepte wie offener Unterricht, Klassenrat, Schülerparlament, Ganztagsschule, Altersmischung erleichtern das Lernen in der Schule, wenn sie diesen sozialen Aspekt des Schulemachens in den Mittelpunkt stellen. In Berg Fidel wird dies praktiziert, „weil wir gar nicht anders können“, wie der ehemalige, langjährige Schulleiter Manfed Pollert sagte. Kinder bei uns brauchen einen Ort, wo jemand Zeit für ihre Probleme hat.

Dieses Handeln aus Not, aus ethischer Verpflichtung oder aus christlichem Verantwortungsgefühl – wie bei Manfred Pollert – führte letztlich zum differenzierten Eingehen auf einzelne Kinder und zur Steigerung der Unterrichtsqualität. Dieser Zusammenhang scheint ungewohnt und wird auch leider von denen übersehen, die Qualitätsentwicklung auf dem Wege über Standards und VERgleichs-Arbeiten (zur VERA-Kritik siehe Stähling 2005d) anbahnen wollen. Dass in finnischen Gemeinschaftsschulen das *Abschieben* in andere Einrichtungen unmöglich ist, zählt zu den wichtigen Rahmenbedingungen für humanen und auch effektiven Unterricht. Auch wenn wir das deutsche Schulsystem mit größeren Klassen und wenig pädagogischem Personal nicht mit dem finnischen vergleichen können, hilft uns ein Blick in die dortige reformpädagogischen Unterrichtspraxis: „Die LehrerInnen sind verantwortlich für jeden einzelnen Schüler; ein Abschieben ist nicht mehr möglich. Erst in diesem Fall, wenn der Weg über die strukturelle Auslagerung von Problemen verbaut ist, werden alle vorhandenen Ressourcen zur individuellen Förderung mobilisiert und genutzt, erst dann greift wirklich eine neue Philosophie von Lernen und Lehren“ (Weiland 2005).

Dass davon auch besonders leistungsstarke Kinder profitieren, wird jedem einsichtig sein, der z. B. die Heterogenität der individuellen Lernvoraussetzungen von Schulanfängern erlebt hat. In der Grundschule Berg Fidel unterrichten wir auch Kinder, die an anderen weniger differenzierten Schulen wegen ihrer besonderen Fähigkeiten und ihrer Lernschnelligkeit nicht angemessen gefördert werden können. Einige Eltern melden ihre Kinder gerade wegen des pädagogischen Konzepts der Individualisierung an unserer Schule an.

Könnte es sein, dass ohne die „schwierigen“ Kinder in Berg Fidel gar keine Notwendigkeit bestanden hätte, das System innerer Differenzierung zu entwickeln? Hätte man den traditionellen Unterricht nicht ändern müssen, wenn viele Kinder dahin gebracht worden wären, wo man sie „eigentlich hätte beschulen müssen“ (wie andere sagten), nämlich in der „Sonder“-Schule für „Lernbehinderte“, für „Sprachbehinderte“ und für „Erziehungshilfe“? Weil die Lehrerinnen der Grundschule Berg Fidel jedem eine Chance geben wollten, wurde der Unterricht verbessert. Sind also *soziale* Motive letztendlich ausschlaggebend gewesen für die Einführung von innerer Differenzierung und offenen Unterrichtsformen?

Aus einer anderen Blickrichtung, der Integrationspädagogik von Georg Feuser (2002), könnte man ähnliche Fragen stellen: Lernen die Kinder im Gemeinsamen Unterricht nur dann gut, wenn die Unterrichtsarbeit individuell an der Entwicklung des jeweiligen Kindes orientiert ist, also einer „entwicklungslogischen“ Didaktik folgt? Welche Bedeutung erlangt dabei die von Feuser geforderte „kooperative Tätigkeit am Gemeinsamen Gegenstand“?

Ein Blick in die Klassen morgens früh um 8 Uhr in der Grundschule Berg Fidel:

Ein Kind kommt in die Klasse, nimmt sein Etui, sein Heft und ein Buch und fängt an, an einer Aufgabe zu arbeiten. Einige Zeit später kommt ein zweites Kind dazu und fragt etwas. Das erste Kind unterbricht seine Arbeit. Es beginnt ein Gespräch über ein Ereignis des Vortages. Die begonnene Aufgabe bleibt liegen, sie wird einige Minuten später wieder aufgenommen. Inzwischen sind mehrere Kinder im Raum. Manche begrüßen sich, gehen aufeinander zu, lachen, freuen sich über ihre Freunde. Einige plaudern, andere spielen zusammen, weitere arbeiten alleine an ihren Tischen oder in Lernecken der Klasse. Sie suchen sich zunächst ihre Arbeitsmaterialien. So beginnt in vielen Klassen der Morgen im offenen Unterricht.

Wenn man nun einen Zeitsprung unternimmt und 15 Minuten später wieder in verschiedene Klassen schaut, dann erkennt man die ersten Unterschiede im Lernstil der Klassen. In einigen Klassen bevorzugen die Lehrerinnen den „Wochenplan“, nach dem jedes Kind individuell ein vorher mit der Lehrerin festgelegtes Pensum bearbeitet. In anderen Klassen wählen die Kinder spontan aus, welche Arbeit sie erledigen wollen. Manche Lehrerin lässt die Kinder frei spielen, lesen, drucken, am Computer schreiben, werken, malen oder an anderen Dingen arbeiten.

Atmosphäre und Lernklima können in den verschiedenen Klassen so anders geartet sein, dass sich ein Beobachter fragt, wie dies kommt. Zu Beginn des Schultages können wir nur erahnen, welche pädagogischen Leitprinzipien dahinter stecken. Erst gegen Ende dieser morgendlichen Lernphase, die bis zu zwei Stunden (manchmal sogar vier Stunden) dauern kann, bekommt ein Augenzeuge Hinweise darauf, dass hier verschiedenen Prioritäten gesetzt werden. Wer oder was steht im Mittelpunkt der pädagogischen Anstrengungen?

Modellhaft möchte ich drei pädagogische Prioritäten unterscheiden:

- In Klasse A steht das *Fach* Deutsch, Mathematik und vielleicht Sachunterricht im Zentrum.
- In Klasse B geht es in erster Linie um das Individuum: die Leistung, das Arbeitsverhalten und den individuellen Lernweg jedes *einzelnen Kindes.*
- In Klasse C dreht sich alles um das *Miteinander* in der Klasse.

Für mich ist die Synthese aus allen drei Zielrichtungen zwar ein theoretisch interessantes Konzept, aber bereits die Frage, ob ich die gelungene Verbindung von Fach, Individuum und Gemeinschaft in irgendeiner Klasse jemals erreicht gesehen hätte, macht mich bescheiden. Durch Langzeitbeobachtung scheint mir deutlich zu werden, dass wir Pädagogen eher das Hintereinander oder bestenfalls das *epochale Schwerpunktsetzen* praktizieren. Dennoch möchte ich die drei Leitlinien *Fach, Individuum und Gemeinschaft* deutlich voneinander absetzen, um bewusst zu machen, was wir im offenen Unterricht tun. Die folgende Tabelle zeigt, was passiert, wenn wir das Fach, das Individuum oder die Gemeinschaft in den Mittelpunkt stellen. Stände dauerhaft nur eine Dimension im Zentrum, dann würden wir wichtige Ziele vernachlässigen. Gute Lehrerinnen wechseln ihre Schwerpunktsetzungen. Dies geschieht zwar nicht ständig, aber mehrmals im Schuljahr. Die Kunst des Unterrichtens besteht darin, das Fach nicht zu vernachlässigen, der individuellen Entwicklung jedes Kindes gerecht zu werden und dabei die Gemeinschaft zu pflegen.

| *A: Fach im Zentrum* | *B: Individuum im Zentrum* | *C: Gemeinschaft im Zentrum* |
|---|---|---|
| Fachdidaktische Anregungen werden aufgenommen, Materialien und anregende Lernumgebung strukturieren die Lernprozesse. Kinder freuen sich *an der Sache* und vertiefen Erkenntnisse und Erlebnisse.<br>Die leistungshomogene Lerngruppe wird für Neueinführungen bevorzugt. *Direkte Unterweisung als effektive Lernform* ergänzt offene Arbeit. | Jedes Kind findet seinen *eigenen Lernweg und Rhythmus.* Passende Aufgabenstellungen ermöglichen ihm Erfolge und selbstständiges Arbeiten. Einzelarbeit und entdeckendes Lernen steht im Zentrum. | Starke emotionale Zuwendung zum Kind und zwischen den Kindern. Das Gemeinschaftsleben ist Motor für das Leben und Lernen in der Klasse. *Sitzkreise* bzw. Gruppen- und Partnerarbeit haben hohe Bedeutung. Regelungen für das Gemeinschaftsleben, die im *Klassenrat* verabredet wurden, ermöglichen zugleich effektive Lernformen. *Klassenführung* effizient. Natürliche Lernanlässe für alle Lernbereiche. Anwendung des Wissens steht im Vordergrund. Jeder einzelne findet einen emotionalen, individuellen Zugang zu den Lerninhalten. Die *Vielfalt der Zugänge* dient u. a. der Erschließung der Welt. |
| Das Gemeinschaftsleben dient der vertieften *mehrdimensionalen* Entdeckung des Lerngegenstands. Die unterschiedlichen Zugänge jedes einzelnen Kindes nützen der Erkenntnis. | Fachaspekte haben dienende Funktion für die *Persönlichkeitsentwicklung*: Mathematik schult das logische Denken u. a. Das Gemeinschaftsleben dient der Stärkung des Einzelnen. | Fachaspekte haben dienende Funktion für das Gemeinschaftsleben der Klasse: Schulfeiern, Wandschmuck, Zeitung, Ausstellungen, Korrespondenz. Wissen und Entdecken als Gemeinschaftserlebnis.<br>Der Stundenplan ist rhythmisiert nach der Logik der Gruppe |
| Fehlentwicklung:<br>Kinder lernen *ohne Lebensbezug* und Anwendung.<br>„Schwache" werden entmutigt durch „Mindestanforderungen". Über- oder Unterforderung einzelner Kinder, *Leistungsdruck.* Stundenplangestaltung nach der Logik der Fächer, wenig fächerübergreifende Ansätze. Tagesabläufe haben wenig Bezug zur Gruppe. | Fehlentwicklung:<br>*Kinder vereinzeln* durch isoliertes Arbeiten und wenig Gruppenarbeit. Kinder lernen ohne Lebensbezug und Anwendung. Stundenplangestaltung nach der Logik des einzelnen. Tagesabläufe haben wenig Bezug zur Gruppe. Wenig Sitzkreise. Lehrerinnen vernachlässigen die Auswertung und Reflexion in der Gruppe. Dadurch entsteht ein *rückmeldungsarmes Lernklima.* | Fehlentwicklung:<br>Vernachlässigung der fachdidaktischen Aspekte. *Problem, alle verbindlichen Ziele zu erreichen.*<br>Über- oder Unterforderung einzelner Kinder, *Gruppendruck.* |

„Differenzieren lässt sich lernen“ (Drunkemühle/Pollert 1980) hieß das Motto in einer der frühen richtungweisenden Handreichungen zum offenen Unterricht, das der ehemalige Schulleiter der Grundschule Berg Fidel Manfred Pollert in der Praxis umgesetzt hat. Mitgedacht hatten die Autoren damals immer die Klassengemeinschaft. Kinder arbeiteten in Freiarbeitsphasen meist in Kontakt zu anderen: Sie halfen sich gegenseitig. Mit Hilfe von Lernpartnern konnten Kinder auch selbst weiter lernen. Natürlich mussten sich die Lernenden dabei frei im Raum bewegen können. Mit Hilfe von geeigneten Materialien erarbeiteten sich die Kinder selbstständig neue Inhalte in allen Lernbereichen. Einige kritische Beobachter und viele Eltern stellen sich dies so vor, dass die Kinder freiwillig üben und sich selbst den Lernstoff erarbeiten, ohne dass es von ihnen gefordert würde. Dass Kinder, wenn sie die freie Wahl hätten, „nur spielen“ würden, wird dann als Gegenargument gebraucht: „Der Junge hat nichts gelernt, weil er sich alles aussuchen durfte. Er braucht aber sanften Druck und klar formulierte Anforderungen, weil er sich freiwillig nicht anstrengen würde. Freie Arbeit ist für dieses Kind nicht gut ...“

Beliebigkeit war jedoch nie gemeint, wenn Manfred Pollert mit seiner Klasse arbeitete: Da „rauchten“ die Köpfe vor Anstrengung. Aber nicht jedes Kind hatte die gleichen Anforderungen zu erfüllen. 30 Jahre nach den ersten Gehversuchen mit offenem Unterricht müssen wir Pädagogen uns erinnern, wie Freie Arbeit in der Praxis funktionieren sollte: immer *in Bezug zur Klassengemeinschaft*. Isolation durch Freie Arbeit wäre eine Fehlentwicklung, die dem reformpädagogischen Geist solcher Methoden zuwider liefe (vgl. Ludwig 2004, S. 46ff.). Dunkemühle und Pollert sprachen von einem *„höheren Grad an Zuwendung“*, die durch innere Differenzierung und Freiarbeit möglich wird (vgl. Drunkemühle/Pollert 1980, S. 122). Erst durch mehr Zuwendung erhalte die Lehrerin Kenntnis von individuellen Vorlieben, Hobbys und Interessen: „Dann weiß ich, welche Aufgaben ich motivierend besser ‘verpacken’ muss, weil Kinder sie nicht so gerne ausführen“ (a.a.O, S. 122).

Differenzierte Lernangebote in der so genannten „vorbereiteten Umgebung“ (Montessori), in der sich Kinder selbstständig Aufgaben wählten, ermöglichten der Lehrerin das „Ermogeln“ von zusätzlichen „Trainingszeiten“ für langsamer lernende Schüler. Wie selbstverständlich setzte sich Pollert mit seinen Schülern nach einer täglichen Freiarbeitsphase von ca. einer Stunde in den festen Sitzkreis. Dort wurde darüber gesprochen, wie die Kinder gearbeitet hatten. Dies war alles andere als „Beliebigkeit“. Dass einige Lehrerinnen „Freiarbeit“ wie reine „individualisierte“ Einzelarbeit praktizierten, schien eigentlich undenkbar.

In der Regel endet keine freie Arbeitsphase ohne die Gesamtreflexion im „Sitzkreis“. Offener Unterricht ohne Rückbezug zur Klassengemeinschaft ist eigentlich nicht möglich. Immer steht die Frage im Raum, wie jedes Kind dazu beiträgt, dass sich möglichst alle wohl fühlen. Die Arbeitsruhe, die Fortschritte jedes Kindes, gemeinschaftliche Leistungen, Stolz auf Erfolge jedes einzelnen und die Transparenz der Abläufe sind Themen, die im Sitzkreis nach jeder Arbeitsphase besprochen werden können. Manchmal hat ein Kind oder eine Gruppe sogar etwas Spannendes entdeckt, das den anderen mitgeteilt werden sollte. Fachdidaktische Aspekte – im Sinne einer „Kooperation am Gemeinsamen Gegenstand" (Feuser 2002) – werden nicht vernachlässigt, auch wenn – oder gerade weil – die Gruppe über die Themen und die Bearbeitungsformen mit entscheidet. Die Lernbereiche werden manchmal zu Erlebnissen in der Klasse, die Kinder bereichern durch ihre individuellen Zugänge zu den Themen die Gemeinschaft.

Pollert hatte verstanden, dass sich die Gemeinschaft und die Lehrerin dem Schüler *zuwenden* müssen, um ihn mehr und mehr für die Arbeit *zu gewinnen*. Lernkompetenzen werden durch passende Aufgabenstellungen erhöht. Kinder arbeiten dann selbstständig, wenn sie sich für ihre Arbeit wirklich interessieren und die Aufgaben – für *jedes* Kind – nicht zu schwer oder zu leicht sind.

Das isolierte „Abarbeiten" von Arbeitsblättern in so genannter „Freier Arbeit" oder „Wochenplanarbeit" dagegen bezeichnete Pollert später als „verkappten Frontalunterricht", der eben den Fähigkeiten und Interessen des einzelnen nicht gerecht werden könne. „Wer gerecht sein will, muss die Kinder unterschiedlich behandeln", war die Leitlinie der frühen Differenzierungsverfechter. Heute hört sich dies so an: Wer mit heterogenen Gruppen gemeinsamen Unterricht gestaltet, muss auf *innere* Differenzierung bauen (vgl. Graumann 2002).

In der neueren Diskussion um inklusive Didaktik wird deutlich, dass man Unterricht mit heterogenen Gruppen auch leicht falsch entwickeln kann: „Förderkinder" werden durch *äußere* Differenzierungsmaßnahmen häufig aus der Gruppe „raus gezogen". Diese Kinder verlieren leicht den „Anschluss" an Themen der Klasse und den Bezug zu den Mitschülern. Die Folge ist Isolation statt Inklusion. Der Integrationspädagoge Georg Feuser (2002) fordert daher für den Gemeinsamen Unterricht sowohl innere Differenzierung als auch „Kooperation am Gemeinsamen Gegenstand", z. B. in Projekten. In einem solchen inklusiven Unterricht kommt es darauf an, die *Balance* zu wahren zwischen individuellen Lernangeboten und gemeinsamen Lernsituationen (vgl. Wocken 1998).

Noch bevor ich in den folgenden Kapiteln die positiven Auswirkungen „inklusiver" Philosophie für alle Kinder im Brennpunkt Berg Fidel verdeutliche, möchte ich den angedeuteten roten Faden des pädagogischen Handelns in dieser Schule entwirren. Er ist daran zu erkennen, dass die meisten Aktivitäten sozial motiviert sind:

Jedes Kind, jeder Erwachsene im Schulgelände wird gegrüßt und willkommen geheißen. Keiner bleibt unbeachtet. Keiner schaut weg, wenn Unrecht geschieht. Sofort greift jemand ein. Die Wünsche der Kinder werden ernst genommen. Auch so genannte Kleinigkeiten bekommen ihren Raum. Aber es ist auch

keine Katastrophe, wenn mal etwas falsch läuft. Fehler dürfen wir alle machen, sie gehören zum Lernen.

Relativ viele Praktikanten mit pädagogischen Erfahrungen arbeiten zusätzlich in der Schule und treten in ernsthafte Beziehungen zu den Kindern. Die Kinder spiegeln dies zurück durch ihre Freundlichkeit. Immer wieder fragt jemand: „Wie geht es dir jetzt? Ist alles in Ordnung?“ Die Freundlichkeit und das Ernstnehmen gelten sowohl für Kinder als auch für Erwachsene. Kein Mitarbeiter würde es sich gefallen lassen, wenn Kinder seine Person ignorierten. Kinder können auf Erwachsene Rücksicht nehmen. Dies ist wesentlicher Bestandteil von Freiheit, wie Erich Fromm (1979/1999) feststellt. Auch wenn es im „sozialen Brennpunkt“ schwer vorstellbar ist: Die Kinder sind bei uns „gut erzogen“ und nur sehr selten „frech“ zu Lehrerinnen. Ernst nehmen ist eben beidseitig selbstverständlich. Als ich als unbekannter Fremder zum ersten Mal das Schulgelände betrat, kam ich kurz zuvor aus dem Unterricht einer Schule auf dem Lande, wo ich mich ebenfalls wohl fühlte. Diese Kinder in Berg Fidel unternahmen alles Mögliche, was mich überraschte, auch öfter ärgerte, aber eines taten sie auf jeden Fall: Sie hießen einen Fremden willkommen. Dieser Eindruck hat sich bis heute gehalten: „Du gehörst hier hin!“ – Vereinzelte Sprüche wie „Was ist denn das für ein komischer Vogel?" oder „Was will der denn hier?" mögen mir nicht zu Ohren gekommen sein – denkbar waren sie natürlich auch in Berg Fidel. Aber solche Abfälligkeiten kenne ich eher aus Schulen, wo der Satz „der gehört hier nicht hin" leicht über die Lippen geht. Emotionale und spontane Reaktionen finden wir gerade bei unseren Kindern in Berg Fidel – wenn einer sich wehgetan hat, wenn irgendjemand ungerecht war. Die Kinder drücken ein hohes Maß an Mitgefühl aus und bereiten dadurch den Boden für gesundes Aufwachsen. Und wenn die Lehrerin krank war, kommt meist von einem Kind: „Schön, dass du wieder da bist".

Nur in einer Atmosphäre von Zuwendung können wir ruhig und gelassen leben und lernen. Das Gemeinschaftsleben bildet das Herz unserer Schule und somit jeden Unterrichts. Gerade durch die Freie Arbeit finden die Kinder zu sich selbst und ihren Interessen. Sie fühlen ihren Selbstwert und können sich für die Klassengemeinschaft öffnen. Montessori sagte dazu einen bemerkenswerten Satz: „Das Ergebnis der Konzentration ist das Erwachen des sozialen Gefühls" (vgl. Ludwig 2004, S. 49).

Auch die Erfahrungen vieler anderer Schulen (z. B. die Laagbergschule in Wolfsburg, vgl. Städing 2002) zeigen, dass die Lehrerinnen zuerst offen unterrichten lernten, bevor sie Neues wagten und die Schule weiter entwickeln konnten. Wenn die Pädagoginnen unserer Schule nicht jahrelang erlebt hätten, wie sich Kinder im offenen Unterricht verhalten, dann hätten sie beim besten Willen nicht wissen können, wie sie mit Kindern ganztägig in altersgemischten Klassen arbeiten können.

Kapitel 3

# 3. Ganztägige Erziehung mit multiprofessionellen Teams

„Lasst uns Achtung fordern für die hellen Augen, die glatten Schläfen, die Anstrengung und die Zuversicht der Jugend. Aus welchen Gründen sollten trübe Augen, eine faltige Stirn, schütteres graues Haar und gebeugte Resignation verehrenswürdiger sein?"

Janusz Korczak: Das Recht des Kindes auf Achtung (1928/29)

Kinder aus 30 Nationen leben im Stadtteil Berg Fidel in Münster. Das zeigen schon die Außenwände der dortigen Grundschule. Sie sind bemalt mit bunten Bildern aus vielen Ländern: ein Ergebnis des Projekts "Unsere Schule soll schöner werden". Ein bisschen staunen die Pädagogen selber, dass seit Jahren niemand mehr die Schulwände beschmiert. Die Kinder fühlen sich mit ihrer Schule verbunden. Berg Fidel ist zwar ein sozialer Brennpunkt, aber diese internationale Schule ist so etwas wie eine Insel, zu der man täglich übersetzt.
Die Grundschule Berg Fidel hat zwei Standbeine: Die Vormittagsschule und die Ganztagsschule. Eltern wählen bei der Schulanmeldung, ob ihr Kind in eine Ganztagsklasse oder eine Vormittagsklassen geht. Ein „Ganztagskind" bleibt während der gesamten Grundschulzeit in seiner Ganztagsklasse. Die Kinder sollen eine feste Gemeinschaft erfahren.

„Ganztag statt Betreuung" heißt seit 1992 das Motto. Die Grundschule Berg Fidel hat sich damals bewusst gegen das bestehende Hort- oder Betreuungsmodell entschieden, wo sich Kinder aus verschiedenen Klassen zum Essen oder zur Betreuung treffen und immer wieder auf andere Erwachsene stoßen, deren Regeln nur teilweise mit denen des Vormittags übereinstimmen. Solche „additiven Ganztagsmodelle" sind weit verbreitet. Sie stehen immer in der Gefahr, dass die „Halbtagsschule" unverändert bleibt: Vormittags Unterricht wie zuvor, anschließend „Übermittag-Betreuung" durch anderes Personal, schließlich Angebote am Nachmittag. Die Angebote solcher „additiven" oder „offenen Gantagsschulen" sind in der Regel nicht mit dem Regelunterricht des Vormittags verzahnt und haben daher eine geringere pädagogische Wirkung auf die Lernentwicklung der Kinder als gebundene Ganztagsschulen. Die strukturellen Vorgaben einer solchen additiven Konzeption machen eine inhaltliche Verbindung von Vor- und Nachmittag fast unmöglich, wie die Erfahrungen vieler Schulen zeigen. Drei Nachteile kennzeichnen die meisten additiven Modelle:

- *Keine Kontinuität des Personals*: Da häufig keine Lehrerstunden für den Mittag und Nachmittag zur Verfügung stehen, versucht man über verschiedene Träger Honorarkräfte einzusetzen. Die Schule hat dann mit mehreren verschiedenen Einzelpersonen zu tun, die wiederum mit Kindern verschiedener Klassen arbeiten. Für aufwändige Absprachen zwischen Vormittagslehrerinnen, Mittagessenbetreuern und Nachmittagskräften, z. B zu den Regeln und entlastenden Routinen des Zusammenlebens in der Schule, gibt es meist kein Geld und keine Zeit.

- *Keine Kontinuität der Kindergruppe*: Während im Pflichtunterricht am Vormittag die Kinder in festen Klassengemeinschaften lernen, finden sich in den freiwilligen Gruppen des Mittags und Nachmittags Schüler verschiedener Klassen wieder. Die Schulregeln, die diese Kinder am Vormittag erfahren, gelten naturgemäß bei Honorarkräften abgeschwächt oder gar nicht. Die Chance der Fortführung aufgebauter Arbeitsstrukturen und

Routinen durch die feste Klassengemeinschaft besteht nicht, da keine gesamten Klassen am Mittagessen oder Nachmittagsangebot teilnehmen. So entsteht zuweilen der Eindruck von „Chaos“, wo „verhaltensauffällige“ Kinder „außer Rand und Band“ geraten. Die Gefahr einer Entwicklung zur „Restschule am Nachmittag“ besteht, weil wohlhabende Eltern bei weniger attraktivem Nachmittagsangebot der Schule ihre Kinder lieber privat oder in Musikschulen und Sportvereinen betreuen lassen.

- *Keine Kontinuität der Räume*: Zum Mittagessen und für die „Betreuungsangebote“ wechselt jedes Kind die Räume. Die Zuständigkeit für die Ordnung dort liegt meist in der Hand der Betreuer. Die Kinder empfinden diese „Mehrzweckräume“ oft nicht als ihr „Revier“ und können weniger Verantwortung übernehmen als in ihrem „eigenen“ Klassenraum. Der Raum, der in der Reggiopädagogik sogar den Rang des „dritten Erziehers“ (neben den beiden Erzieherinnen) erlangt, wird hier nur von „Gästen“ benutzt und – wenn überhaupt – entsprechend zurückhaltend gestaltet.

Im Gegensatz zu den beschriebenen additiven oder „offenen“ Ganztagsschulen bleibt in unserer Schule die gesamte Klasse bis 15.30 Uhr zusammen. Jedes Ganztagskind verbringt seine Grundschulzeit in derselben Klasse. Verlässlichkeit hat Priorität. Diese Art **gebundener** Ganztagsgrundschule war bereits viele Jahre zuvor unter der Leitung von Gertraud Greiling in einem anderen Stadtteil Münsters verwirklicht worden und unter dem Namen „Gievenbecker Modell“ deutschlandweit bekannt geworden: die Wartburgschule.

Für alle Ganztagskinder gibt es verbindliche Schulzeiten von 8.00 bis 15.30 Uhr und freitags bis 13.00 Uhr – das sind ca. 35 Stunden Schule ab dem ersten Schuljahr. Nur montags ist die Teilnahme an den Aktivitäten des Nachmittags für alle Schüler freiwillig. An diesem und anderen Nachmittagen *nach Ende* der Pflichtschule werden nämlich etwa 15 verschiedene Arbeitsgemeinschaften für alle Schüler der Schule zusätzlich angeboten. Die AGs führen zumeist Mitarbeiter der Schule durch, zum Teil aber auch Eltern, Sportvereine, Kirchengemeinden oder das Stadtteilzentrum „Lorenz Süd“. In der schuleigenen „Forscherwerkstatt“ findet z. B. eine Technik-AG mit einer Mutter statt, die ausgebildete Tischlerin ist. Eine andere AG pflegt Tiere im Terrarium, eine weitere stellt die Redaktionsgruppe der „Bergzwerge“-Schülerzeitung. AGs müssen auch nicht im Schulgebäude stattfinden, wenn bessere Räume im „Lorenz“, dem Stadtteilzentrum zur Verfügung stehen. So können Kinder in der Fahrradwerkstatt des „Lorenz“ Reparaturen ihrer Räder unter Anleitung einer KFZ-Mechanikerin selbst vornehmen. Die Angebote gelten für die Phasen zwischen Sommer und Weihnachten, Weihnachten und Ostern und zwischen Ostern und Sommer. Um die erwähnten pädagogischen Nachteile solcher additiven Angebote zu reduzieren, liegt die Gruppengröße meist unter 10 Kindern. Wer angemeldet ist, muss für den beschriebenen Zeitraum teilnehmen, damit die Arbeit verlässlich und planbar bleibt.

Rhythmisierung des Schultages am Beispiel einer Ganztagsklasse:

| | ***Montag*** | ***Dienstag*** | ***Mittwoch*** | ***Donnerstag*** | ***Freitag*** |
|---|---|---|---|---|---|
| ca. 8 bis 9.30 Uhr | FA+GA / Sitzkreis | FA+GA / Sitzkreis | FA+GA/ Sitzkreis | FA+GA / Sitzkreis | FA+GA/ Sitzkreis |
| | *Pause* | *Pause* | *Pause* | *Pause* | *Pause* |
| | *Frühstück* | *Frühstück* | *Frühstück* | *Frühstück* | *Frühstück* |
| ca. 10 bis 11.30 Uhr | GA / ***Klassenrat*** | GA | GA | GA | GA / ***Schulfeier*** |
| ca. 11.30-11.45 Uhr | *Pause* | *Pause* | *Pause* | *Pause* | *Pause* |
| ca. 11.45 bis ca. 12.30 Uhr | *FS/ Tischdienst* Kurze Konferenzstunde | GA/ FS | GA/ FS | GA/ FS | GA / FS |
| Mittag | Essen + Zähne putzen + Tischdienst+ **Tagesabschlussrunde** | *Pause/ Tischdienst* Essen + Zähne putzen + Tischdienst | *Pause/ Tischdienst* Essen + Zähne putzen + Tischdienst | *Pause/ Tischdienst* Essen + Zähne putzen + Tischdienst | *Pause* **Wochen-abschlussrunde** |
| ca. 13 Uhr | *Pause oder schulfrei* | *Pause* | *Pause* | *Pause* | *schulfrei* |
| Nachmittag bis 15.30 Uhr | *Freiwillige Arbeitsgemeinschaften // Teamsitzungen* | GA/FA/FS + **Tagesab-schlussrunde** | Schwimmen oder GA/FA/FS + **Tagesab-schlussrunde** | Wald+ **Tagesab-schlussrunde** | *evt. Freiwillige Arbeitsgemeinschaften* |
| *Nachmittag 15.30 bis ca. 17 Uhr* | *evt. Freiwillige Arbeitsgemeinschaften* | *evt. Freiwillige Arbeitsgemein-schaften* | | *evt. Freiwillige Arbeitsgemein-schaften* | |

Schattiert: verbindliche Schulzeiten

FA = Freie Arbeit mit Förderangeboten, teilweise auch in der Turnhalle

GA = Gelenkte Arbeit, teilweise in Projekten, teilweise Sport in der Klassengemeinschaft

FS = Freies Spiel im Haus oder Gelände

Zur Konzeptentwicklung der Ganztagsschule war ein Arbeitskreis aus Eltern und Mitarbeitern gegründet worden, der sich intensiv mit verschiedenen Modellen auseinander gesetzt hatte. Dabei entschieden wir uns für das gebundene Modell der Wartburg-Grundschule. Wir starteten 1992 mit einem ersten Schuljahr. Einige Jahre später ergänzten wir unsere Arbeit durch sonderpädagogische Förderung. 2002 entschied sich die Schule nach jahrelangen Vorbereitungen in einem Eltern-Mitarbeiter-Arbeitskreis für den Abbau der Jahrgangsklassen, zunächst in der Vormittagsschule. Die Altersmischung mit den Jahrgängen 1 bis 4 wurde entwickelt (siehe Kapitel 3.5). Weitere zwei Jahre später löste auch der Ganztag nach gründlicher Vorbereitung in dem Arbeitskreis mit Eltern und Mitarbeitern die Jahrgangsklassen auf. Mit unserer „Geschwisterschule" Wartburg-Grundschule befinden wir uns im regen Austausch über die Weiterentwicklung des Ganztags und der Altersmischung.

Von der Wartburg-Grundschule haben wir auch übernommen, dass jede Klasse **zwei feste, nebeneinander liegende Räume** zur Verfügung hat, für die sie allein zuständig ist. In einem Raum finden vorwiegend ruhigere Aktivitäten statt: konzentrierte und gelenkte Unterrichtsarbeit, sowie Frühstück und Mittagessen. Im anderen Raum, den einige „Spieleraum" nennen, ist es auch mal laut, wird gebaut, in Gruppen gearbeitet und mit Puppen gespielt. Die Gestaltung der Räume liegt alleine in der Hand der Kinder und des zugehörigen Klassenteams. Im Sinne einer Reggiopädagogik gilt der Raum als „dritter Erzieher" (vgl. Göhlich 1997). Man findet dort „kuschelige" Rückzugsecken mit Matratzen und Kissen, den Bauteppich mit Holzklötzen und Legotechnik, den „Lesehimmel" mit vielen Büchern auf einer Hochbettkonstruktion, ein großes hölzernes, als Raum im Raum gebautes Spielehaus, Kaufladen, Kaspertheater, Verkleidungsecke, Spiegel, Werkbank, Maltische, Kunstmaterialien, Küchenzeile in Kinderhöhe, Briefkästen für Kinder, Computerecke, Aquarium, Terrarium und natürlich Pflanzen.

Die Kinder erleben klare Strukturen innerhalb ihrer Schulzeit. Das erleichtert den Umgang miteinander. Reviere, Regeln und Routinen (von Hentig) können so leichter für alle transparent gemacht und konsequent eingefordert werden. Das gemeinsame Mittagessen in der Schulklasse ist geprägt durch eine gemütliche Atmosphäre. Die Kinder sitzen an Gruppentischen, die sie mit Tischdecken und manchmal Blumen oder Kerzen dekoriert haben. Sie kommen gerne und möchten zum Teil noch viel länger bleiben. Zu lang ist der Schultag für kein Kind, denn Arbeiten und Erholen, Lernen und Spielen wechseln sinnvoll miteinander ab. „Rhythmisierung" des Schultags ist die Zauberformel dafür.

Die engagierten Lehrerinnen und Lehrer der vier Ganztagsklassen, die auch die Regelschule mit Vormittagsunterricht aus eigener Erfahrung gut kennen, haben zeitweise das Gefühl, auf Klassenfahrt zu sein. Nicht nur das gemeinsame Essen im Klassenraum, das Zähneputzen mit Zahnputzdiensten, die Vorlesezeit im Lesehimmel auf dem Hochbett oder das Hosenwechseln nach dem wöchentlichen Waldspaziergang erinnert an solche gemeinsamen Klassenfahrterlebnisse. Allerdings geht hier alles sehr diszipliniert zu. Ein Kind, das z. B. die Regeln des leisen Mittagstisches wiederholt missachtet, muss an einem Tag im Flur oder Nebenraum alleine essen. Ein wenig schimmert hier die Reformpädagogik der zwanziger Jahre auf – natürlich auch mit ihren Schwierigkeiten und Belastungen (vgl. Stähling 2002c). Auch die „Mitarbeiter" erscheinen hier nicht als „Lehrer" oder „Erzieherin", sondern als Partner und verlässliche Bezugsperson der Kinder. Wenn es Probleme gibt, findet der wöchentliche Klassenrat der Kinder eine Lösung (vgl. Stähling 2003a). Eltern begrüßen die vielfältigen Lerngelegenheiten, die das Leben und Lernen in dieser Ganztagsschule bietet.

Im sozialen Brennpunkt „Berg Fidel" gibt es eine wesentliche Besonderheit, die dieser Schule zu ihrem ganz eigenen Profil verhilft: Jede der vier Ganztagsklassen wird von einem **ständigen pädagogischen Team** begleitet. Im Idealfall bleibt das Team während der gesamten Grundschulzeit mit einer Klasse zusammen, damit die Kinder verlässliche Bezugspersonen erleben. Zu jedem Team gehören eine Klassenlehrerin, eine Erzieherin mit halber Stundenzahl, eine Sonderpädagogin und drei Honorarkräfte mit je 7 Wochenstunden. Eltern arbeiten in der Regel aus Zeitgründen selten mit. Die meisten Honorarkräfte sind Studenten, die zugleich ihre schulpraktischen Studien und Praktika ableisten. Jedes Team entscheidet über alle Fragen. Der rhythmisierte Tages- und Wochenablauf (vgl. Stähling 1995, 2002d), die Projekte, die Lernmethoden und Unterrichtsinhalte werden in wöchentlich stattfindenden Teamsitzungen geplant und vorbereitet. Diese Teambesprechungen dauern in der Regel mindestens zwei Stunden. Auch die Einsatzpläne der Mitarbeiter oder Vertretungsregelungen übernimmt jedes Team völlig selbstständig. Je mehr Erfahrungen wir mit der Teamarbeit machten, umso klarer sahen alle, dass unsere Arbeitzeit besser als Jahresarbeitszeit zu handhaben ist: Für bestimmte Phasen oder „Epochen", wie z. B. Klassenfahrten, Theaterprojekte, Fahrradtrainings, Neueinführungen in Kleingruppen brauchen die Teams alle Mitarbeiter in intensiver Besetzung. Zu anderen Zeiten wird die Klasse in einzelnen Stunden von nur einer Lehrerin, Erzieherin oder Honorarkraft geführt. Die besonderen Fähigkeiten und Erfahrungen, aber auch Vorlieben der Mitarbeiterinnen bestimmen nicht selten das Programm. Auch bei Erwachsenen sind eigene Reviere akzeptabel, ja wünschenswert: So gibt es in jedem Team einen Pädagogen, der eher für die musikalische Seite der Gemeinschaft zuständig ist, eine andere Mitarbeiterin vertritt stärker das Sportliche, eine dritte wird die Federführung im Schriftspracherwerb übernehmen. Solche Reviere finden Kinder übrigens völlig normal, zumal sie Aufgabenverteilungen aus der außerschulischen Lebenswelt kennen. Die Klassenlehrerin unterrichtet meist die Kernfächer und erfährt dabei Unterstützung durch andere Mitarbeiter, die als zweite Kraft einzelnen Kindern in bestimmten Lernphasen helfen können. Grundsätzlich gilt jedoch: Nicht mehr die Einzelkämpferin bestimmt die Grundschularbeit, sondern das Team

Ein Problem ist inzwischen, dass seit dem Aufbau des Ganztags viele neue Mitarbeiter zur Schule hinzugekommen sind, wir aber zugleich keine neuen Räume zum Rückzug oder für Vorbereitungsarbeiten und Teamabsprachen bekommen haben. Vor dem Aufbau des Ganztags hatte die Schule maximal 20 Kolleginnen und Praktikanten. Die Zahl der Mitarbeiter hat sich seitdem verdoppelt, weil auch Sonderpädagoginnen und Sozialpädagoginnen für die Schuleingangsphase hinzukamen. Von Anfang an bemühten wir uns, dass alle „neuen" Professionen (Erzieherinnen, Sonderschullehrerinnen, Sozialpädagoginnen, Honorarkräfte) in den Gremien der Schule gleichberechtigt vertreten waren. Inzwischen scheint es selbstverständlich zu werden, dass nachmittags im „Lehrerzimmer" (das einen anderen Namen verdient) Kolleginnen miteinander arbeiten und sich auf Unterricht vorbereiten. Als Regel gilt, dass jede Mitarbeiterin bereit ist, auch am Nachmittag Unterricht zu geben. Über die Arbeitszeit der Mitarbeiter wird fair geredet: Jeder hat auch Möglichkeiten, bei besonderem Bedarf seine Überstunden „abzufeiern". Grundsätzlich gehen wir davon aus, dass hier viele mehr arbeiten als in den meisten Schulen. Die regelmäßig stattfindenden Teamsitzungen für jede Klasse sind unentbehrlich und werden teilweise als Arbeitszeit auf die Pflichtstunden angerechnet. In jedem Stundenplan eines Mitarbeiters findet sich der wöchentliche Zeitpunkt für die Teamsitzung.

Wir haben erkannt, dass das bei uns im sozialen Brennpunkt entwickelte Konzept einer **Teamschule** gelingt, wenn Teamarbeit funktioniert. Es ist zu bedenken, dass die Berufgruppe der Lehrerinnen mit den sonderpädagogischen, sozialpädagogischen und erzieherischen Berufen historisch bedingt wenig zusammenarbeitet. So war in der Kooperation ein Drahtseilakt zu vollziehen. Er gelang letztlich. An jeder überwundenen Krise wuchsen die Mitarbeiter. Ich wage die These, dass die größte Veränderung in einer Schule darin besteht, dass sich die Pädagogen jeder Klasse zu *festen* klassenbezogenen Teams zusammenschließen. An dieser Stelle beginnen die ersten Schritte zur inklusiven Schule, was ich im folgenden Kapitel ausführlicher darstellen werde. Weil ein Team mehr ist als die Summe seiner einzelnen Teammitglieder, bekommen alle Aktivitäten ein anderes Gesicht. Gelassenheit und Kreativitat breiten sich dann eher aus, wenn man weiß, dass niemand bei möglichen Fehlern alleine steht. Und Fehler sind besonders bei ersten Gehversuchen in neueren Konzepten unvermeidbar.

Ein wichtiger Punkt für unsere Teamschule ist die Auswahl der Teammitglieder. Es ist nicht möglich, dass sich die Teams selbst ihre hauptamtlichen Mitglieder suchen. Anzustreben ist allerdings eine zeitliche Stabilität über mehrere Jahre. Bei Praktikanten, Honorarkräften und anderen freiwilligen Mitarbeitern ergibt sich oft die Möglichkeit, eine Auswahl zwischen verschiedenen Bewerbern zu treffen. Eine Probezeit geht dabei jeder Entscheidung voraus. Die Teams wählen selbst aus. Der Beschluss wird einstimmig hergestellt, um die Wahrscheinlichkeit von unnötigen späteren emotionalen Schwierigkeiten zu reduzieren.

Jedes Team gestaltet einmal im Halbjahr eine Klausurtagung zur Koordinierung der Arbeit. Die Schulkonferenz fand dieses Treffen mit Fortbildungscharakter so wichtig, dass sie dafür bereit war, pro Halbjahr einen Schultag zu „opfern". Die Schulleitung hat großes Vertrauen in die Selbstregulierungskräfte von Teams entwickelt und hält sich aus Konflikten möglichst heraus. Die Beratung und Supervision der Teams wird Psychologen überlassen, die nicht an der Schule arbeiten. Supervision dient der Psychohygiene der Gruppe und gibt den Teammitgliedern Zeit für ausführliche Auseinandersetzungen über die emotionale Befindlichkeit (vgl. Kapitel 2.4 und 3.4). Dort können Probleme zwischen Mitarbeitern geklärt werden, die normalerweise überall auftreten. Auch Beanspruchungen durch den Umgang mit „schwierigen Kindern" sind Thema. Die schulpsychologische Beratungsstelle unterstützt zusätzlich durch Beratung die Schulleitung bei der Steuerung von Schulentwicklungsprozessen

Für Teams ist eine Arbeitsstruktur erforderlich. Dazu gehören regelmäßige Besprechungen. Die Sitzungen brauchen einen routinemäßigen Ablauf, der für rücksichtsvollen Umgang mit der wertvollen Zeit der Mitarbeiter sorgt. Jedes Team hat über viele Jahre meist in Supervision ihren eigenen Stil entwickelt. Bewährt hat sich bei vielen folgender Teamsitzungsablauf (vgl. Stähling 2005c):

1. Kurze Themensammlung, möglicherweise Festlegung eines Protokollführers, eines Sitzungsleiters, eines „Zeitwächters".
2. Kurze Befindlichkeitsrunde: Wie geht es mir im Moment – auch unabhängig vom Schulalltag?
3. Kurzer positiver Rückblick auf die letzte Woche: Was gefiel mir am Programm, an den Kindern, an uns Teammitgliedern und an mir selbst? (Negatives ist an dieser Stelle nicht erlaubt, das gehört in die Themensammlung!)
4. Ausführliche Besprechung der Themen aus der Sammlung zu Beginn.
5. Themen, die nicht besprochen werden konnten, kommen in den „Themenspeicher", der für das nächste Mal Themen sammelt. Falls etwas sehr Wichtiges nicht ausreichend geklärt werden konnte, wird eine Extra-Sitzung vereinbart oder u. U. die Aufgabe im Einvernehmen an eine Teilgruppe delegiert.
6. Kurze Abschluss-Blitzlicht-Runde: Was möchte ich noch loswerden? Was möchte ich nicht mit nach Hause schleppen?

Im Schulalltag („zwischen Tür und Angel") sind Erwachsene immer auch ein Modell für die Kinder. Wie gehen sie damit um, wenn sie sich nicht einig sind, was zu tun ist? Wie klären die Erwachsenen ihre Konflikte untereinander? Haben sie unterschiedliche Meinungen? Soll man miteinander streiten? Respektieren die Pädagogen einen Mitarbeiter, der Schwächen zeigt? Wann und wo besprechen sie ihre Probleme? Alles Fragen, die die Kinder äußerst spannend finden; denn sie wollen wissen, wie man es denn besser macht! Immerhin verlangen die Erwachsenen von den Kindern, gut zusammen zu arbeiten und Konflikte friedlich zu lösen. Hier liegt eine große Chance für Ganztagsklassen – Teams inklusive.

## Fazit

Die Grundschule Berg Fidel ist eine inklusive Ganztagsschule im sozialen Brennpunkt, die auf die Herausforderungen durch die Kinder auf besondere Weise reagiert:

- durch verlässliche, rhythmisierte Strukturen über den gesamten Schultag hinweg
- durch feste multiprofessionelle Teams, die jeweils für eine Klasse zuständig sind
- durch eine klare Raumzuordnung, die jeder Klasse die Verantwortung für ihre zwei Räume gibt
- durch die wohnortnahe Integration förderbedürftiger Kinder

- durch eine zuverlässige Gesprächskultur im Klassenrat
- durch altersgemischte Klassen mit den Jahrgängen 1 bis 4 (seit 2002)

Diese Merkmale sind die soziale Basis für die Entwicklung aller Kinder. Sie ermöglichen jedem Kind in dieser Schule zu einer Arbeitshaltung zu finden. Deutliche Qualitätsentwicklungen durch eine solche Teamschule sind zu erwarten und wurden bereits in der Vergangenheit nachgewiesen.

## Und wie finanziert man eine solche gebundene Ganztagschule?

In den Ganztagsklassen leben und lernen Kinder, die heil- oder sonderpädagogische Förderung brauchen. Einige dieser Kinder müssten, wenn sie in einer üblichen Vormittagsschule wären, die Unterstützung der heilpädagogischen Tagesstätten in Anspruch nehmen. Die Kosten für die Kommune lägen dann wesentlich höher als die Zuschüsse für eine gebundene Ganztagsschule.

In der Grundschule Berg Fidel arbeitet je Ganztagsklasse mit etwa 24 Kindern eine Erzieherin mit halber Stelle. Von dem geringen Gehalt einer Erzieherin mit halber Stelle kann jedoch niemand seinen Lebensunterhalt bestreiten. Daher sind unsere Erzieherinnen Frauen, die über ihren Ehemann finanziell abgesichert sind. Die Familien sind nicht auf das Einkommen allein angewiesen.

Neben der Erzieherin arbeiten bei uns pro Ganztagsklasse drei Honorarkräfte mit je ca. 7 Stunden pro Woche („geringfügig beschäftigt“). Dies sind meist Studenten der Schul- oder Sozialpädagogik in frühen Semestern, die zusätzlich zu den bezahlten Stunden *Studienpraktika* in ihrer Ganztagsklasse ableisten müssen. Da sie außerdem intensiv in die Teamarbeit eingebunden sind, vertiefen sie sich über den Rahmen ihrer Stelle hinaus auch in die pädagogische Fachliteratur und schreiben in Zusammenarbeit mit der Hochschule wissenschaftliche Hausarbeiten zu Themen, die unsere Schule direkt betreffen.

Die Stadt Münster finanziert den Hauptanteil der Ganztagsschule, zumal der Ganztagszuschlag des Landes NRW nur täglich eine weitere Stunde über die Regelschule hinaus abdecken kann. Das Geld der Kommune ist sinnvoll investiert, und es wäre zu überlegen, ob nicht weitere pädagogische Fachkräfte (aus den sozialen Diensten oder Freizeiteinrichtungen) in die Arbeit der ganztägigen Teamschule integriert werden können.

Das hier dargestellte Modell ganztägiger Schulerziehung lässt sich auf andere Städte übertragen. Es ist finanzierbar, wenn kommunale Gelder für Kinder in sozialen Brennpunkten in die Unterhaltung solcher Ganztagsschulen umgeschichtet werden.

## Kapitel 3

# 4. „Sonderpädagogische Förderung" - Der steinige Weg zu einer inklusiven Pädagogik

„Und wieder belehrte mich das Leben, dass uns manchmal gerade von dort der Erfolg winkt, wo wir meinten, eine Katastrophe habe uns ereilt, und dass eine heftige Krise oft der Anfang der Genesung ist."

Janusz Korczak: Wie liebt man ein Kind (1914–18)

Die Entwicklung des Konzepts der so genannten „sonderpädagogischen Förderung“ in unserer Schule hat mindestens zehn Jahre gedauert. Ohne dass es von Anfang an allen klar bzw. bewusst war, ging es uns letzten Endes bei aller Sonder- oder Integrationspädagogik immer nur um die Schaffung von stabilen Gemeinschaftsstrukturen, in denen unsere Kinder *Verlässlichkeit erfahren* können. Kinder in Berg Fidel und ähnlichen Stadtteilen anderswo verlangen nach einer festen Klassengemeinschaft, aus der sie nicht ausgeschlossen werden. Weiter benötigen sie eine feste Teamgruppe von Erwachsenen, die keinen fallen lassen. Und sie brauchen „ihre Heimat“ in Form von festen Räumen, die sie sich selten oder besser nie mit anderen Gruppen teilen müssen. Sicherheit und Orientierung erfahren die Kinder außerdem durch verlässliche Absprachen über Tagespläne, Pläne der Woche und Vorankündigungen von besonderen Ereignissen Wichtig sind auch routinierte Abläufe, die den Alltag entlasten.

Teams brauchen zuverlässige Teammitglieder, die nicht „abgezogen“ werden können, wenn z. B. ein Kind mit sonderpädagogischem Förderbedarf geht. Alle Teammitglieder tragen Verantwortung für die gesamte Klasse. Bei zwischenmenschlichen Schwierigkeiten, die natürlich überall auftreten, wo Menschen zusammen kommen, muss es einen „Ort“ geben, wo dies in Ruhe geklärt werden kann: Für die Klassengemeinschaft gibt es den wöchentlichen Klassenrat, für das Team die wöchentliche Teamsitzung und die Supervision, die regelmäßig etwa alle sechs Wochen stattfindet. Diese Zeiten für das Zusammenleben sollte man allen Schulen gewähren.

Wenn wir unsere Besucher fragen, was ihnen auffällt, so sagen sie, dass sich die Kinder wohl fühlen, aber sie erkennen in der Regel nicht, welche Faktoren dafür sorgen.

Die Mitarbeiter der Schule haben im Laufe von vielen Jahren bestimmte „inklusionsfördernde“ Strukturen geschaffen. Die selektiven – teilweise kinderrechtswidrigen (vgl. Kapitel 4.2.) – Tendenzen unseres Schulwesens weisen wir zurück, so dass eine Ausgrenzung ein wenig unwahrscheinlicher wird. Die bei vielen Schulmitarbeitern entstandene Haltung zur multiprofessionellen Teamarbeit hat eine lange, sehr aufreibende Vorgeschichte, die bis zum Beginn der Ganztagsschule 1992 zurückverfolgt werden kann

## Frühe Fehlentwicklungen der Sonderpädagogik

Noch bevor die Schulbehörde Widerspruch gegen neue Wege in der sonderpädagogischen Förderung einlegen konnte, gab es eine verständliche Beharrungstendenz bei Kolleginnen, die gewohnte Pfade nicht gern verlassen wollten. Die Grundschule Berg Fidel bekam 1997 eine Sonderschullehrerin und anfangs gab es nur ein Kind, bei dem das sonderpädagogische Feststellungsverfahren („VOSF“) durchgeführt worden war. Es kamen weitere Kinder aus verschiedenen Klassen hinzu

In den ersten Jahren der Sonderpädagogik schlich sich die Logik ein, dass ein Kind mit „Anspruch auf sonderpädagogischer Förderung“ eine bestimmte Stundenzahl (ca. 3 Stunden) der Sonderpädagogin bekommen müsse. In diesen Stunden sollten oder könnten gewisse Defizite „weggefördert“ werden. Ohne dabei das Gesamtsystem Klasse im Blick zu haben, führten wir in der Anfangsphase das Argument des Rechtsanspruchs dieses einen Kindes auf Sonderförderung an. Im Gesamtsystem Klasse gab es natürlich auch bei vielen anderen, allerdings nicht etikettierten Kindern Förderbedarf. Diese Kinder „präventiv mitzufördern“ war zwar denkbar, wurde aber nicht durch weitere Stellenzulagen ausgeglichen.

Dass diese Stundenverteilungsregel (3 Stunden pro Kind) widersinnig war, hörten wir ständig von Klassenlehrerinnen, die eigentlich die „Hauptlast“ dafür zu tragen hatten, dass nun mal „schwierige“ Kinder in ihren Klassen waren. Die eine Klassenlehrerin unterrichtete z. B. „nur“ einen einzigen „Sonderschüler“ (so wurde er noch genannt). Sie bekam also nur 3 Stunden von einer Sonderschullehrerin, die vorwiegend außerhalb des Klassenraums mit dem Kind arbeitete. Die restlichen 20 Stunden stand sie alleine mit dem „Problemkind“ und den anderen. Die Krux war, dass sie überhaupt alleine dastand und dieses Einzelkämpferinnentum bereits seit langem verinnerlicht hatte. Allein verantwortlich zu sein, war immer schon selbstverständlich für eine Klassenlehrerin in der Grundschule. Eine Teamsitzung fand nicht statt, wohl aber viele Tür- und Angel-Gespräche oder Telefonate. Teilweise empfanden die Klassenlehrerinnen diese Art der additiven Sonderpädagogik als Mehrbelastung im Vergleich zu früher, wenn das Kind nach längeren Beratungsprozessen doch „endlich“ zur Sonderschule wechseln musste. Auch die Sonderpädagoginnen sahen wenig Sinn in solcher wenig effektiven Förderung.

Gegensätzliche Meinungen konnten nun aber von denjenigen Klassenlehrerinnen kommen, die 4 oder 5 „Sonderschüler“ in ihrer Klasse hatten. Bis zu 15 Stunden Doppelbesetzung war nun möglich und wurden zur gemeinsamen Unterrichtung genutzt. Eine befriedigende Gemeinschaftsarbeit konnte wachsen. Um sich vor den Kolleginnen zu legitimieren und keinen Neid zu wecken, kam es vor, dass der Förderbedarf einzelner Kinder immer wieder drastisch dargestellt wurde. Dass dabei manch eine Klassenlehrerin zur Verbesserung der Fördersituation in ihrer Klasse überlegt haben mag, einen weiteren Antrag auf Überprüfung der sonderpädagogischen Förderbedürftigkeit zu stellen, ist nicht auszuschließen. Ob ein paar weitere Förderstunden in eine Klasse kamen, hing also unter Umständen davon ab, ob eine Klassenlehrerin entsprechend häufig auf die Untragbarkeit ihrer Situation mit einem Kind hinwies. *„Jammern bringt Erfolg“*, sagte lakonisch eine Lehrerin.

In einzelnen Fällen versetzte man Kinder in die Parallelklasse, um die dort bestehenden besseren „sonderpädagogischen“ Förderbedingungen zu nutzen. Dieses

Vorgehen unter dem Selbstverständnis der „Integration Behinderter" zuzulassen, war eigentlich niemandem mehr möglich. Insgesamt entstand der Eindruck, dass Belastungen, Entlastungs- und Fördermöglichkeiten in der Schule ungleich verteilt waren.

Die Schulleitung regte an, die „Belastungssituation" in den verschiedenen Klassen durch Hospitationen zu beleuchten. Besonders schwierig erschien jedoch ein weiterer Umstand, der ein Eingreifen beinahe zu einem gewagten Unternehmen machte: Einige Klassenlehrerinnen beschwerten sich gar nicht. Sie meinten als Einzelkämpferinnen besser zu Recht zu kommen, als wenn sie in Konfrontation mit Sonderpädagoginnen treten müssten: „So viele Leute will ich hier gar nicht herumtanzen haben – da kommt nichts bei raus!" Gerade diese Zusammenarbeit sei in der Vergangenheit besonders belastend gewesen. Sie seien außerdem nicht gut in der Lage, mit bestimmten Personen zu kooperieren. Bestechende Argumente wurden herangezogen: „Die Chemie stimmt nicht", oder „niemand konnte bisher mit dem und dem gut zusammenarbeiten", oder „der andere ist nicht teamfähig" oder „ich möchte einen anderen Kooperationspartner". Versuche zur Verbesserung der Lage seien bereits gescheitert, man sei nun nicht mehr bereit, seine Zeit in die Probleme mit Erwachsenen zu investieren. Die Kinder brauchten einen nötiger. Man werde nicht für die Beratung von Lehrern, sondern für die Arbeit mit Kindern bezahlt. Diese Haltung führte kurzfristig zu einer erdrückenden Distanz zwischen einzelnen Mitgliedern des Kollegiums. Zusammenarbeit schien ein nicht notweniger Bestandteil des Schuldienstes zu sein

In dieser Situation als Schulleitung einzugreifen bedeutete eine Kampfansage an den Status Quo: Die Zufriedenen müssten dann etwas von ihrer guten Zusammenarbeit einschränken, um anderen, die anscheinend gar nicht mit ihnen kooperieren wollten, ihre Arbeitskraft zur Verfügung zu stellen. Hinzu kamen administrative Gegenargumente, dass die sonderpädagogischen Ressourcen nicht „nach dem Gießkannenprinzip" zu verteilen seien.

Das Problem bekam also eine größere Dimension und forderte ein geduldiges und verständnisvolles, aber klares Vorgehen:

- 2002 bildete sich ein vom Kollegium in geheimer Wahl gewählter Arbeitskreis „Sonderpädagogik", der aus Vertretern aller pädagogischen Berufsgruppen der Schule bestand. Dieser Arbeitskreis hatte die Aufgabe, die von vielen als unbefriedigend empfundene Situation zu analysieren und Veränderungsvorschläge zu machen.
- Der Arbeitskreis stellte die Probleme deutlich heraus. Er legte in einer Konferenz einen Vorschlag auf den Tisch, der als mittelfristiges Ziel die Gleichverteilung der vorhandenen Sonderpädagogenstunden enthielt. Als kurzfristige Lösung wurde ein Kompromiss erarbeitet, der die aktuelle Situation und Interessenlage einzelner Klassen berücksichtigte.

- Die Konferenz beschloss, dass mittelfristig eine Gleichverteilung (aller Sonderpädagogikstunden) anzustreben sei. Um auch den Schulanfängern gerecht werden zu können, für die in der Regel erst spät ein sonderpädagogisches Verfahren eingeleitet wurde, erschien es allen als sinnvoll, die sonderpädagogischen Ressourcen präventiv und früh einzusetzen.

- Der Arbeitskreis wurde beauftragt, weiter am Konzept der integrativen Förderung zu arbeiten und konkrete Vorschläge einzubringen

- Bei der Stundenplangestaltung wurde berücksichtigt, dass für jede Klasse eine Zeit für Teamsitzungen vorzusehen ist. Die Teamsitzung wurde zur dienstlichen Pflicht erklärt.

- In zahllosen Gesprächen vertiefte sich die Einsicht, dass Probleme zwischen Teammitgliedern völlig normal seien. Sie sollten nicht tabuisiert werden. Supervision könnte weiter helfen.

- Da ich als Schulleiter und erfahrener Teamleiter im Ganztag keinen Zweifel daran ließ, dass Zusammenarbeit in den festen Klassenteams selbst dann nötig wäre, wenn die „Chemie nicht stimme", erwartete ich von allen entsprechende Versuche und erste Schritte. Die schulpsychologische Beratungsstelle wurde in „Alarmbereitschaft" gesetzt, um nötigenfalls sehr kurzfristig zu einer Supervisionssitzung „anrücken" zu können. Gestützt durch entsprechende Gespräche konnte die Einsicht neu wachsen, dass Kooperation ohne Alternative notwendig ist.

Wenn wir sonderpädagogische Arbeitskräfte nicht nur in die Grundschule integrieren, sondern in der Kooperation eine neue, „inklusive" Pädagogik zu verwirklichen suchen, erfordert dies intensive Gespräche zwischen allen beteiligten Mitarbeitern der verschiedenen Professionen. Unser gegliedertes Schulsystem bildet jedoch eher Lehrerinnen aus, die solche Teamqualifikationen nicht einbringen können. In der Regelgrundschule muss sich jede Klassenlehrerin als Zehnkämpfer durchschlagen und aufpassen, dass ihre Ausbildungslücken oder mangelnden Qualifikationen nicht öffentlich auffallen. Sie sieht sich oftmals allein gelassen mit einer sehr anspruchsvollen Aufgabe, die eigentlich nur im Team erfolgreich zu bewältigen wäre. Supervision ist gefragt, weil ein „außenstehender", unparteiischer und einfühlsamer Mensch am besten für eine vertrauensvolle Gesprächsatmosphäre sorgen kann. Aber auch präventiv zur Entwicklung einer fruchtbaren Arbeitsbeziehung zwischen den Pädagogen in den Teams wächst Supervision zu einer wertvollen Stütze des Konzepts unserer Schule. Allerdings gibt es verschiedene Auffassungen zu der Frage, wann solche externe Hilfe erforderlich ist. Eine Lehrerin sagte einmal etwa folgendes:

„Supervision kann nicht alles leisten und muss es auch nicht. Ich gehöre zu denjenigen, die sagen, dass in die Supervision in erster Linie unser Umgang und die Arbeit mit den Kindern und alles was damit zusammenhängt (auch eigene Befindlichkeiten) gehören. Zum Beispiel würde ich es als lästig empfinden, wenn in einer Supervision geklärt werden müsste, dass wir Lehrer/Innen natürlich pünktlich zu sein haben, dass wir Absprachen und Aufsichten einhalten, dass wir das schulinterne Regelwerk einhalten und auch konsequent von den Kindern einfordern, dass wir Meinungsverschiedenheiten nicht vor den Kindern austragen (wenn es diese betrifft), dass wir bei Elterngesprächen uns nicht gegenseitig in den Rücken fallen und dass wir bereit sind, über Kinder zu sprechen (Zeit dafür haben) usw. Das sind meiner Meinung nach die selbstverständlichsten, niedrigsten Berufsstandards. Muss es dafür Supervision geben?

Oder was ist, wenn ein Teammitglied eine Einzelsupervision braucht? Was ist, wenn die Supervisorin überfordert zu sein scheint oder wenn ein komplettes Team sich nicht traut, das „Eingemachte“ anzusprechen, weil es zwangsläufig in die Nähe des therapeutischen Förderbedarfs eines Teammitglieds oder in die Nähe der Berufsauffassung führen würde. Dann wäre man wahrscheinlich schnell beim Thema Belastungen und Belastbarkeit ... und drehte sich im Kreis.

Wenn es um die Belastungen im Lehrerberuf geht, können diese von den „Stammtischlern“ nicht nachvollzogen werden. 6 Wochen unterrichtsfreie Zeit, danach 8 Wochen Unterricht, dann schon wieder 2 Wochen keinen Unterricht ... Als Beamtin den zurzeit sichersten Arbeitsplatz innehabend, regelmäßiges gutes Gehalt, egal ob engagiert oder Dienst nach Vorschrift ... Die Supermarkt-Kassiererin hat wahrscheinlich überhaupt keine Zeit, über ihre Belastungen nachzudenken ...“.

Die hier angesprochenen dienstlichen Verpflichtungen der LehrerInnen wie die Beachtung von Absprachen sind nicht von vornherein Kernthema von Supervision und beliebig verhandelbar. Über Pflichtstunden und deren Verteilung lässt sich diskutieren. Die vereinbarten Regeln (z. B. die Anwesenheit einer Lehrerin in ihrer Klasse 15 Minuten vor dem offiziellen Schulbeginn) können nach Gesprächen mit allen Beteiligten im Schulprogramm festgeschrieben werden

Es kann manchmal sinnvoll sein, die Kinder an diesen Regelfindungen zu beteiligen. Erwachsene verlangen oft viel von Kindern, aber achten teilweise selbst nicht auf diese Vorgaben: Sie sollen pünktlich sein, Rücksicht nehmen, sich entschuldigen, nichts vergessen, Absprachen einhalten oder alle Regeln im Kopf haben. Welcher Erwachsene schafft das?

Was passiert, wenn die Abmachungen von einzelnen Lehrerinnen nicht eingehalten werden? Das klärende und beratende Gespräch mit der Schulleitung kann eine Lösung sein. Vielfach müssen jedoch selbst erfahrene Schulleiterinnen feststellen, dass manche Lehrerin ihr Verhalten nicht grundlegend und dauerhaft ändert. Dies mag verschiedene Gründe haben, die mit Persönlichkeitsmerkmalen, Biografie, Ausbildung, Berufserfahrungen, lebensstiltypischem Berufsverständnis, Alltagsstress oder mangelnder Achtung der Arbeit der Lehrerin zusammen hängen können. Selbst die Art, wie eine Regel vereinbart wurde, kann diese Schwierigkeit hervorgerufen haben.

Die Grenzen jedes einzelnen Teammitglieds sind Realitäten, die sich durch Wegschauen oder moralische Zeigefinger nicht ändern lassen. Manchmal kann eine Supervision im Team aus der Sackgasse helfen. In einzelnen Fällen ist der Übergang zwischen Beratung und Therapie fließend. Weitere Hilfen können dann angezeigt sein: Einzelsupervision oder Psychotherapie.

Wir sprechen in der Teamsupervision, die letztendlich den Schülern dient, nicht nur über unseren Umgang mit den Kindern. Vielmehr thematisieren wir sämtliche denkbaren Schwierigkeiten der Erwachsenen bei der Ausübung ihrer Arbeit. Der individuelle Lebensstil prägt das Berufsverständnis und kann andere Teammitglieder ärgern. Dazu kann Einzelsupervision ergänzend sinnvoll sein. Gerade in multiprofessionellen Teams kommen wir um die Klärung des eigenen Berufsbildes nicht herum. Wenn verschiedene Berufsauffassungen aufeinander treffen, kann dies mühsam, aber auch fruchtbringend sein. Wir brauchen die Auseinandersetzung über die Toleranzgrenzen der Team-Gemeinschaft. Teamerfolg lässt sich nicht durch Standards verordnen, sondern wächst im konkreten Miteinander.

So kann beispielsweise das Verfassen von sonderpädagogischen Gutachten oder Schülerzeugnissen eine gemeinsame Aufgabe des Teams sein, die den vermeintlichen Belastungsfaktor „Verantwortung" oder „Alleinzuständigkeit" in seiner negativen Stresswirkung gravierend senken kann. Empfindet sich ein Team wie eine *gut eingespielte Feuerwehrmannschaft*, so kann ein „Sonder-Einsatz" auch ohne hierarchische Gehorsamsstrukturen zum Wohle aller Mitwirkenden gelingen. Dazu gehört eine fundierte Vorbereitung, die auf Persönlichkeitsbildung und Selbsterkenntnis der Pädagogen Einfluss hat. In der Praxis bringt dann jeder das ein, was er kann und überlässt anderen – angesichts eigener Grenzen – die Tätigkeitsfelder, die er nicht beherrscht. Ein gutes Team akzeptiert die persönlichen Grenzen jedes einzelnen Mitglieds und arbeitet an der Verbesserung der Fähigkeiten von allen.

## Der mühsame Weg zur „Pädagogik der Vielfalt“ und die Vision der Inklusion

Die Entstehungsgeschichte unseres „inklusiven“ Konzeptes lässt sich nicht abkoppeln von vier wesentlichen Entwicklungslinien in unserer Schule:

1. Erfahrungen mit „stiller Integration“ *möglichst aller Kinder des Stadtteils* in die Klassen ohne Etikettierung zum „Sonderschüler“ (mit oder ohne Stellenzuweisung von sonderpädagogischem Personal) und die Weiterentwicklung des Schulkonzepts zur Altersmischung der Jahrgänge 1–4, womit das „*Sitzen bleiben*“ de fakto abgeschafft ist (vgl. Kapitel 3.5).
2. Erfahrungen mit der Teamarbeit, besonders im Ganztagszweig (vgl. Kapitel 3.3) und der gleichmäßigen Verteilung der Sonderpädagogen-Stunden: *Feste multiprofessionelle Mitarbeiterteams* sind für die Klassen zuständig und gestalten selbst ihren Stunden- und Einsatzplan. Supervision unterstützt die Pädagogen bei ihrer Arbeit. Berufliche Beanspruchungen lassen sich auf diese Weise reduzieren.
3. Erfahrungen mit *„gemeinsamem“, offenem und jahrgangsübergreifendem Unterricht* mit nur wenigen Maßnahmen äußerer Differenzierung (vgl. Kapitel 3.2 und 3.5).
4. Ein *anderer Blick* auf die sonderpädagogische Förderung: Sonderpädagogik ist bei so großer Heterogenität ein notwendiger Bestandteil der allgemeinen Pädagogik. Das Kind steht im Mittelpunkt. Was kann es schon? Was möchte es in der Schule lernen? Was braucht es?

Diese vier „roten Fäden“ finden sich in Arbeitskreisgesprächen, Diskussionen mit Eltern und Lehrkräften und Entscheidungen der Mitwirkungsorgane wieder. Sie bilden das Fundament, auf dem der lange, steinige Weg zu einer „inklusiven“ Grundschulpädagogik gepflastert wird. Ohne die Vision von der Inklusion und der Altersmischung, ohne die zahllosen Auseinandersetzungen verschiedener Berufsgruppen in den Ganztagsteams und nicht zuletzt ohne die sehr umfangreichen Kenntnisse und Kompetenzen im offenen Unterricht hätte die Sonderpädagogik als Additivum auf der Stelle getreten. Eine solche additiv verstandene Sonderpädagogik – also eine „ambulante sonderpädagogische Förderung aus dem Koffer“ – ist ein Musterbeispiel für die Fehlentwicklungen „integrativer“ Arbeit. Selektive Strukturen ließen sich unter diesem Bedingungen wohl kaum beseitigen.

Dass wir in der Schule Berg Fidel für einige Kinder „noch nicht gut genug sind“ (selbstkritische Bemerkung einer Kollegin), soll nicht verschwiegen werden. Auch wir sondern aus, ohne es immer selbst zu bemerken. Wie leicht sich im Alltag Selektionsmechanismen einschleichen, zeigt das Beispiel eines Jungen. Er traktierte so sehr die anderen Kinder in seiner Klasse, dass nach einem Jahr das Team schließlich die Hoffung aufgab und für die Überweisung in eine Förderschule plädierte. Ich konnte nachvollziehen, dass man nun „mit seinem Latein am Ende“ zu sein schien, nachdem man vieles vergeblich versucht hatte. Niemand wollte und konnte noch weitere Kraft „investieren“, um dem Jungen zu helfen. Es galt auch die anderen Kinder zu schützen. Allerdings ließ mich die Metapher von der Schule als Schiff nicht ruhen. Wir fahren nun einmal wie auf einem Schiff und wir wollen eigentlich niemanden – weder Kinder noch Erwachsene – rauswerfen.

Auf einem Segelschiff, das mit „schwer erziehbaren“ Jugendlichen in See sticht, ist man natürlich auch bei schwersten Regelverstößen nicht berechtigt, einen Jugendlichen über Bord zu werfen. Ist es denkbar, dass schwere Regelverletzungen auf solchen Schiffen nur selten vorkommen? Das Geheimnis des pädagogischen Erfolgs solcher Erlebnispädagogik liegt nach meiner Einschätzung darin, dass niemand auf diesen – teilweise halbjährigen – Seefahrten einfach aussteigen – aus der Beziehung gehen – kann: *Alle sitzen in einem Boot.* Krisen werden auf einem solchen Segeltörn zu neuen Chancen, wenn man ihnen den Beigeschmack von Katastrophen nimmt. Natürlich ist das Seerecht zu beachten und der Freiheit sind enge Grenzen gesetzt, die letztlich der Kapitän einzufordern hat. Die Besatzung und alle Jugendlichen sind jedoch vollständig aufeinander angewiesen, und niemand sonst kann helfen.

Andererseits kann nicht übersehen werden, dass Segelprojekte mit jungen Menschen in psychosozialen Notlagen inzwischen seltener durchgeführt werden. Bei einem angestrebten Betreuungsschlüssel von eins zu zwei schienen den Jugendämtern solche Maßnahmen nicht finanzierbar zu sein. Außerdem wird es immer schwieriger, geeignetes Personal zu finden, das sowohl über die nautischen, handwerklichen und fremdsprachlichen als auch über die pädagogischen Qualifikationen und Erfahrungen verfügt und bereit ist, über längere Zeiträume weitgehend auf ein Privatleben zu verzichten.

Auch wenn ein erlebnispädagogisches Segelprojekt nicht mit der Arbeit in einer inklusiven Schule vergleichbar ist, möchte ich es dennoch als eine *Metapher für Inklusion* zur Diskussion stellen.

Zurück zu dem Kind in unserer Schule. Nennen wir den Jungen Robert. Könnte er weiterhin wohnortnah zur Schule gehen und in seiner Klassengemeinschaft bleiben? In der Supervision wurde ein Perspektivwechsel gewagt: Das Team versetzte sich während einer angeleiteten Phantasierreise in eine problemgeladene, alltägliche Situation hinein, in der Robert etwas tat, das die Mitarbeiter hilflos machte, ärgerte oder provozierte. Dann wechselte jeder die Perspektive und identifizierte sich mit dem Jungen: Wie fühle und denke ich als Robert? Was berührt mich als Robert besonders? Alle Mitarbeiter sagten, dass Robert mehr Zuwendung will. Er lenkt Aufmerksamkeit auf sich, indem er etwas „anstellt“. Unsere vergeblichen Maßnahmen zur Integration in die Klassengemeinschaft scheiterten, weil Robert jedes pädagogisch ausgefeilte Gruppenangebot (Entspannungsübungen, Reiten, intensives Kleingruppentraining u. a.) für seine Zwecke umdefinierte: Er wollte, dass man sich mit ihm beschäftigt und ihn in den Mittelpunkt rückt. Durch sein Verhalten unterlief er unsere Gruppenaktivitäten und brachte sie zum Kippen. Die Pädagoginnen gaben ihn schließlich auf, weil *ihre Maßnahmen und Methoden* nicht zum Erfolg führten.

In dieser Situation stellte eine Lehrerin die entscheidende Frage, die ein inklusives Denken wach rief: Was wollen wir eigentlich? Wollen wir unsere *attraktiven Angebote* durchführen und Robert dann davon ausschließen oder wollen wir in erster Linie zu ihm eine *Beziehung* aufbauen? Es dauerte etwas, bis wir erkannten, dass unsere qualifizierten Angebote ihm nichts halfen, weil wir sie auf jeden Fall „durchzogen“. Sie waren bereits fest im Stundenplan verankert. Raumbelegungspläne, Einsatzzeiten der Kolleginnen, Qualifikationen der Mitarbeiterinnen und die Abstimmung mit anderen Projekten schienen uns zu zwingen, die geplanten Gruppenaktivitäten durchführen zu müssen, ohne selbstkritisch zu fragen, für wen sie nützlich sind. Für einige Kinder waren sie passend und wertvoll, aber nicht für Robert. Statt den „auffälligen“ Jungen dort abzuholen, wo er nun mal stand, bekamen unsere „Maßnahmen“ eine Eigendynamik. Erfolge schienen sie immer zu versprechen. Dass Robert aber nicht mitspielte, störte den Plan und führte zu neuen Ermahnungen und schließlich zum Ausschluss vom für das Kind scheinbar so wichtigen Angebot. „Schade“ – hieß es – „Robert hätte hier so gut lernen können. Nun muss er auf die Förderschule.“

Jedoch bereits am Tag nach der Supervision begannen wir, Robert anders wahrzunehmen – als ein Kind, das verzweifelt nach Liebe schreit. Wir gaben es auf, irgendein Verhalten von ihm zu erwarten. Wir forderten nicht mehr, dass er an einem „Angebot“ teilnahm. Alle Lernanforderungen wurden reduziert. Stattdessen nahmen wir ihn an die Hand und fragten, was er gerne machen wolle. Wir zeigten ihm vieles im Haus, im Gelände, außerhalb der Schule und warteten, bis ihn irgendetwas interessierte. Nur daran knüpften wir an – und fanden den Weg zu ihm. Robert blieb an unserer Schule. Stundenpläne mussten nicht geändert werden, aber die Angebote wurden nicht zur Hürde für ihn. Auch wir reagierten flexibler und forderten nur so viel von ihm, wie er sich selbst abverlangte.

Wir Mitarbeiter haben gelernt: Nicht das pädagogische oder therapeutische „Angebot“, sondern die Beziehung zum Kind entscheidet über den Erfolg. Die „inklusive“ Entscheidung, dass ein Kind hierhin gehört – „egal was es anstellt“ – ist bereits ein sehr bedeutendes Beziehungsangebot. Das Kind spürt, dass man es nicht fallen lässt. Wenn wir lernen, einem Kind auf die Seele zu schauen akzeptieren wir dadurch noch nicht sein Verhalten, aber wir erklären es uns und bleiben so leichter handlungsfähig. Eine lupenreine „Inklusion" als Utopie ohne Widersprüchlichkeiten wird es nicht geben. Natürlich gelingt es uns nicht immer, mit dem Kind in eine gute Beziehung zu kommen. Manches Kind ging von uns – und manchmal war es das Beste für alle. Wir dürfen bei allem didaktischen Anspruch nie die Beziehung zu den Kindern zu kurz kommen lassen.

Interessante Beispiele für Schulen, die auf dem Weg zur Inklusion sind, gibt es in Hamburg. Die Kolleginnen im Hamburger Modell „Integrative Regelklasse" (vgl. Hinz 1999; 2000) entwickeln unterschiedliche Kooperationsformen zwischen Grund- und Sonderschullehrerinnen. Erkenntnisse aus der dortigen Teamarbeit gaben Praxishinweise für inklusive Pädagogik. Besonders die konzeptionellen Überlegungen von Andreas Hinz (2002) helfen uns bei der Vergewisserung über den speziellen Weg für Berg Fidel.

Eine bemerkenswerte Erfahrung haben auch die Kolleginnen und Kollegen der Gesamtschule Köln-Holweide gemacht, als sie 2003 den „gemeinsamen Unterricht" ihrer 9-zügigen Gesamtschule evaluierten (vgl. Schwager 2005): Sie stellten zufrieden fest, dass sich bereits erfolgreiche Strukturen gebildet hatten, die eine Selektion tendenziell verhindern können. Folgende Merkmale der Gesamtschule Holweide ähneln bemerkenswerterweise den oben genannten Entwicklungslinien unserer Schule, obgleich der Aufbau der beiden Schulsysteme grundverschieden ist:

1. Der *Einsatz der sonderpädagogischen Mitarbeiter* in den Klassen erfolgt nach schulinternen Regeln, die nicht mit der institutionell begründeten Bindung des Personals an die Etikettierung bestimmter Förderkinder übereinstimmt. Die Sonderschullehrkräfte sind nicht einem bestimmten Schüler, sondern einem *Team* zugeordnet. Dieses feste Lehrerteam ist für drei Parallelklassen während der gesamten Sekundarstufe I zuständig und gestaltet selbst die Stundenpläne. Die Verteilung der personellen Ressourcen auf die Integrationsklassen erfolgt relativ gleichmäßig. Die Lehrkräfte der Sonderpädagogik sind an der Gestaltung des gesamten Unterrichts beteiligt, wie auch Lehrkräfte der allgemein bildenden Schule die sonderpädagogische Förderung übernehmen.
2. Der „gemeinsame" Unterricht ist stark durch *innere Differenzierung* und Doppelbesetzungen geprägt. Im Fachunterricht wird auf regelmäßige Maßnahmen der *äußeren Differenzierung* überwiegend verzichtet. Eine zeitlich begrenzte Förderung außerhalb der Klasse wird jedoch praktiziert. Einige klassenübergreifende Lernangebote dienen meist lebenspraktischen Aufgabenstellungen, wie z. B. der Berufswahlvorbereitung.
3. Die Kinder und Jugendlichen sitzen an *geschlechts- und leistungsheterogenen Tischgruppen*. Schüler mit sonderpädagogischem Förderbedarf werden an die Tische verteilt, ohne dass dies mit einer Stigmatisierung ver-

bunden wäre. Vielfach ist den Mitschülern der Förderbedarf nicht bekannt. Die Gesamtsschule Holweide hat mit der Peter-Petersen-Grundschule Am Rosenmaar eine Kooperationsvereinbarung: *Alle* Schulabgänger können unabhängig vom Vorhandensein eines eventuellen sonderpädagogischen Förderbedarfs grundsätzlich in diese Gesamtschule *aufgenommen* werden.

Auf den drei dargestellten Ebenen (Mitarbeiter, Unterricht, Schüler) gelingt es offenbar in dieser Gesamtschule, Strukturen einzuführen, die der Überwindung menschenunwürdiger Selektion dienen. Die Schüler erfahren dadurch eher als in anderen Schulen, dass sie sich auf die Erwachsenen und die Klassengemeinschaft verlassen können und in Krisen nicht fallen gelassen werden. Sie fühlen sich sicher, entfalten ihre Lernkompetenzen und steigern ihre Leistungsbereitschaft. Schüler werden nicht aufgrund „administrativer" Kriterien in die Gruppe der „Behinderten" und die der „Nicht-Behinderten" aufgeteilt, sondern als Menschen mit ihrem individuellen Lebensweg ernst genommen. Die „inklusiv" verstandene Förderung beschränkt sich nicht nur auf „behinderte" Schüler, sondern „bezieht ausdrücklich auch Hochbegabte, Schüler mit Migrationshintergrund oder sozialen oder psychischen Belastungen, und auch spezielle Gesichtspunkte der Mädchen – respektive Jungenerziehung ein" (Schwager 2005, S. 261).

## Unsere Entwicklung zur „inklusiven" Pädagogik der Vielfalt in Stichworten

Schauen wir zurück auf die ersten Schritte, die wir in Berg Fidel gegangen sind, um den vielfältigen Kindern gerecht werden zu können, so stellen wir heute fest, dass viel Wahrheit in dem Satz liegt: „Was wir heute träumen, ist die Realität von morgen." Mindestens zehn Jahre haben wir in der Grundschule Berg Fidel phantasiereich und unbeirrt gearbeitet, bis wir die Grundlage dafür entwickelt hatten, die uns heute erlaubt, im Schulalltag über die „Pädagogik der Vielfalt" und „inklusive" Grundschularbeit nachzudenken. Nur wenige der inzwischen gemachten Schritte waren Jahre zuvor abzusehen, keine Erfahrung haben wir vorausahnen können und niemand hat 1991 eine Prognose gewagt, wie die Schule fünfzehn Jahre später arbeitet.

- 1991: Eltern-Lehrer-Arbeitskreis „Ganztag" stellt ein Konzept für die gebundene Ganztagsschule fertig, in Anlehnung an die Wartburg-Grundschule Münster.
- 1992: erste Ganztagsklasse, erste Erzieherin und 3 Honorarkräfte werden eingestellt, erstes Klassenteam, erste Supervisionen.

- 1993: zweite Ganztagsklasse mit neuem Team, weitere Personaleinstellungen.
- 1994: dritte Ganztagsklasse mit neuem Team, weitere Personaleinstellungen.
- 1995: vierte Ganztagsklasse mit neuem Team, weitere Personaleinstellungen.
- 1997: Einstellung einer ersten Sonderschullehrerin für die so genannte „sonderpädagogischen Fördergruppe".
- In den folgenden Jahren: Kinder mit „sonderpädagogischem Förderbedarf" sind in allen Klassen integriert. Einstellung von einer weiteren Sonderschullehrerin und von zwei Sozialpädagoginnen, erste Erfahrungen mit Teamarbeit auch in den Vormittagsklassen.
- Ab 2002: Bei 20–25 Kindern mit sonderpädagogischem Förderbedarf („verfügt" vom Schulamt) ergibt sich rechnerisch eine durchschnittliche Zahl von 2,5 Kindern pro Klasse. Unabhängig von der Zahl der förderbedürftigen und „etikettierten" Kinder wird die Stundenzahl der Sonderpädagogen auf alle Klassen gleich verteilt.
- Ab 2002: In jeder Klasse gibt es ein multiprofessionelles Team mit Klassenlehrerin und Sonderpädagogin. Keine Klassenlehrerin steht mehr als Einzelkämpfer da. Supervision wird von der Mehrheit der Teams genutzt.
- Ab 2002: Beantragung der pauschalen Stellenzuweisung von Sonderpädagogen für die Schule, um die Kontinuität der Teamarbeit zu sichern, Beginn der Entwicklung eines Konzepts zur „inklusiven Grundschulpädagogik".
- 2002: Eltern-Lehrer-Arbeitskreis „Altersmischung" stellt nach jahrelangen Vorbereitungen ein Konzept für die Einführung der Altersmischung (Jahrgänge 1–4) fertig. Einführung der Altersmischung in drei Vormittagsklassen: zunächst Jahrgänge 1–2.
- 2004: Eltern-Lehrer-Arbeitskreis „Ganztag" stellt ein Konzept für die Einführung der Altersmischung im Ganztag (Jahrgänge 1–4) fertig.
- 2004: Einführung der Altersmischung in 3 Ganztagsklassen: zunächst Jahrgänge 1–3.
- 2005: Altersmischung in 6 Klassen mit Jahrgängen 1–4.
- 2008: Altersmischung mit den Jahrgängen 1–4 in allen Klassen voll ausgebaut.

Entscheidend für den Fortschritt dieses „inklusiven Weges" ist jedoch, dass die Mitarbeiterinnen sich nicht überlasten. Wenn Teamarbeit zum Wohle aller Menschen in der Schule kreativ genutzt wird, reduziert sich die Beanspruchung

Kapitel 3

# 5. Altersgemischte Klassen – Die Vielfalt vergrößern und die neue Begegnung der Geschlechter

„In unserem Denken sind die Bilder verblichen und ausgefranst, die Gefühle glanzlos und verstaubt. Das Kind denkt mit dem Gefühl, nicht mit dem Intellekt. Deshalb ist es so schwer, sich mit Kindern zu verständigen und es gibt keine schwierigere Kunst, als Kinder anzusprechen."

Janusz Korczak: Wie liebt man ein Kind (1914–18)

## Ibrahim lebt und lernt in der altersgemischten Ganztagsklasse

Ibrahim besucht in der Grundschule Berg Fidel eine *Ganztagsklasse*. Er lebt und lernt vier oder fünf Jahre zusammen mit seinen Mitschülern und hat konstante erwachsene Bezugspersonen. Wenn Ibrahim morgens die Klasse betritt, sieht man, dass er wieder erst um Mitternacht ins Bett gekommen ist. Er hat mit Vater zusammen vor dem Fernseher gesessen. Mutter hat es nicht geschafft, ihn ins Bett zu bringen. So muss er erst mal auf den „Lesehimmel" und sich ausruhen. Im Wechsel von Spannung und Entspannung, von Spiel, offenem Sport und Arbeit findet Ibrahim seinen eigenen Rhythmus in der Gruppe. Ein 45-Minuten-Takt wäre undenkbar, ein Störfaktor.

Mit Ibrahim zusammen besuchen ca. 200 Kinder in zehn Schulklassen die Schule. Kinder aus den *Jahrgängen 1–4 lernen zusammen in altersgemischten Klassen*. Die Klassen haben Namen von Tieren oder Pflanzen. Ibrahim ist 9 Jahre alt und lernt langsamer als viele seines Alters, aber er fühlt sich nicht als „Schlusslicht". Und sitzen bleiben kann er auch nicht. Er betreut sogar Maximilian, sein Patenkind, das gerade in die Klasse gekommen ist. Schon im Kindergarten war er mit dem kleinen Maximilian in derselben Gruppe und hatte sich gut mit ihm verstanden. Maximilian war bereits im Mai zu einem Schulbesuchstag in Ibrahims Klasse gekommen. Als Ibrahim selbst noch Erstklässler war, hatte er noch viel Angst. Inzwischen ist er besonders eifrig, wenn es darum geht, Maximilian die Furcht vor dem Wald zu nehmen. Maximilian war nämlich noch nie im Wald und glaubt dort auf Tiger und Schlangen zu stoßen.

Für Ibrahim und seine 24 Mitschüler zwischen 5 und 12 Jahren ist ein *„multiprofessionelles Team"* zuständig. Die Klassenlehrerin, eine Sonderpädagogin mit einigen Wochenstunden, eine Erzieherin mit halber Stelle und studentische Mitarbeiter fühlen sich für die Kinder zwischen 7.45 Uhr und 15.30 Uhr verantwortlich. Erstaunlicherweise hat sich gezeigt, dass die Kinder den Kontakt zu den vielen Bezugspersonen genießen, weil jeder Erwachsene eine ganz eigene Beziehung zu jedem Kind hat. Andererseits steht kein Erwachsener mit seiner schweren Aufgabe alleine. Die Arbeit wird in wöchentlichen Teamsitzungen koordiniert. Alle sechs Wochen nutzen die Mitarbeiter dieser Klasse eine Teamsupervision.

Ibrahim ist kein Kind mit *sonderpädagogischem Förderbedarf*, aber in seiner Klasse leben und lernen zwei so genannte „lernbehinderte" Kinder, ohne dass Ibrahim dies weiß. Keiner würde sie als „Sonderschüler" etikettieren. Der „gemeinsame Unterricht" ist orientiert an einer „Pädagogik der Vielfalt". Jedes Kind, das in die Ganztagsklasse kommt, wird vor Schulbeginn von der Erzieherin der zukünftigen Klasse zu Hause besucht.

Ibrahim kennt die Regeln seiner Klasse ganz genau. Klassenregeln und Konsequenzen wurden mit den Kindern gemeinsam im *Klassenrat* festgelegt (vgl.

Kapitel 3.1.). Und Ibrahim war es, der Maximilian die Regeln der Bewegungsbaustelle in der Turnhalle genau erklärt hat. Wenn er – wie manchmal – gegen Schulhofregeln verstößt, kann er mit einer konsequenten Reaktion rechnen, denn die Schulklasse hat dies mit ihm verabredet. Darüber wird nicht lange diskutiert, weil vorab die Folgen klar sind. Oft hat Ibrahim Streit mit anderen Kindern. Dann geht er wutschnaubend zum Klassenratbuch, trägt ein, was ihm der andere getan hat – und sein Ärger verfliegt meist erstaunlich schnell. Einige Tage später ist Zeit für ein ausführliches Gespräch im Klassenrat. Mit großen Augen verfolgt auch Maximilian, wie sein Pate sich wieder mit dem „Widersacher" verträgt. In diesem wohl wichtigsten Gesprächskreis geht es um Probleme in der Klassengemeinschaft. Deshalb sollten auch immer alle Kinder der Klasse dabei sein. Anders als beim „Streitschlichterverfahren" helfen *alle* mit, das Problem zu lösen (vgl. Stähling 2003a).

Ibrahim weiß auch, was heute auf dem Tagesprogramm steht. Vor Überraschungen ist man zwar nie sicher, aber selbst die wären keine Katastrophe. Wichtig für Ibrahim ist, dass er über möglichst alle Vorhaben bereits morgens am Tagesplan informiert wird. Er ist durchaus in der Lage, Tätigkeiten zu bewältigen, die er nicht mag, wenn er zuvor erfahren hat, was auf ihn zukommt.

Die Klassenlehrerin sagt, dass *effiziente Klassenführung* als Faktor der Unterrichtsqualität von großer Bedeutung ist (vgl. Stähling 2004b). Dies gilt auch und gerade – allen Unkenrufen zum Trotz – für den offenen Unterricht. Manchmal bringen unsere Kinder Besucher zum Staunen, weil – trotz oder gerade wegen der „freien Arbeit" – eine auffallend stille Arbeitsatmosphäre herrscht. Allerdings kann die Klassenlehrerin eine Tatsache nicht recht erklären, nämlich, wie es möglich war, dass Maximilian, das Patenkind von Ibrahim bereits nach zwei Monaten lesen gelernt hat. Zumindest beteuert sie, dass weder die russischen Eltern noch sie als Lehrerin sich darum ausdrücklich gekümmert haben.

Wir sitzen nach einer anstrengenden Arbeitsphase im Sitzkreis, Jungen und Mädchen der Jahrgänge 1–4 gemeinsam. Der 6-jähriger Maximilian legt ermüdet seinen Kopf auf die Schulter eines gleichaltrigen Mädchens und träumt vor sich hin. Sie streichelt wie nebenbei seinen Kopf – sehr liebevoll. Ein türkisches Mädchen aus dem 4. Jahrgang hat einen 7-Jährigen auf dem Schoß. Ein polnischer Drittklässler sitzt neben einem Mädchen aus dem ersten Schuljahr, für das er Pate ist, und legt seinen Arm um ihren Rücken.

Ich habe in den 25 Jahren meiner Unterrichtserfahrung noch nie so viele Kinder gesehen, die liebevoll miteinander umgingen, wie in den letzten Jahren seit der Einführung der Altersmischung mit den Jahrgängen 1–4. Die Kinder erfahren, dass sie einander brauchen. Sie lernen zu nehmen und zu geben – beides nicht selbstverständlich. Faszinierend ist für mich auch der Umgang der Mädchen und Jungen untereinander. Gerade die Jungen mit Migrationshintergrund aus armen Familien erlebe ich in einer neuen Rolle: Das Zeigen von Gefühlen, die Fürsorge und soziale Verantwortung für andere wachsen auch bei ihnen. Diese sozialen-emotionalen Qualitäten könnten möglicherweise den Schulerfolg (besonders) von solchen Jungen positiv beeinflussen, die in Folge ihrer Lebenslagen in der Schule tendenziell benachteiligt sind (vgl. Kapitel 1).

Der Wunsch nach Nähe und auch freundlicher, körperlicher Berührung wird bei älteren Kindern eher zurückhaltend oder gar nicht geäußert. Dennoch freuen sie sich von Zeit zu Zeit über eine bestätigende Geste, die auch durch körperliche Berührung ausgedrückt wird. Die Atmosphäre der Zuwendung und Freundlichkeit nimmt dadurch zu. In altersgemischten Klassen ist die Chance für ein liebevolles Miteinander von Jungen und Mädchen größer als in Jahrgangsklassen. Der so genannte „natürliche" Umgang miteinander kann sich wie bei Geschwistern entwickeln. Hier spielen möglicherweise Übertragungsphänomene eine wichtige Rolle. Kinder meistern die „Vielfalt" im täglichen Zusammensein in der Schule wie mit Geschwistern. Bisher haben die Pädagogen nur in Kindergärten diese für Schulen in der Regel neuen Dimensionen kennen lernen können. Eine „mentale Neuorientierung" der Grundschule zu einer auch „jungenfreundlichen Schule" (Preuss-Lausitz 2005) lässt sich durch die Altersmischung der Jahrgänge 1–4 leichter verwirklichen. Hier ist es eher möglich, aus der Sackgasse hierarchischer Männer- und Frauenbilder verschiedener kultureller Herkunft heraus zu selbst erfüllten Lebensentwürfen zu finden.

Während in Jahrgangsklassen die überaus künstliche Zwangsbegegnungen der Mädchen mit den Jungen im vorpubertären Stadium häufig zu eigenartigen, und manchmal unproduktiven Spannungen in der Klassengemeinschaft führen, sind in altersgemischten Klassen andere Erlebnisse möglich. Gerne sehen sich Mädchen im 4. Schuljahr mit ihren gleichaltrigen Freundinnen in engem, auch körperlichem Kontakt. Zu Jungen gleichen Alters fehlt meist der Draht. Im Gegensatz dazu ist die körperliche Nähe zu jüngeren Mädchen und Jungen ungezwungen. Die Vielfalt in der geschlechtlichen Entwicklung in einer altersgemischten Klasse reicht beispielsweise von einem früh eingeschulten, im Spiel magisch verzauberten Mädchen oder Jungen im Alter von 5 Jahren bis zu einem 12-jährigen körperlich weit entwickelten Roma-Mädchen, das bereits in wenigen Jahren verheiratet werden soll. Auch Kinder mit sexuellen Erfahrungen gibt es in der Grundschule Berg Fidel. Mädchen finden dabei ihre meist älteren männlichen Partner nicht in ihrer Klasse, sondern außerhalb der Grundschule.

## Die Entwicklung des organisatorischen Konzeptes der Altersmischung

Im Nachhinein betrachtet war für die Grundschule Berg Fidel die logische Konsequenz aller bisherigen Schritte zu einer verlässlichen Schule der Vielfalt und zugleich deren Krönung die Einführung der Altersmischung. Sie übte von Anfang an einen außergewöhnlichen Reiz auf die Lehrerinnen unserer Schule aus. Empirische Studien zum jahrgangsüberreifenden Unterricht (vgl. Marsolek 2003) hatten jedoch gezeigt, dass Kinder in der altersgemischten Organisationsform weder besser noch schlechter lernen als in jahrgangshomogenen Klassen. Positive Effekte der Altersmischung zeigen sich nur, wenn die Chancen des kooperativen Lernens genutzt werden.

Es gab kaum eine Kollegin, die den jahrgangsübergreifenden Unterricht als Idealvorstellung nicht begrüßte, aber nur wenige, die sich tatsächlich trauten, ihre Ideen umzusetzen. Das hing mit besonders vielen organisatorischen Vorbehalten zusammen. Wie sollte eine Lehrerin alleine für vier Jahrgänge den Unterricht aller Fächer immer gleichzeitig anbieten können? Diese Frage können wir eigentlich erst jetzt beantworten, wo wir die Altersmischung bereits praktizieren. Die Frage basiert nämlich auf dem Irrtum, dass eine Lehrerin im jahrgangsübergreifenden Unterricht vier Klassen zugleich betreut. Vielmehr müssen wir sehen, dass wir eine Gruppe vorfinden, in der nicht vier *Abteilungen* arbeiten, sondern wo Menschen voneinander und miteinander lernen. Wenn in jeder Jahrgangsstufe nur 6 Kinder sind und diese auch noch höchst unterschiedlich an die Herausforderungen der Schule herangehen, dann unterscheidet sich die differenzierende und individualisierende Arbeit mit vier Jahrgängen gar nicht so stark von der mit einer sehr heterogenen großen Jahrgangsklasse.

Wegen unserer Zweifel an dieser neuen Unterrichtsform brauchte es einen Anlass, um mit der Altersmischung zu beginnen. Ein erstes Schuljahr war auf 33 Kinder angewachsen; die Klasse musste ohnehin geteilt werden. So überlegten wir, die Klasse in drei Gruppen mit jeweils 11 Kindern zu teilen und die Schulneulinge auf die drei Gruppen zu verteilen. So begannen wir mit drei Klassen der Jahrgänge 1 und 2. Die Schulkonferenz stimmt zugleich zu, in Zukunft in der gesamten Schule altersgemischte Klassen mit den Jahrgängen 1 bis 4 aufzubauen

Dafür praktizierten wir drei Modelle:

a) Die gerade beschriebenen gemischten Klassen mit den Jahrgängen 1 und 2 bekamen in den folgenden Jahren jeweils etwa 4 bis 5 Schulanfänger dazu.

b) Es wurden Miniklassen mit nur 15 Kindern gegründet, die im Laufe der folgenden drei Jahren mit jeweils 3 bis 4 Schulanfängern zu vollständigen jahrgangsübergreifenden Klassen aufgestockt wurden.

c) Am Ende eines Schuljahrs wurden einmal eine erste und eine zweite Klasse mit zusammen etwa 40 Kindern in drei Gruppen aufgeteilt. Diese drei Gruppen bildeten den Grundstein für drei neue altersgemischte Klassen Die Schulanfänger wurden auf diese drei Klassen verteilt. Die Klassen waren damit im kommenden Jahr mit den Jahrgängen 1 bis 3 gemischt Ein Jahr darauf wurde die Altersmischung mit den Schulanfängern vervollständigt. Parallel dazu wurde eine vierte Klasse jahrgangshomogen weiter geführt, um den Kindern eine Aufteilung im letzten Jahr - kurz vor den Beratungen zur weiterführenden Schule – zu ersparen.

Um solche Konzepte zu entwickeln, sprachen Eltern und Mitarbeiter zusammen. Ein Arbeitskreis sollte den Gremien der Schule ausgearbeitete Vorschläge unterbreiten, über die jeweils unter Kolleginnen und Eltern beraten werden konnte. Alle Gespräche waren ergebnisoffen. Nichts stand vorab fest. Und gerade die Eltern mussten gehört werden, die betroffen waren, weil ihr Kind in einer Klasse saß, die geteilt würde. Auch die Art und Weise, wie die neuen Klassen gebildet wurden, musste im Einvernehmen mit allen Eltern geschehen.

Um zu sehen, wie Altersmischung funktionieren kann, schauten sich alle Mitarbeiterinnen der Schule und auch interessierte Elternvertreter in anderen Schulen um. Dabei entstanden knappe Steckbriefe der Schulen. Zwei Konzepte sollen hier gekürzt und auf das Wesentliche reduziert wiedergegeben werden. Das Augenmerk liegt auf der Arbeitsstruktur und Stundenplangestaltung, die am Beispiel einer Klasse schematisch dargestellt werden soll. Bei der Auswertung unserer Schulbesuche passiert immer das gleiche: Egal in welcher Schule wir hospitierten, es wurde uns der Spiegel vorgehalten. Diese Reflexion wirkte ermutigend auf uns: „Das tun wir bereits", „das machen wir anders", „das ist eine gute Anregung" ... Wir kamen aber auch ins Gespräch über unsere eigenen Versäumnisse, unsere blinden Flecken. Manche unserer Fragen, die sich aus den Gesprächen und Hospitationen ergaben, lohnen näher untersucht zu werden. Sie werden als „Fragen an das Konzept in Berg Fidel" gekennzeichnet.

## Montessori-Grundschule in Borken

(vgl. Schulprogramm 2002)

Angebotsschule in privater Trägerschaft
4 altersgemischte Klassen der Jahrgänge 1–4
Integration: 4–5 Kinder mit sonderpädagogischem Förderbedarf pro Klasse

Montessorischule Borken: Arbeitsstruktur:

| ***Stunden*** | ***Lernformen*** | ***Fächer / Inhalte*** | ***Jahrgänge / Gruppen / Lehrerin*** |
|---|---|---|---|
| 1.+2. | **Freie Arbeit**, Kleingruppenarbeit | Mathematik, Deutsch, Materialeinführungen | 1–4 / Klassenlehrerin / Sonderschullehrerin / Zivildienstleistender / Praktikantin |
| | sonderpädagogischer Förderunterricht | Sensorische Integration / basale Stimulation, Edukinestetik, Kochen | Klassenübergreifend: Kinder mit Förderbedarf |
| 3.+4. | Fachunterricht in **Epochen** (ca. 4 Wochen) | 3mal wöchentlich eines der Fächer: Sachunterricht, Religion, Kunst (Fachraum), Musik (Fachraum) | Jahrgangsgruppen getrennt: **Jahrgang 3**: ca. 12 Kinder **Jahrgang 4**: ca. 12 Kinder jeweils aus 2 Klassen / jede Gruppe mit 1 Lehrerin, die Gruppe bleibt stabil über das Jahr, die Lehrerin wechselt in jeder Epoche |
| | Sportunterricht in Doppelstunden | wöchentlich: 1mal Sport, 1mal Schwimmen | In jahrgangsgemischten Gruppen 1/2, Jahrgang 3 und 4 jahrgangsbezogen |
| | Ganzjähriger Unterricht in Epochen zu Themen | fächerübergreifend | Jahrgangsgemischt: **Jahrgänge 1+2**: ca. 24 Kinder aus 2 Klassen / 1 Grund- und 1 Sonderschullehrerin |
| 5. | Fachunterricht | Mathematik, Deutsch, Englisch | Jahrgangsgruppen getrennt: Jahrgänge 2, 3, 4: ca. 18–24 Kinder / gleiche Lehrerin über gesamte Grundschulzeit |
| | sonderpädagogische Förderunterricht | Rhythmik, Psychomotorik, lebenspraktische Übungen, Kunst, Theater | Klassenübergreifend: Kinder mit Förderbedarf |

Unsere Fragen bei der Hospitation in Borken an das Konzept in Berg Fidel:

- Die Borkener Integrationskinder gehen in der 3. + 4. Stunde in den Epochen-Fachunterricht. Sind sie dort teilweise fachlich überfordert und müssen differenzierte Angebote bekommen? Die Lehrerinnen müssen sich entsprechend fortbilden. Reicht dies? Alternativ wäre entgegen der Integration in die Jahrgangsstufe eine Zuordnung der Kinder zu dem passenden Anforderungsniveau in der Jahrgangstufe 1 oder 2 zu bedenken.

- Die Nachteile des Epochenunterrichts: die Gruppe „wandert" nach vier Wochen weiter, die Lehrerin behält ihren Raum. Gibt es eine dauerhafte Beziehung zwischen Kindern und Lehrerin? Besteht die Gefahr von Disziplinproblemen?
- Eine Förderung von „starken" Schülern, auch der Viertklässler, geschieht vorwiegend in innerer Differenzierung. Braucht man hier mehr Angebote außerhalb der Klasse?
- Die Dokumentation von Lernfortschritten der Kinder ist wichtig. Wie kann dies ohne großen Zeitaufwand im Unterrichtsalltag gelingen?
- Die Transparenz der Lernprozesse für Eltern ist bei einem solch neuen Konzept besonders wichtig. Reichen z. B. Hospitationen aus? Welche weiteren Wege sind erforderlich?
- Welche Erfahrungen mit verschiedenen Stundenplänen unter Abwägung der Prioritäten Fachdidaktik, Gemeinschaft, Individuum (vgl. Kapitel 3.2 zur Differenzierung) sind für uns übertragbar?
- Der Stundenplan ist schwierig zu gestalten (Typisch für Altersmischung der Jahrgänge 1–4). Welchen Wert misst man dieser Aufgabe bei? Wer beteiligt sich an der Stundenplangestaltung?
- Hausaufgaben in Jahrgängen 1–4 sind schwierig zu stellen (Typisch für stark differenzierte Hausaufgaben): Sind Heften für die Fächer Deutsch und Mathematik, die selbstständig durchgearbeitet werden können, nützlich? Wie sinnvoll sind getrennte Zuständigkeiten von zwei Lehrerinnen?

## Peter-Petersen-Schule Am Rosenmaar in Köln

(vgl. Herz 1996; Peter-Petersen-Schule 2002; Heilmann 2005)

Städtische Angebotsschule
16 altersgemischte Klassen (= „Stammgruppen") jahrgangsgemischt (1–4)
Kinder sitzen in ihren Klassen in altersgemischten Tischgruppen (Stühle höhenverstellbar)
Je 1 Mitarbeiterteam ist immer für 2 Stammgruppen zuständig (d. h. 8 Teams)
Integration: 4–5 Kinder mit sonderpädagogischem Förderbedarf pro Stammgruppe

Peter-Petersen-Schule Köln: Arbeitsstruktur eines Teams (dort entwickelt):

| *Zeit* | *Lernformen* | *Fächer / Inhalte* | *Jahrgänge / Gruppen / Lehrerin* |
|---|---|---|---|
| 8.00–8.30 | Täglich: **Gemeinsamer Anfang**: Freie Arbeit / Beschäftigung | Offene Eingangsphase drinnen und draußen, teilweise auch Sport der Jahrgänge 1+2; am Ende: gemeinsames Lesen des Tagesplans | Jahrgänge 1–4 / Stammgruppe / Lehrerin |
| 8.30–9.15 | Täglich: **Kurse;** auch um ca. 10.15–11.00 Uhr möglich | auf Jahrgangsniveau im Wechsel: Deutsch, Mathematik, Übung; oder Sport der Jahrgänge 3+4 | Jahrgangsgruppen getrennt: je: ca. 12 Kinder jeweils aus 2 Stammgruppen / jede Gruppe mit 1 Lehrerin, die Gruppe bleibt stabil über die gesamte Grundschulzeit, die Lehrerin bleibt bei der aufsteigenden, festen Gruppe oder bei der Jahrgangsstufe (teamabhängig)<br>Sport jahrgangsgemischt: Jahrgänge 3+4: ca. 24 Kinder aus 2 Klassen / Lehrerin |
| Ca. 9.15–9.45 | Pause: Gestaltung und Zeit bleibt den Teams überlassen | Bewegungspause im Gelände, Frühstück anschließend | |
| 9.45–11.00 | **Kern**: Freie Arbeit, Wochenplan, Projekte, Themenarbeit, in Einzel-, Paar-, Gruppenarbeit; auch um ca. 8.30–9.15 möglich | Deutsch / Mathematik: Übungen, Sachunterricht, Religion, Musik, Kunst, Kreisgespräche, Projekte | Jahrgänge 1–4 / gesamte Stammgruppe / Lehrerin |
| 11.00–11.30 | Täglich: Pause für alle Kinder | Pause im Gelände oder in den Klassen | |
| 11.30–11.45 | Kreis: Gemeinsamer Abschluss, dann Schulschluss für Jahrgang 1 | Abschlussgespräch für die Stammgruppe | Jahrgänge 1–4 / gesamte Stammgruppe / Lehrerin |
| 11.30–13.00 | Kurse | Mathematik, Deutsch, Englisch, oder Sport der Jahrgänge 3+4 | Jahrgangsgruppen getrennt: Jahrgänge 2, 3, 4 / ca. 12 Kinder / Lehrerin |

Unsere Fragen bei der Hospitation in Köln an das Konzept in Berg Fidel:

- Kursunterricht in Köln bei jährlich wechselnden Lehrerinnen: die Gruppe „wandert" nach 1 Jahr weiter, die Lehrerin behält ihr Spezialgebiet, z. B. Unterricht für Erstklässler. Wie entwickelt sich eine dauerhafte Beziehung zwischen Kindern und Lehrerin? Besteht die Gefahr von Disziplinproblemen?
- Kursunterricht: Die Begleitung einer Jahrgangsgruppe vom 1. bis zum 4. Schuljahr wird teilweise in einigen Teams in Köln auch als Alternative zum jährlichen Lehrerwechsel praktiziert. Somit laufen zwei Systeme gleichzeitig: Wie gestaltet sich das Miteinander von Stammgruppenlehrerin und Kurslehrerin? Welches Konzept wird unter welchen Bedingungen bevorzugt?
- Kursunterricht: Die Nachteile einer Jahrgangsklasse können hier auftreten: Über- und Unterforderung einiger Kinder. Somit ist natürlich innere Differenzierung erforderlich. Das Mitlernen in der höheren oder niedrigeren Jahrgangsstufe wäre jedoch eine Chance für den Deutsch- und Mathematikunterricht. Eine Umstellung auf altersgemischte Kurse mit den Jahrgängen 1 und 2 ist in Köln daher in Zukunft vorgesehen. Welche Bedenken bestehen gegen altersgemischte Kurse?
- Die Kinder mit sonderpädagogischem Förderbedarf gehen in Köln in den Kursunterricht, sind dort jedoch teilweise fachlich überfordert (z. B. Kinder mit Förderschwerpunkt Lernen) und müssen differenzierte Angebote bekommen. Alternativ ist entgegen der Integration in die Jahrgangsstufe eine Zuordnung der Kinder zu Kursen mit passendem Anforderungsniveau denkbar. Welche Erfahrungen liegen vor?
- 2 Stammgruppen bilden in Köln ein Team und gestalten selbst den Stundenplan. Die Arbeitszeiten werden in 15-Minuten-Einheiten notiert. Wöchentlicher Arbeitsaufwand im Team von Klassenlehrerin, Sonderschullehrerin, und evt. weiterer Lehrerin, Praktikantin und evt. Zivildienstleistendem ist hoch: 3–4 Stunden sind nötig, um Planungen zu koordinieren und über Kinder zu sprechen. Probleme der Teams könnten sein: Freiheiten der Klassenlehrerin bei der Stundenplangestaltung sind beschnitten durch die Notwendigkeit der Planung für 2 Klassen, deren Stundenplan voneinander abhängt. Dadurch könnte z. B. die freie Arbeit im Unterrichtsabschnitt „Kern" zu kurz kommen. Wo sind Grenzen der Kooperation im Team für 2 Stammgruppen?
- Besondere Angebote für die „Großen", die Vierklässler sind nötig, damit sie ihre neue Rolle als zukünftige Schulabgänger und Fünftklässler erproben können. Wie lässt sich dies im Stundenplan verankern ohne Abteilungsunterricht zu praktizieren?

- Jährlich wird in Köln eine 3-tägige Klassenfahrt durchgeführt. Wer fährt mit? Sind auch abgetrennt Fahrten für Viertklässler aus mehreren Klassen sinnvoll?

Wichtig war bei allen Hospitationen in anderen Schulen, dass wir unser Selbstverständnis klären konnten: Eigentlich merkten wir erst nach dem Besuch in Borken, dass wir in der Konzeption der altersgemischten Klassen mit den Jahrgängen von 1–4 die Priorität auf die „Gemeinschaft" legen. Dies prägte unsere ersten Schritte zu einer Organisation in jahrgangsgemischten Klassen. Im sozialen Brennpunkt Berg Fidel war immer schon wichtig, dass jedes Kind nicht einzeln lernt, sondern in einer „Stammgruppe" sich zugehörig fühlt, wie Peter Petersen es konzipiert hat.

Die Vorbildschule aus Borken hat mich angeregt und zugleich verwirrt. Sie praktizierten die reizvolle Idee, die Fächer Sachunterricht, Kunst, Musik, Religion in den Jahrgängen 3 und 4 auszulagern. Dies geschieht in einem Epochenunterricht. Auf diese Weise bekommen solche „Neben"-Fächer einen bevorzugten Platz im Vormittagsrhythmus. Parallel dazu gibt es Epochen-Unterricht für die jüngeren Kinder.

Dass durch dieses Verfahren allerdings die „Nebenfächer" von der ursprünglichen Klassengemeinschaft abgetrennt unterrichtet werden, hätte in einem sozialen Brennpunkt schwerwiegende Folgen: Unsere „schwierigen" Kinder würden in jeder Epoche erneut erproben, ob die vereinbarten Regeln auch bei einer anderen Lehrerin gelten. Da die Klassengemeinschaft als stützende Hilfe nicht eingreifen könnte, wären immer wieder neue Absprachen erforderlich. Die notwendige Routine im Alltag träte erst spät ein, wenn die Epoche allmählich dem Ende entgegengehe.

Ein ähnliches Problem ergab sich an unserer Schule in den Fachunterrichtsstunden, die bei „fremden Fachlehrerinnen" und „zusammen gewürfelten" Gruppen aus verschiedenen Klassen durchgeführt wurden. Diese Art von Stunden versuchten wir zu vermeiden, damit die Kinder in ihren Klassen bleiben konnten. Die „fremde" Lehrperson kam mit der stabilen Klassengruppe besser zurecht, wenn die Strukturen gewohnt waren. Die Klassenlehrerinnen unterrichteten außerdem lieber fachfremd ihre eigene Klasse als eine „fremde" Gruppe mit ihrem „Lieblingsfach".

Unser Motto lautete: „So viel wie möglich in der Klassengemeinschaft unterrichten". Unsere Kinder im sozialen Brennpunkt brauchen dringend stabile Strukturen und verlässliche Bindungen.

Neben der Montessorischule in Borken übte die Petersen-Schule Am Rosenmaar eine große Faszination auf uns aus. Hier erfuhren wir ebenfalls von langen Prozessen zur Entwicklung eines „veränderten Schultags". Über mehrere Jahre erprobte man in vorbildlicher Weise, wie ein Schulvormittag sinnvoll rhythmisiert werden kann. Das Ergebnis dieses langen Prozesses ist für uns sehr interessant: Die Arbeitsphase zwischen 8.30 und 11.00 Uhr wird nicht durch die gesamte Schule strukturiert, sondern die jeweiligen Teams geben sich selbst einen Plan dafür. Diese Tagesstruktur bietet den Kindern Halt und Orientierung. Allerdings wechseln durch die verschiedenen Arbeitsformen auch die Gruppen. Ein Beispiel ist oben dargestellt. „Kern" oder „Kurs" können zu verschiedenen Zeiten gelegt werden. Einige Teams bevorzugen mit dem Kernunterricht um 8.30 Uhr zu beginnen, andere beginnen zu dieser Zeit mit den Kursen.

In der Peter-Petersen-Schule Am Rosenmaar fasst man das Fächerproblem anders herum als in Borken an: In der Klassengemeinschaft werden diejenigen Fächer gemeinsam im „Kern" jahrgangsübergreifend unterrichtet, die in Borken in Epochen ausgelagert wurden. Am leichtesten aus dem Klassenleben abzutrennen erscheinen den Kölner Kolleginnen die Fächer Deutsch und Mathematik, weil sie einen höheren individuellen Lernanteil enthalten. So müssen gerade z. B. die Rechtschreibung und das 1x1 durch regelmäßiges Üben gesichert werden. Epochenunterricht böte sich darin nicht an, sondern diese Lernfelder sind mehrmals in der Woche auf Wiederholungsphasen angewiesen. Daher sind die „Deutsch- und Mathe-Kurse" in Pertersen-Schulen eine Selbstverständlichkeit.

Aber auch dieses Modell schien trotz ihres überzeugenden Ansatzes nicht auf unsere Schule im sozialen Brennpunkt übertragbar zu sein. Denn in Kursen lösen sich die Klassengemeinschaften auf und die Kinder verlieren den verlässlichen Rahmen der eigenen Gruppe, die selbst regulierend wirkt. Dieser mögliche negative Effekt wirkt allerdings in Köln abgemildert, weil immer zwei „Stammgruppen" (= Klassen) von einem Team betreut werden.

Auf der Suche nach Stundenplänen, die für unsere Arbeit in Berg Fidel geeignet sind, stießen wir auch auf andere Schulen, die den beiden beschriebenen Modellen ähnlich waren. Gute Anregungen fanden wir bei der Begegnung mit der Brennpunkt-Grundschule Marktplatz in Duisburg (vgl. Gisela Süselbeck in: Christiani 2005). Interessant und diskussionswürdig fanden wir folgende Ideen zur Arbeitsstruktur, die wir aus verschiedenen Gründen für uns nicht umsetzten oder nur kurz erprobten:

- Morgens zu Beginn äußere Differenzierung, Lese- und Schreibzeit, Förderunterricht, Kirchbesuch oder Fachunterricht, z. B. Englisch oder Mathematik für die Viertklässler
- Kinder jüngerer Jahrgänge haben morgens mehrmals in der 1. bzw. der 1. und 2. Stunde unterrichtsfrei. Gegebenenfalls werden diese Kinder in schuleigenen Spieleräumen betreut, falls Eltern dies wünschen. Dies hat den Vorteil, dass die jüngeren Kinder, obgleich sie eine geringer Zahl an Pflichtstunden bekommen, in der 3. bis 6. Stunde gemeinsam mit der gesamten Klasse unterrichtet werden können. In den 3. und 4. Unterrichtsstunden am Vormittag werden im gemeinsamen Unterricht aller Jahrgänge

die Kernfächer Mathematik, Sachunterricht und Deutsch angeboten. Dabei gibt es keinen Wechsel von Lehrerinnen oder Räumen. In den 5. und 6. Unterrichtsstunden folgen Kunst, Musik, Sport, Schwimmen, Religion in Doppelstunden oder Förderunterricht.

- Zuständigkeiten für die Fächer Mathematik und Deutsch werden verteilt: Die Klassenlehrerin ist in der Regel für die Kinder der Jährgänge 3 und 4 zuständig, die Sonderschullehrerin übernimmt den Unterricht für die jüngeren Kinder.

Angeregt durch die Hospitationen und viele erfreuende Gespräche im Kollegium kristallisierte sich bei uns Schritt für Schritt ein neuer Stundenplanrhythmus heraus. Er stellte zwar einen *Kompromiss* zwischen den Ansprüchen von Fach, einzelnem Kind und Gemeinschaft dar, aber schrieb der altersgemischten Klassengemeinschaft die zentrale Rolle zu. Gerade die genannten Fächer Deutsch, Sachunterricht, Kunst, Musik und Sport repräsentieren Facetten des Gemeinschaftslebens und ermöglichen eine Bereicherung für die Klasse. So gesehen brauchen sie nach unserer Vorstellung in der Regel weder in „Kursen", noch in „Epochen" ausgelagert zu werden.

Somit fanden wir aus der Gegenüberstellung mit den beachtenswerten Borkener und Kölner Konzepten und nach den Begegnungen mit engagierten Kolleginnen anderer Schulen einen eigenen, „neuen" Weg, der es ermöglichen sollte, möglichst alle Aktivitäten *rund um die Klassengemeinschaft* zu sortieren. Die Kinder aus allen Klassen beziehen ihr Tun dann in erster Linie auf das Leben in ihrer Klasse.

Die Schulfeier als größerer Rahmen (so wie auch in Köln) bietet darüber hinaus die Chance, seine eigenen Klassenproduktionen der größeren Öffentlichkeit vorzustellen.

Unser Stundenplan ist jedoch nicht einfach gestrickt, aber für alle möglichst transparent. Die 4 Ganztagsklassen bleiben bis nachmittags zusammen. Vormittagsklassen enden vor dem Mittag, die Jahrgänge 3 und 4 haben auch mal eine „6. Stunde". Der folgende Stundenplan basiert auf dem Plan des Ganztags (vgl. Kapitel 3.3), berücksichtigt jedoch speziell die neueren Fragen der Altersmischung.

Grundschule Berg Fidel: Rhythmisierung des Schultages am Beispiel einer Ganztagsklasse:

| | Montag | Dienstag | Mittwoch | Donnerstag | Freitag |
|---|---|---|---|---|---|
| ca. 8 bis 9.30 Uhr | FA+GA (Jg.1-4)/ Sitzkreis | FA+GA (Jg.1-4)/ Sitzkreis | FA+GA (Jg.1-4)/ Sitzkreis | FA+GA (Jg.1-4)/ Sitzkreis | FA+GA (Jg.1-4)/ Sitzkreis |
| | *Pause* | *Pause* | *Pause* | *Pause* | *Pause* |
| | *Frühstück* | *Frühstück* | *Frühstück* | *Frühstück* | *Frühstück* |
| ca. 10 bis 11.30 Uhr | GA (Jg.1-4) / *Jede Woche* ***Klassenrat*** *in jeder Klasse (auch andere Tage)* | GA (Jg. 1-4) | GA (Jg.1-4) + *Alle 4 Wochen* ***Schülerrat*** | GA + *Religion in Gruppen für alle Klassen* | GA (Jg.1-4)/ *Alle 2 Wochen, freiwillig:* ***Schulfeier*** |
| ca. 11.30-11.45 Uhr | *Pause* | *Pause* | *Pause* | *Pause* | *Pause* |
| ca. 11.45 bis ca. 12.30 Uhr | *FS(Jg.1-4)/ Tischdienst bis 12 Uhr//* Kurze Konferenz-stunde | GA (Jg.3-4)/ FS (Jg. 1-2)+ *Themenkurse fürLeistungs-starke im Mathe/ Deutsch/ Sachunterricht* | Englisch (Jg. 3+4)/ FS (Jg. 1-2) | GA (Jg.3-4)/ FS (Jg. 1-2) | Englisch (Jg. 3+4)/ FS (Jg. 1-2) |
| Mittag | **Essen** ab 12 Uhr + Zähne putzen + Tischdienst + **Tagesab-schlussrunde** | *Pause/ Tischdienst* | *Pause/ Tischdienst* | *Pause/ Tischdienst* | *Pause* |
| | | **Essen** + Zähne putzen + Tischdienst | **Essen** + Zähne putzen + Tischdienst | **Essen** + Zähne putzen + Tischdienst | **Wochenab-schlussrunde** |
| ca. 13 Uhr | *Pause oder schulfrei* | *Pause* | *Pause* | *Pause* | *schulfrei* |
| Nachmittag bis 15.30 Uhr | Freiwillige Arbeitsge-meinschaften/ / Teamsitz-ungen | GA/FA/FS + **Tagesab-schlussrunde** | (im halbjährlichen Wechsel:) Schwimmen (Jg. 1-4) oder GA/FA/FS + **Tagesab-schlussrunde** | *Jede Woche:* Wald + **Tagesab-schluss-runde** | evt. Freiwillige Arbeitsge-meinschaften |
| Nachmittag 15.30 bis ca. 17 Uhr | evt. Freiwillige Arbeitsge-meinschaften | evt. Freiwillige Arbeitsge-meinschaften | | evt. Freiwillige Arbeitsge-meinschaften | |

Schattiert: verbindliche Schulzeiten

FA = Freie Arbeit mit Förderangeboten, teilweise auch in der Turnhalle

GA = Gelenkte Arbeit, teilweise in Projekten, teilweise Sport in der Klassengemeinschaft

FS = Freies Spiel im Haus oder Gelände

Nach diesem Stundenplan ist jede Klasse als altersgemischte Gruppe der Jahrgänge 1–4 an den meisten Tagen mindestens *die ersten vier Stunden und am Nachmittag zusammen.*

Wichtige Merkmale dieses „veränderten Schultags“ sind:

- Kinder bleiben in der altersgemischten Klasse möglichst viel zusammen, ohne im Laufe des Tages durch Gruppen-, Lehrer- oder Raumwechsel in der Entwicklung ihrer Arbeitsvorhaben und Gruppenprozesse gestört zu werden. Zeit für Projekte, freie Arbeit oder gelenkte Arbeit, vielfältige Einzel- Paar- oder Gruppenarbeit.
- Das Team gestaltet mit den Kindern möglichst lange Phasen ohne Unterbrechung. Sportunterricht ist integrierbar.
- Religionsunterricht soll nicht als Einzelstunde beim fremden Fachlehrer den Rhythmus des Vormittags unterbrechen. Daher findet der Religionsunterricht als Doppelstunde für die gesamte Schule zur gleichen Zeit statt. Für nicht teilnehmende Kindern werden andere Lernangebote (Deutschförderung / Ethik) gemacht.
- „Themenkurse“ in Mathematik, Deutsch und Sachunterricht für Leistungsstarke werden klassenübergreifend angeboten und laufen parallel zu Förderstunden für „schwächere Lerner“. Auch diese „Kurse“ sind in der Regel nicht jahrgangshomogen, sondern die Altersmischung wird auch hier als Lernchance genutzt.

Der Fachunterricht Sachunterricht, Musik, Kunst und zuweilen auch Sport liegt normalerweise in der Hand der Klassenlehrerin. Nur in den letzten Stunden der Vormittagsklassen gehen die jüngeren Jahrgänge nach Hause.

## Perspektiven und offene Fragen für eine Weiterentwicklung der Altersmischung in der Grundschule Berg Fidel

Durch die Einführung der Altersmischung der Jahrgänge 1 bis 4 stoßen wir erneut auf die Fragen des Tagesrhythmus. Die Altersmischung 1–4 führt nämlich zu einigen organisatorischen, stundenplantechnischen Problemen und neuen Blickrichtungen:

- Der klassenübergreifende Fachunterricht *Englisch* (getrennt nach Jahrgängen) findet zu der Zeit statt, wo der Stundenplan der (leider nur) drei Englischlehrerinnen der Schule in Koordination mit anderen Schulbedürfnissen dies ermöglicht. Wie kann dennoch die Klassengemeinschaft ohne große Störung weiter arbeiten, wenn ein Teil der Kinder wegen des Fachunterrichts die Klasse verlassen muss? Wann ist somit der beste Zeitpunkt für die beiden Englischstunden? Sollte der Klassenunterricht in der Altersmischung nicht besser das Fach „Englisch“ ab dem 1. Schuljahr integrieren? Ähnliche Fragen stellen sich für das Fach Religion.

- Der *Sportunterricht* findet häufig in Teilgruppen zusammen mit einer Patenklasse als Doppelstunde statt. Parallel dazu ist freie Arbeit mit dem Teil der Klasse, der z. Z. nicht zum Sport geht. Die Koordination mit der Patenklasse erfordert weitere Absprachen über das engere Klassenteam hinaus. Wie wird hier Unterricht in Abteilungen vermieden, damit die Rhythmik des Tagesablaufs nicht gestört ist?

- Für besonders *leistungsstarke Kinder* bietet die Altersmischung durch die Vorbildfunktion der älteren Mitschüler enorme Lernchancen. Jedoch sind die Ältesten im letzten Grundschuljahr „ohne Vorbild" und besonders die leistungsstarken Viertklässler brauchen Herausforderungen, die den engen Rahmen der Klasse sprengen. Ziel ist die „Stärkung der Stärken". Welche Formen des „Freien Forschens" (z. B. selbstständige Erkundungen außerschulischer „Lernorte") können wir erproben? Welche Themenfelder und Interessen der Viertklässler (z. B. Übergänge zur Sekundarstufe, Sexualerziehung, Verkehrstraining, naturwissenschaftliches Forschen u. a.) sollten besser in äußerer Differenzierung und eventuell klassenübergreifend aufgegriffen werden? Der Ganztag bietet durch seinen erweiterten Zeitrahmen mehr Möglichkeiten für solche Förderungen und trägt somit zur Qualitätssteigerung des Unterrichts bei. In Vormittagsklassen fehlen uns jedoch häufiger flexible Gestaltungsmöglichkeiten.

- Die Integration möglichst aller Kinder des Stadtteils in die Regelschule gelingt dann am nachhaltigsten, wenn auch das Personal über Jahre im selben Team bleibt und eine effiziente Kooperationsbasis aufgebaut werden kann. Seit einigen Jahren wird schulintern an einem Konzept gearbeitet, das die Gleichverteilung des sonderpädagogischen Personals auf alle Klassen vorsieht. Die Wunschvorstellung von einer als „inklusiv" bezeichneten „Pädagogik der Vielfalt" konkretisiert sich in der Forderung nach einer pauschalen *Stellenzuweisung von Sonderpädagogen* für die Brennpunktschule, damit Planungssicherheit besteht und sich verlässliche Beziehungen in Klassen und Teams entwickeln können (vgl. Stähling 2004a).

- Um den Kindern die Lernziele und Lernfortschritte möglichst anschaulich vor Augen halten zu können und sie damit in ihrem Selbstwertgefühl zu stärken, werden in mehreren Klassen Formen von Lerntagebüchern und Lernlandkarten erprobt. Die Transparenz der individuellen Lernwege ist gerade bei individualisierenden Lernformen wie jahrgangsübergreifendem Unterricht sowohl für Kinder als auch für Eltern und Mitarbeiter bedeutsam. Jedes Kind hat ein eigenes *Lerntagebuch*, in das es täglich die wichtigsten eigenen Tätigkeiten (z. B. in der freien Arbeitszeit) einträgt. Regelmäßig reflektiert das Kind im Gespräch mit der Lehrerin, was und wie es gelernt hat und welche Ziele es sich für die nächste Zeit setzen will. Dabei können Kinder lernen, ihre Anstrengungen und Erfolge zu würdigen (vgl. Bartnitzky 2004). Eine andere Möglichkeit, die Lernwege der Kinder transparent zu machen ist die *Lernlandkarte*. Diese hängt an der seitlichen Magnettafel im Klassenraum. Sie entspricht einer Art Zeitleiste, auf der Anforderungen der Grundschulzeit in ausgewählten Bereichen in Form von Beispielaufgaben und Abbildungen von möglichen Lernmaterialien bzw. Büchern dargestellt sind. So können für das Fach Mathematik die ansteigenden Anforderungen linear von links nach rechts angeheftet sein. Jedes Kind hat pro ausgewähltem Lernbereich ein Standortsymbol, das an der entsprechenden Stelle befestigt wird, wo es sich auf seinem „Lernweg" befindet (vgl. Burk & Grundey 2004). Durch diese „Landkarte der Lernwege" findet jedes Kind eine grobe Orientierung, wo es im Moment steht und welche kurz-, mittel- oder langfristigen Ziele noch vor ihm liegen. Hier ist auch leicht zu erkennen, welche Kinder (unabhängig vom Alter) als „Helfer" zur Verfügung stehen, weil sie z. B. das Einmaleins bereits erfolgreich bearbeitet haben. Die Auswertung unserer Erfahrungen mit Lerntagebuch und Lernlandkarte in altersgemischten Klassen wird zeigen, ob die erhöhte Transparenz und die Reflexion über individuelle, aber auch gemeinsame Lernwege und Ziele dazu führt, dass die Eigenverantwortung der Kinder für ihr Lernen gestärkt wird. Berufserfahrungen und empirische Untersuchungen bestätigen diese Vermutung (vgl. Lipowsky 2002).

Ein Kernproblem bei der Umstellung einer Schule auf die Altersmischung mit den Jahrgängen 1 bis 4 ist die Stundenplangestaltung. Hier sind besonders Fächer wie Religion, Englisch und Sport „sperrig". Mein Kollege und ich brauchten für den Plan eines ersten Halbjahres etwa 20 Stunden, Vorarbeiten und Nachbesserungen nicht mitgerechnet. Solche Arbeit beschwingt nicht besonders. Jeder Plan erfüllt jedoch seine Bewährungsprobe nur in der Interaktion zwischen Erwachsenen und Kindern. Dort erst im Schulalltag lebt das ganze.

Kapitel 3

# 6. Die Lust der Kinder beim Entdecken

„Ich suche nicht, ich finde"
(Pablo Picasso)

Ich fahre mit unserem Sohn Frederik, einem 6jährigen Schulanfänger, mit dem Fahrrad zum Mühlenhof-Freilichtmuseum. Wir müssen an einer Ampel warten. Frederik drückt. Es erscheint die Schrift „grün kommt". Frederik fängt an zu zählen, wie lange es wohl dauert, bis „grün kommt". Wie es der Zufall will, zählt er bereits bis 40 und immer noch gibt es kein grünes Signal. Ich werde langsam ungeduldig. Frederiks lustvolles „oho" bei 41, 42, 43 zeigt mir, dass es ihm anders geht. Als er bereits bei 90 angekommen ist, strahlt sein Gesicht. Er gönnt sich keine Pause und zählt bis 100. Die Lust am Warten vergeht mir nun völlig. Und ich überlege bereits, die Straße an einer anderen Stelle ohne Ampel zu überqueren. Da endlich bei 108 wird es grün. Frederik staunt „boh, so lange!" und ist so motiviert, über 100 gezählt zu haben, dass er es nun in 10er Schritten selbstständig fortsetzt, während wir nun den gewohnten Weg zum Mühlenhof fortsetzen können. Bei 190 stockt er kurz und zählt nach einer Denkpause weiter: 200, 210, 230 – unterbricht, korrigiert: 220, 230,240 ... Bei jedem runden Hunderter steigert sich sichtbar seine Lust. Ich fange langsam an, ihn im Stillen für seine Entdeckerfreude zu bewundern. Bereits bei 400 stößt Frederik kleine Laute des Überschwangs aus.

Es wirkt, als gehe er im Geiste in einer mittelalterlichen Burg eine Wendeltreppe hoch und immer höher. Bei jedem Fensterschlitz ein neues Staunen über die Höhe, die er bereits erreicht hat. Eine Lust am Weiterschreiten ist in ihm erwacht. Weiter und weiter steigt er auf, voller Spannung und Aufregung, was da wohl kommen mag, wenn er noch mehr Hunderter erreicht. Bei 800 scheint er eine nahezu Schwindel erregende Höhe zu fühlen, aber auch ein Höhenrausch und eine Vorfreude, dass irgendwann die 1000 erreicht wird.

Frederik strahlt bei jeder weiteren Zahl. Er korrigiert selbst irgendwelche Fehler. Als er die Turmspitze –genannt „Tausend" – erreicht hat, macht er einen Aufschrei und nun folgt– wie es alle Touristen bei ihren Besichtigungen tun –eine Pause, um den Rundblick zu genießen. Aber nicht lange, da sieht er es bereits: Die Treppe geht noch höher. Und er zählt weiter: 1001, 1002 und lacht voller Freunde des Entdeckens. Dann aber wird das Tempo gesteigert. Nun geht es in Zehnersprüngen bis zur 1090. Er denkt nach, fragt: „tausendhundert?" Ich helfe in dem Dunkeln die nächsten Stufen zu erklimmen und dann saust er wieder davon: 1220, 1230, 1240 ... Bei 1300 macht er nicht mal eine Verschnaufpause. Zwischendurch nimmt er sich vor, bis zur Million zu kommen. Aber schon bald scheint er zu merken, dass die Million nicht so nah liegt. Als er in Zehnersprüngen die 2000 erreicht hat, seufzt er zufrieden, bestätigt sich selbst lachend und wendet sich allmählich dem näher kommenden Mühlenhof zu.

Ohne Reiseleiter, ohne Aufforderung und didaktisch-methodischer Wegführung gelangt Frederik auf den Turm der Zahlen-Entdeckung. Goethe sagt: „Die beste Bildung findet ein gescheiter Mensch auf Reisen".

An Beispiel von Frederik lässt sich leicht zeigen, dass Schulanfänger keine inhaltlichen Lehrgangsgrenzen haben. Sie im Gleichschritt lernen zu lassen und ihren Enddeckerdrang zu blockieren, wäre genauso unpassend wie sie mit schwierigsten Aufgaben zu überfordern. Die Eigentätigkeit steht im Vordergrund. Ohne selbstständiges Lernen gibt es in einer Klassengruppe kaum Lernfortschritte.

Viele Eltern und Skeptiker halten dagegen, dass Kinder noch nicht selbstständig wären, um auf solche Weise die Welt zu entdecken. Sie seien bequem und brauchten ständigen Ansporn, um weiter zu kommen.

Grundsätzlich nehme ich solche kritischen Anfragen immer ernst, denn sie entstammen einer berechtigten Sorge um die Entwicklung der Kinder. Besteht nicht wirklich die Gefahr, dass Kinder bei ihren Entdeckungsreisen – allein gelassen – früh aufgeben können? Dann finden wir die gelangweilten „Begabten" in den Klassen, die sich nicht mehr fordern, weil ihnen der Sinn fehlt. Sie bewältigen die von den Lehrplänen verlangten Mindestanforderungen gut und damit haben sie die Lehrerin und sich selbst um ihre Potenziale getäuscht. Sie könnten viel, viel mehr, tun jedoch nichts dafür! An dieser Stelle versagen etliche altershomogene Klassen. Sie werden den Kindern nicht gerecht, selbst dann, wenn in innerer Differenzierung auf die Lernausgangslagen jedes Kindes eingegangen wird. Der Grund dafür ist einfach: Die Klassengemeinschaft wird trotz innerer Differenzierung in zu vielen Situationen noch als Lerngruppe im Gleichschritt angesehen, die den hierarchisch strukturierten „Lehrgang" durcharbeitet. Sogar bei individuellem Lerntempo gelingt es nicht immer, die „Stärken" der „starken" Lerner durch „Zusatzfutter" zu berücksichtigen. Manche Kinder wollen auch gar keinen „Extrawurst"-Unterricht für sich allein, weil sie mit Recht die Isolation von der Gruppe fürchten. Nur mit größter „Lehrkunst" – ich habe viele Lehrerinnen gesehen, die das schaffen – gelingt es, in der Gruppe eine Atmosphäre herzustellen, die jedem Kind eindeutig signalisiert, dass es mehr tun kann und soll als der imaginäre „*Durchschnittsschüler*", der im Grunde nichts anderes ist als eine statistische Rechengröße.

Ganz anders ist die Situation in einer altersgemischten Klasse mit den Jahrgängen 1–4. Die Lust des Entdeckens in der altersgemischten Lernsituation entspricht dem natürlichen Lernen jedes „kleinen" Geschwisterkindes zu Hause. Das Mädchen oder der Junge möchten das schaffen, was die älteren Geschwister schon können.

Ein Beispiel:

Beim Abendessen – Lust am Denksport. Unser 10-jähriger Felix hatte gerade mit etwas Probieren herausgefunden, wie alt die Oma ist, wenn sie 40 Jahre älter ist als der Vater und Oma und Vater zusammen 100 Jahre sind.

Nun schien es mir unwahrscheinlich, dass Frederik, der 6 jährige, nun eine ähnliche Aufgabe knacken könnte. Ich versuchte es einfach mit kleinen Zahlen.

Die Aufgabe lautete:

Der große Bruder und der kleine Bruder sind zusammen 10 Jahre alt.
Der große Bruder ist 6 Jahre älter als der kleine Bruder.
Wie alt sind sie?
Zur Veranschaulichung, fast schon mehr für mich selbst, notiere ich die Gleichung
Viereck + Dreieck = 10
Viereck = Dreieck + 6
Das reicht bereits: Frederik nimmt einen Zettel und schreibt für sich hin:
3 + 6
korrigiert aber bald völlig alleine auf 4 + 6.
Ich sehe das und rechne laut nach. Ich bestätige, dass die Summe stimmt und er richtig gerechnet habe.
Nun sei auch noch zu beachten, dass der älterer 6 Jahre älter ist als der kleine.
Ich lasse ihn wieder alleine. Er kommt zu mir und korrigiert erneut:
„Nein, das stimmt ja, da sind ja nur 2 Jahre (Unterschied). Da muss ich ganz alleine rechnen". Er geht in einen Nebenraum und zieht sich zum Rechnen zurück. Nach kurzer Zeit kommt er siegessicher zurück: „Ich hab's: Es sind 2 und 8 Jahre". Ich staune nicht schlecht. Dann frage ich, wie er es raus gekriegt habe. Er antwortet mit dem Aufschreiben der Rechnung.

Dreieck + Viereck
GROZ 6 JAHRE ELTA ALZ KLAIN
Das Dreieck markiert er mit Pfeil: KLAIN.
Das Viereck mit Pfeil: GROS.

Das alles scheint ihm keine Mühe zu machen. Er will es schließlich unbedingt seinem Bruder zeigen, der es allerdings auch nicht weiter beachtenswert findet, zumal er es bereits am Anfang ohne schriftliche Rechnung raus gefunden hatte.

Die große Kunst des Mathematikunterrichts besteht darin, gerade solche Lernchancen zu nutzen. Jedoch ist die Vorstellung weit verbreitet, in Mathematik sei auch in der Altersmischung die Klasse besser in „Abteilungen" oder „Kursen" nach Jahrgängen oder Leistungsfähigkeit getrennt zu unterrichten. In der alten einklassigen Landschule, wo 8 Jahrgänge in einem Raum unterrichtet wurden, war solch ein Abteilungsunterricht (aus Raumnot und Lehrermangel geboren) als hohe Lehrkunst kultiviert und vielfach erfolgreich. Andere Lehrerinnen wiederum bevorzugen es, dem „individuellen Lernweg" jedes Kindes gerecht zu werden, indem isoliert voneinander gelernt wird. Diesen beiden Ansätzen – Abteilungsunterricht und individualisierter Unterricht – fehlt allerdings in manchen Klassen die Dimension des gemeinsamen Lernens.

In altersgemischten Klassen sind Abteilungslernen und Individualisierung immer wieder im Schulalltag berechtigt (z.B. beim Ziffernschreibkurs). Im Idealfall sind diese Lernformen eingebettet in die gemeinsame Auseinandersetzung zum Thema in der Klasse. Auf diese fachdidaktische Herausforderung weisen Marcus Nührenbörger und Sylke Pust (2005) überzeugend hin und schlagen für viele Themenfelder ein *„gemeinsames jahrgangsgemischtes* Mathematiklernen" vor. Dabei arbeiten die Kinder innerhalb des gleichen mathematischen Kontextes an „gleichen oder strukturähnlichen" Aufgabenstellungen.

Beispiel:

Zahlenketten. Wie heißt die 4. Zahl?
Es liegt immer dieselbe Regel zu Grunde:
5/3/8
5/5/10
0/4/4
Lösung: a/b/c=a+b / d=b+c

Die Lehrerin strukturiert die Lerninhalte „parallel", so dass Kinder nach einer gemeinsamen Hinführung auf unterschiedlichem Niveau an gleichen oder strukturell ähnlichen Themen arbeiten. Am Ende folgt eine gemeinsame Reflexion (z.B. im Sitzkreis). Folgende weitere Inhalte bieten sich dafür besonders an: Folgen, Reihenfolgezahlen, Muster, geometrische Problemstellungen, Einmaleins, Größenbereiche Längen und Zeit.

Auch die Methoden werden im Hinblick auf strukturelle Analogien parallelisiert: Die Kinder nutzen gleiche Aufgabenformate, Darstellungsformen und Materialien, z.B. Zahlenmauern, Rechendreiecke, Zauberquadrate, Hunderterfelder. Diese „substanziellen" Formate basieren auf mathematisch reichhaltigem Sinnzusammenhang und bieten analoge Aufgabenstellungen, die auf verschiedene Altersstufen übertragbar sind.

Die Vielfalt der Denkmöglichkeiten in der Gruppe wird begrüßt und gilt als Ausgangspunkt: „Der soziale Lernprozess zwischen den Kindern, die gemeinsame

Kooperation und Kommunikation steht dabei in Wechselwirkung mit der individuellen Konstruktion mathematischen Wissens" (Nührenbörger/Pust 2005, S. 137). Die Aufgaben sind offen und beliebig erweiterbar. Kinder können auch eigene Aufgaben erfinden und sie den Mitschülern stellen. In einem Mathematik-Forscherheft können Beispiele für eigene Entdeckungen und Denkprozesse individuell festgehalten werden. In der Klassengemeinschaft entwickelt sich eine forschende und entdeckungslustige Grundhaltung, die Geduld und Umgang mit Frustrationen schult. Dieses Vorgehen hat viele Berührungspunkte zur inklusiven Didaktik.

Berufserfahrene Kolleginnen werden hier vielleicht einwenden, dass sich solche Darstellungen immer viel besser anhören, als sie dann in der Unterrichtswirklichkeit ausschauen. Sollte hier etwa das gelingen, das tausende von Lehrerinnen aller Schulen trotz ernsthaftem Bemühen nicht verwirklichen konnten?

Meine Antwort heißt: Nein. In unserer Grundschule Berg Fidel wird auch nur mit Wasser gekocht. Vielleicht wurde dies bereits deutlich. Auch hier gibt es Kinder, die Schafe und Ziegen zusammen zählen, um das Alter des Hirten zu ermitteln. Interessant ist nun aber, wie wir mit den Überlegungen der Kinder umgehen. Orientieren wir uns an ihren Defiziten oder ihren Fähigkeiten? Wunderbare Beispiele dafür, wie Kinder mathematisch denken, finden wir bei Harmut Spiegel und Christoph Selter (2003).

Wir können ahnen, wie wichtig das Verstehen des kindlichen Entdeckungsprozesses ist, wenn wir Unterricht verbessern wollen. Es ist keinesfalls selbstverständlich, dass Kinder eigenständig Entdeckungen machen und zu nennenswerten Forschungsleistungen finden. Auch in anregenden „Lernumgebungen" wie z. B. einem Klassenraum mit Lernecken, einer Forscherwerkstatt, einem Wald spüren Kinder nicht unbedingt mehr auf, als an der Oberfläche sichtbar ist. Die wichtigste *Voraussetzung* für einen Entdeckungsvorgang ist das Interesse an einem „Lerngegenstand". Ein Interesse kann allerdings nur entstehen, wenn der lernende Mensch zu dem „Gegenstand" ein Verhältnis entwickelt, das geprägt ist von positiver *Bewertung*. Der Interessenforscher Andreas Krapp (2005) nennt zwei Merkmale:

- Das Kind empfindet eine hohe subjektive *Wertschätzung* gegenüber dem „Gegenstand".
- Das Kind schätzt die *emotionalen Erfahrungen*, die es während der „Interessenhandlung" macht, positiv ein.

So ist zu erklären, dass Kinder nur dann einen „Unterrichtsinhalt" er-fassen bzw. be-greifen, wenn sie zuvor dafür Interesse entwickelt haben, indem sie bei bestimmten Tätigkeiten positive emotionale Erfahrungen damit gemacht haben. Das „Thema Wald" mit Kindern einer Großstadt zu „be-handeln", ohne dass diese Kinder jemals zuvor mit dem Wald „handelnd" in Berührung gekommen sind, schein mir daher uneffektiv – fast eine Verschwendung wertvoller Schülerzeit. Welche Bedeutung soll dann das „Thema Wald“ für ein Kind haben, wenn nichts im Wald getan wird? Die „Be-handlung“ eines Unterrichtsgegenstandes setzt bereits voraus, dass die Schüler zuvor damit „handeln“ konnten.

Ein Kind könnte sagen: Ich suche nicht, weil ich ja gar nicht weiß, was ich finden könnte. Und wenn ich vorher schon wüsste, was ich finde, würde mein Interesse erlahmen. Jeder der schon mal Ostereier versteckt hat, weiß, dass er besser nicht zu schwierige Verstecke wählt. Dann verzichten die Kinder lieber auf das Suchen und man findet die verstecken Eier erst zu Weihnachten.

Durch genaue Beobachtung der Vorgänge beim Forschen und Entdecken stelle ich fest, dass Entdeckungen nicht „von selbst“ kommen. Sie müssen durch hartnäckige und geduldige Probierereien erkämpft werden. Kindliche Neugier ist offen und nur auf die Erscheinungen gerichtet. Forscher-Interesse und Entdecker-Mühen dagegen sind aufwändiger. Sie grenzen ein Thema ein und konzentrieren sich auf ausgewählte Fragestellungen. Und sie erfordern eine gute Arbeitshaltung.

Der Lernstrategieforscher Hartmut Giest (2005) erzählt von seinem Sohn, einem Grundschüler, der zwei unterschiedliche Flieger (Modelle zum Phänomen des Samenflugs) neugierig erprobte und nach einigen Versuchen sich schließlich wieder seinen Spielsachen zuwandte, ohne dass sein Erkenntnisinteresse geweckt war. „Neugier allein genügt nicht!“ – Eine Erfahrung, die alle Lehrerinnen kennen werden.

Nur wenn eine Frage einem Menschen wirklich wichtig erscheint, kommt ein qualitativer Sprung zustande: „Es ist nicht mehr der Alltag, der praktische Lebensvollzug, der ihn interessiert, sondern das Gewinnen von Erkenntnissen, die Aneignung von Wissen über die Welt, die Veränderung der eigenen Persönlichkeit, das Arbeiten an sich selbst“ (Giest 2005, S. 23).

Ein solches motiviertes und interessenorientiertes Lernen lässt sich auch und besonders im offenen Unterricht verwirklichen (vgl. Fölling-Albers/Hartinger 2002). Einige Lehrerinnen nennen das „Freies Forschen“. Drei Kinder bilden einen *„FFC“ (Freier Forscher Club)* und wählen sich völlig selbstständig eine „Forschungsaufgabe“ aus, an der sie intensiv und eigenständig in bestimmten Zeiten (Forschungszeiten, freie Arbeit, zu Hause, in Pausen) arbeiten. Kinder sind an vielen Themen interessiert, besonders aber an denen, die echte und aufregende Handlungen erfordern, z.B. Feuerwehr besichtigen, Bürgermeister befragen, Brötchen backen in einer Bäckerei, den Tierarzt bei der Arbeit besuchen oder eine Schule für „große“ besichtigen. So können Viertklässler Fünftklässler im Unterricht beobachten (vgl. Stähling 2003b).

Die FFC-Schülergruppe stellt sich vorab mindestens 20 Forschungsfragen, die schriftlich festgehalten sein müssen. Sie vereinbart anschließend selbstständig einen Termin mit dem jeweiligen Ansprechpartner. Um zum Zielort zu gelangen, benutzt die – natürlich altersgemischte – FFC-Gruppe das öffentliche Verkehrsmittel. Die Busfahrpläne müssen studiert und verwendet werden. Die Kinder verfolgen dann vor Ort – „bewaffnet“ mit Rucksack, Interview-Technik, Fotoapparat – ihre speziellen Interessen. Das Erfolgsgeheimnis dieses FFC-Konzeptes hießt „Kinder sind Experten“: Schüler dürfen eigenständig entscheiden und handeln, ohne jedoch von dem Anspruch befreit zu sein, ein „Forschungsergebnis“ vorlegen zu müssen.

Zurückgekehrt von der „Reise“ geht es dann an die Auswertung des aufgezeichneten Interviews und der mitgebrachten Informationen. Schließlich muss auch noch ein interessanter Vortrag vorbereitet werden, der die anderen Kinder sowohl anspricht als auch informiert. Dazu ist unbedingt erforderlich, Medien einzusetzen. Manche Themen sind nicht nur für die eigene Klasse von Interesse – sie sollen auch noch bei der Schulfeier oder in der Schülerzeitung veröffentlicht werden.

Michael Bannach (2002) bezeichnet dieses selbst bestimmte Lernen „freie Arbeit an selbst gewählten Themen“ und zeigt in seiner Studie auf, was Kinder dabei lernen können. Niemand bezweifelt, dass in einem derartigen offenen Unterricht mehr gearbeitet und nachhaltiger gelernt wird als in herkömmlichen „Buchschulen“.

# Kapitel 4: „Alle gleich, alle anders!" – Anliegen einer inklusiven Pädagogik

## 1. Achtung, Verlässlichkeit, Zugehörigkeit und „Begleitung" als Gütekriterien in Schulen mit stark heterogener Schülerschaft

> „Der Weg, den ich gewählt habe, um mein Ziel zu erreichen, ist weder der kürzeste noch der bequemste, für mich aber trotzdem der beste – denn es ist mein eigener Weg."
>
> Janusz Korczak: Wie liebt man ein Kind (1914–18)

Die pädagogischen Kerngedanken des Konzepts von Berg Fidel kann ich in Stichworten so zusammenfassen:

- „Jeder Mensch ist ein anderes Land" (afrikanisches Sprichwort)
- Jeder Mensch gehört dazu
- Jeder Mensch hat ein „Recht auf Achtung" (Korczak).

Verschiedenheit und Zugehörigkeit in einer Atmosphäre des Akzeptierens, so kann Schule gelingen. Reformpädagogisch orientierte Schulen in aller Welt zeigen uns, wie vielfältig und unterschiedlich die Pädagogen arbeiten, wenn sie den Kindern gerecht werden wollen: John Dewey (1859 bis 1952), Maria Montessori (1870 bis 1952), Peter Petersen (1884 bis 1952), Célestin Freinet (1896 bis 1966) oder Alexander Neill (1883 bis 1973) und viele andere Reformpädagogen haben bemerkenswerte Praxisbeispiele gegeben. Aber viele Lehrerinnen fühlen sich überfordert und zweifeln, ob unter den Rahmenbedingungen der deutschen Schulen jedes Kind überhaupt ein „Recht auf Achtung" genießen kann. Viele glauben auch nicht so recht daran, dass eine sehr heterogene Schülerschaft gut lernt. „Die Kinder stören sich doch gegenseitig, lenken sich ab und die Lehrer verlangen zu viel Selbstständigkeit von den Schülern", geben skeptische Stimmen zu Bedenken. Außerdem würde mehr Personal gebraucht. Verfechter offenen Unterrichts verweisen dagegen auf die vielen Anregungen, die Kinder in heterogenen Klassen finden. Und schon schnappt die Falle der Missverständnisse zu: Hier wird über Heterogenität geredet, deren Gefahren und Chancen. Dabei vergessen wir leicht, dass Heterogenität zunächst einmal dem realen Leben entspricht, aber deshalb auch weder gut noch schlecht ist. Sie lässt sich in allen Schule in unterschiedlicher Ausprägung nachweisen. Heterogenität ist also ein messbares Merkmal von Schulklassen und nicht per se ein Qualitätsmerkmal von Unterricht. Auch künstlich geschaffene „homogene Gruppen" – falls es sie überhaupt gibt – lernen gut. Eine heterogene Schülerschaft kann jedoch guten Unterricht *herausfordern*, sie muss es jedoch nicht zwangsläufig.

Erst der individualisierende Umgang mit den unterschiedlichen Lernvoraussetzungen ermöglicht eine gute Unterrichtsqualität. Wie die wenigen vergleichenden Studien zur pädagogischen Arbeit in heterogenen Klassen zeigen, wird es nicht ausreichen, die Schul- und Unterrichtsorganisation aus den beim PISA-Test erfolgreich abgeschnittenen Ländern zu kopieren, ohne auch in Deutschland eine individualisierende Unterrichtspraxis zu entwickeln (vgl. Schümer 2005): So unterrichten z. B. erfolgreiche finnische Schulen auf der Grundlage flexibler Lehrpläne, die von Schülern und Lehrerinnen gemeinsam konkretisiert werden. Die Schüler erfahren beim Lernen eine individuelle Beratung. In Schweden lernen die meisten Schüler in altersgemischten Gruppen. Individualisierender Unterricht hat das Ziel, den unterschiedlichen Lernvoraussetzungen aller Schüler gerecht zu werden. Gundel Schümer (2005) zeigt in einer vergleichenden Untersuchung auf, dass es erfolgreichen Schulen gelingt, den Schülern ein positives Selbstwertgefühl zu vermitteln.

Zu der Frage, unter welchen Bedingungen Heterogenität die Schulqualität steigert, stelle ich drei Thesen auf:

These 1:
Heterogenität wird erst *auf dem Nährboden von Achtung, Verlässlichkeit und Zugehörigkeit* zu einem pädagogisch fruchtbaren Faktor. In einem sozialen Klima des Willkommenseins, des Angenommenwerdens und der Zuwendung wachsen die Entwicklungsmöglichkeiten der verschiedenen Kinder. Dann können Kinder voneinander lernen.
These 2:
Kehren wir These 1 um, so bedeutet dies: Wo die Erfahrung von Achtung, Verlässlichkeit und Zugehörigkeit fehlt, führt Heterogenität zu Problemen.
These 3:
Neben diesen ethischen Maximen spielt der positive, *„begleitende" Umgang mit der Differenz* die entscheidende Rolle für das Gelingen von Gemeinsamem Unterricht.

Diese Thesen sollen im Folgenden an einigen Problemfeldern mit so genannten „lernbehinderten" und „verhaltensauffälligen" Kindern im gemeinsamen Unterricht veranschaulicht werden.

## So genannte „Verhaltensauffälligkeiten"

Im „gemeinsamen" Unterricht mit als „verhaltensauffällig" etikettierten Kindern ist der Umgang mit dem Unterschied zum „Normalen" ein Thema, das nicht selten die gesamte Klasse unmittelbar berührt. Während die Lernbeeinträchtigung eines Kindes den Mitschülern weniger Probleme bereitet als dem Betroffenen selbst, kehrt sich dies bei vielen verhaltensauffälligen Kindern um: Die Mitschüler fühlen sich gestört, haben im Alltag häufig Probleme mit dem „Störer" und schließen diesen nicht selten von ihren Spielen aus. Der Betroffene erlebt einmal mehr Ablehnung und fühlt sich in seiner negativen Sicht von der Welt bestätigt. Seine motorische Unruhe, Konzentrationsstörungen, Motivationsprobleme oder seine Leistungsverweigerungen nehmen zu. Kontaktarmut, Aggressivität und Destruktivität bestimmen möglicherweise seine Handlungen und gemeinschaftliche Grundregeln werden nicht mehr eingehalten. Lieber hat er aggressive Beziehungen als gar keine. Oder der Rückzug in extreme Hemmungen und Ängste machen das Gruppenleben schwierig.

Besonders gravierend wirken die Belastungen für eine Klasse dann, wenn sich die Familie eines „nicht gruppenfähigen" Kindes über längere Zeiträume einer Zusammenarbeit mit Schule, Jugendhilfe und therapeutischen Einrichtungen entzieht und dem Kind und seiner Familie keine notwendigen Maßnahmen zukommen. Das Kind betritt täglich die Schulklasse und macht erneut durch erhebliche Probleme auf sich aufmerksam. Die Schule wird nicht selten zum letzten Zufluchtsort des Kindes. Die Klassenlehrerin des Kindes ist möglicherweise die einzige stabile und verlässliche Bezugsperson. Das auffällige Verhalten ist ein lauter werdender Hilferuf an sie. Sie hat einen deutlich erweiterten beruflichen Auftrag: Sozialpädagogik und aufsuchende Sozialarbeit werden zu ihrem Tätigkeitsfeld. Schulen – und nicht die Eltern – sind der letzte Haltepunkt vor einer „Straßenkarriere" (vgl. Iben u.a. 2002; Kilb 2003).

Die Grenzen von sonderpädagogischer Förderung und Gemeinsamem Unterricht in „Regelschulen" sind in einigen Fällen schnell erreicht. Ohne multiprofessionelle Teamarbeit wird sich ein Erfolg bei massiven Verhaltensstörungen nicht einstellen. Auch die jahrgangsübergreifende Klasse bietet besonders dann Vorteile, wenn sie die Kontinuität der Förderung nicht bereits nach zwei Jahren (wie in manchen Formen der „flexiblen Eingangsstufe") aufhebt. In altersgemischten Klassen mit Kindern aller Grundschuljahrgänge werden jedem Schulanfänger klare Strukturen angeboten, die sich über Jahre tradieren. Die älteren Kinder haben eine Vorbildfunktion und geben Regeln und Routinen des Gemeinschaftslebens unkompliziert weiter. Schulanfänger mit ausgeprägten Verhaltensstörungen werden von älteren Kindern in ihre Schranken gewiesen. Das Stören und Ablenken bei der Arbeit ist im offenen Unterricht genauso ein Thema wie andere soziale Konflikte in der Klasse. Sie sind lösbar.

Aber auch hier spielt die Atmosphäre der Zugehörigkeit eine große Rolle. Kinder sind nur auf der Basis einer tragfähigen, verlässlichen Beziehung in der Lage, ihr Arbeits- und Sozialverhalten zu entwickeln. *Auf dem Nährboden von Achtung, Verlässlichkeit und Zugehörigkeit* (vgl. These 1) wächst die Bereitschaft, sich auf die Gemeinschaft einzulassen. Fühlen sich Kinder als „unteilbare" (siehe: In-dividuum) Persönlichkeiten angenommen und können sie die verlässliche, konsequente Reaktion der Mitschüler und der Erwachsenen voraussehen, so finden sie den Mut zu neuen Wegen. Individualpsychologisch spricht man von der „Ermutigung". Wie auch beim „lernbehinderten" Kind ist für den Fortschritt bei der Verhaltensänderung sehr bedeutsam, wie mit dem zu erwartenden wiederholten „Scheitern" und den „Rückfällen" umgegangen wird. Zu jedem Änderungsprozess gehört ein „Rückfall" in gewohnte Strukturen – sonst würde man die „Besserung" kaum zur Kenntnis nehmen können. Der „Rückfall" oder „Fehler" ist so etwas wie ein Gradmesser des Fortschritts und kann als solcher ermutigend wirken. Der „begleitende" Umgang mit der Differenz (vgl. These 3) zum Verhalten anderer und zu seinen eigenen bereits gelungenen Änderungen ist für jedes Kind ein notwendiger Bestandteil der sonderpädagogischen Förderung. Auch bei dieser „Begleitung" geht es zunächst einmal um ein *gemeinsames Aushalten der Situation.* Das Kind *ernst zu nehmen* in seinem ihm zustehenden Gefühl ist das „Kerngeschäft" der Pädagogen.

Bei **Erhebungen der Unterrichtsqualität** sollte somit beobachtet werden, ob in einer Schule mit heterogener Schülerschaft Verschiedenartigkeit mit den Gütekriterien *Verlässlichkeit, Zugehörigkeit und Begleitung* zusammen treffen. Eine im inklusiven Sinne effektiv arbeitende Klasse achtet die Regeln der Klassengemeinschaft, die im Klassenrat immer wieder neu lebendig gehalten werden. Wichtige Merkmale eines erfolgreichen inklusiven Unterrichts sind nach meinen Erfahrungen:

1. *Effizientes Regelsystem* (Verlässliche Regeln, Rituale und Verfahrensweisen sind mit den Schülern verabredet, Konsequenzen bei Verstößen gegen die Regeln werden möglichst vorab gemeinsam im Klassenrat vereinbart)
2. *Wirksame Unterrichtsorganisation* (Klassenraum und Unterricht sind vorbereitet, Transparenz und Mitsprachemöglichkeiten für alle Beteiligten, inhaltliche Klarheit, Differenzierung, Strategien für potenzielle Probleme sind eingeplant, Zeit wird effektiv genutzt)
3. *Störungskontrolle* (Regelverstöße werden verlässlich, mit minimalem Aufwand und unverzüglich im Sinne der Klassenrat-Verabredung unterbunden, Beaufsichtigen)
4. *Verantwortlichkeit* (Verfahren, die den Schülern die Verantwortlichkeit für die Ergebnisse ihrer Arbeit verdeutlichen, z. B. werden Schüler an Planungen beteiligt, es werden Freiräume gewährt, Lerntagebücher zur Reflexion genutzt)
5. *Zusammengehörigkeit* (Aktivitäten, die dem Gemeinschaftsleben der Klasse dienen, Atmosphäre der Zugehörigkeit)

Diese Qualitätskriterien werden in der internationalen Forschung als Erkennungszeichen guter *Klassenführung* betrachtet. Klassenführung gilt als das Merkmal, das am eindeutigsten Einfluss auf Leistungsniveau und Leistungsfortschritt von Schulklassen hat (vgl. Helmke 2003, S. 78). Auch im nicht „lehrergesteuerten Unterricht" bei der Einzel- oder Gruppenarbeit, bei Projekten und in freien Arbeitsphasen sind solche verlässlichen Strukturen für Kinder und deren Lernentwicklung zur Orientierung wichtig. Was unter „gutem" Unterricht zu verstehen ist, stellt Hilbert Meyer (2004) in einer Gesamtschau empirischer Befunde anschaulich dar (vgl. auch Forschungsübersicht bei Lipowsky 2002).

Öffnung und Strukturierung von Unterricht sind kein Widerspruch, sondern ergänzen sich. Sieht man die empirische Forschung zu offenen Lernsituationen durch, so erstaunt man, wie wenig die Wissenschaftler bisher über den Alltag im offenen Unterricht wissen. Gesichert schein jedoch zu sein, dass Kinder Strukturen brauchen und über ihr Arbeitsverhalten und ihre Arbeitsergebnisse nachdenken müssen:

In einer gut geführten Klasse können Kinder im offenen Unterricht selbstständig inhaltlich arbeiten. Sie wissen, welche Regeln dabei zu beachten sind und welche Aufgaben sie auswählen können. Zur Strukturierung bei Freiarbeits- und Wochenplanphasen tragen folgende ausgewählte Elemente bei (vgl. auch Hartinger/Hawelka 2005):

- Klassenraum ist so eingerichtet, dass Materialien für Schüler zugänglich und übersichtlich erreichbar sind
- Regeln und Rituale steuern das Verhalten, z.B. nonverbale Signale zur Beendigung der freien Arbeit oder zur Senkung der Lautstärke
- Kreisgespräche vor bzw. nach der freien Arbeit
- Ergebnisse der Arbeit werden dokumentiert und reflektiert
- Materialien sind so gestaltet, dass es Möglichkeiten der Eigenkorrektur und der Korrektur durch Mitschüler gibt

Wird die strukturierende Klassenführung vernachlässigt, kommen Nachteile stark heterogener Lerngruppen zum Vorschein. LehrerInnen fühlen sich dann überfordert und die Lernchancen „gemeinsamen" Unterrichts werden vertan. Auffällige Kinder werden zu Störern und fühlen sich ihrer Klasse nicht mehr zugehörig (vgl. These 2). Die schulische Antwort darauf heißt in vielen Fällen Aussonderung.

## Die so genannte „Lernbehinderung"

Am Beispiel der integrativen Unterrichtung von Kindern mit Lernbeeinträchtigungen soll aufgezeigt werden, wie ein von Achtung und Zuwendung getragener Umgang mit Differenz zum Hauptfaktor für Unterrichtserfolg wird. Das vom Schulministerium NRW herausgegebene „Schulfähigkeitsprofil" (NRW 2003) benennt Kompetenzen, die von einem Schulanfänger – wissenschaftlich legitimiert – verlangt werden können. Ein Kind, das den Anforderungen nicht genügt, soll bereits im Kindergarten verstärkt gefördert werden. Die Grundschule soll diese Förderung durch „lernzieldifferente" Unterrichtung weiter führen.

Gesellschaftliche Erwartungen an die Lernleistung von Kindern können jedoch durch gemeinsamen Unterricht von „schwachen" und „starken" Schülern nicht ausgehebelt werden: Gruppenvergleiche bestehen trotz integrativer Absichten weiter. Zusätzliche Förderung schließt heimliche Stigmatisierung nicht aus. Das „leistungsschwache" Kind soll Mut zum Lernen finden, obwohl es im Alltag durch Vergleiche in der Gruppe häufig mit seinen Defiziten konfrontiert wird. Der Widerspruch besteht darin, dass ja erst *Vergleiche zur Bezugsgruppe* das jeweilige Kind zu einem „anderen", nämlich förderbedürftigen machen, aber das Bewusstsein des Unterschieds zu den „normalen" auf das Kind selbst entmutigend wirken kann. Schopenhauer formuliert: „Der Vergleich ist die Wurzel allen Übels".

Die Einladung in eine Regelklasse nach dem Motto „du gehörst zu uns" hätte dann einen unangenehmen Nebeneffekt, nämlich die Erfahrung des „Behinderten", den anderen – trotz verzweifelter Anstrengungen und freundlicher Unterstützung – nicht gewachsen zu sein. Schließlich kann der gut gemeinte Trost „du kannst ja dafür andere Dinge besser" angesichts des „Versagens" wie eine Kränkung wirken. Denn dieser hilflose Trost der Umwelt entstammt eher der Verdrängung des Scheiterns an eigenen Aufgaben. In gewisser Weise hat eine solche Tröstung Ähnlichkeit mit dem unsicheren Reagieren vieler auf trauernde Menschen: Das vergebliche Suchen nach Worten und Lösungen, wo es keine Lösung mehr gibt. Wie bei der professionellen „Trauerbegleitung" besteht auch bei einem Kind mit Lernbeeinträchtigungen *zeitweilig* die Aufgabe der Pädagogen darin, *den Betroffenen nur zu „begleiten" und ernst zu nehmen* in seinem ihm zustehenden Gefühl (vgl. Prengel 1993,163ff,189; These 3). Es ist dann eher ein *gemeinsames Aushalten*, als ein Aufruf zur Veränderung. In manchen Situationen käme eine solche – zuweilen Druck erzeugende – *Aufforderung zur Änderung* einer Kränkung gleich. Hier helfen am besten Menschen, die das „Unten-Sein" kennen. Starre Prinzipienethik in der Inklusionspädagogik verfehlte so ihr Ziel (vgl. Nipkow 2005).

Das Weinen eines Schülers bei einer ihn überfordernden Aufgabenstellung drückt nicht nur ein Gefühl des Scheiterns aus, sondern es verweist auch auf das – gut meinende – Umfeld, das seinen (zumindest derzeitig) unveränderbaren Unterschied zu den meisten Mitschülern möglicherweise nicht ernst genug nimmt. Wo die Erfahrung von Achtung, Verlässlichkeit und Zugehörigkeit fehlt, führt Heterogenität zu Problemen (vgl. These 2). So könnte „Integration" in einem negativen sozialen Schulklima „eine eigene Gewalttätigkeit entwickeln: Gleichheitstheorien sind historisch besonders anfällig" (Nipkow 2005).

Das so genannte lernbehinderte Kind steht durch die unbeabsichtigte Konfrontation mit den besseren Schulleistungen der Mitschüler in der durch die eigene Lernbiografie nahe liegenden Gefahr, sich zunehmend mehr zu entmutigen. Das gilt jedoch nicht nur in der heterogenen Lerngruppe der Regelschule, sondern auch in einer „Schule für Lernbehinderte". Auch dort lernen nicht selten Kinder verschiedenster Ausprägungen und Schweregrade von Entmutigung zusammen in einer Klasse. Um für diese Kinder den Teufelskreis des Misserfolgs zu durchbrechen, gilt das gleiche wie im Gemeinsamen Unterricht: Der begleitende, ernst nehmende Umgang mit der Differenz wird neben den Faktoren Verlässlichkeit der Lernumgebung und Zugehörigkeitsgefühl zum Hauptfaktor des Lernerfolgs.

Am Beispiel der *Hörgeschädigtenpädagogik* lässt sich die angedeutete dialektische Frage von „Stigma oder Lebensform" besonders deutlich aufzeigen. Die medizinisch-technischen Innovationen der letzten Jahre können zwar für Hörgeschädigte von großem Nutzen sein, bergen jedoch die latente Gefahr, sich auf das *unerreichbare Ideal* eines so genannten „Normalhörenden" zu konzentrieren (vgl. Galic 2005). Die technische Kompensation von Hörschädigungen könnte dann den Betroffenen auf die Perspektive des „Behinderten" einengen. Dies führte zu einer Konzentration auf das Defizit. Die Kategorisierung in „normal" und „nicht-normal" verfestigte sich: Der behinderte Mensch kann somit nicht richtig „wahr-nehmen", sondern „*falsch-nehmen*" (vgl. Garlic 2005). Es entspricht jedoch der Forderung nach Inklusion und Anerkennung von Vielfalt, wenn alternative Lebensmodelle von Menschen mit einer Hörschädigung „*gleich gültig*" wie Lebensformen von Hörenden geachtet werden.

Ein möglicher Ausweg aus dem beschriebenen pädagogischen Dilemma beim Umgang mit Differenz scheint die Einrichtung jahrgangsübergreifender Klassen zu sein. Dabei ist zu beachten, dass viele Eltern wissen wollen, „wo ihr Kind leistungsmäßig steht" und somit den gruppen- oder anforderungsbezogenen Vergleich mit anderen Kindern suchen. Dieser Vergleich ist in altersgemischten Klassen nicht mehr so leicht möglich. Stattdessen muss über Formen anderer, pädagogisch sinnvoller Leistungsrückmeldung nachgedacht werden: Lernlandkarte, Lerntagebuch, direkte Leistungsvorlage, Hausaufgabengestaltung u.a. Eine solche geforderte Transparenz darf nicht als konservativer Notenfetischismus abgetan werden. Eltern haben ein Recht auf ausführliche Information zum Leistungstand ihres Kindes.

Die bewusste Vergrößerung der ohnehin bestehenden Differenzen zwischen den Kindern kann allerdings entmutigende Gruppenvergleiche – auch der Eltern – reduzieren helfen. Der Austausch der unterschiedlich entwickelten Kinder über verschiedene Könnens- und Versagenserfahrungen kann entlastend auf jeden einzelnen wirken. In für alle Beteiligten offenen Lernsituationen besteht die Chance, dass Kinder selbsttätig und mutig an ihren Interessensgebieten arbeiten. Dass dabei Fehler und „Rückfälle" vorkommen, Irrwege beschritten und Enttäuschungen auftreten, ist in jedem Lernprozess gewünscht. Entlastung dafür bietet die Klassengemeinschaft dann, wenn die Erfahrungen *auf dem Nährboden von Achtung, Verlässlichkeit und Zugehörigkeit* gemeinsam gewürdigt werden können (vgl. These 1).

## Positive Auswirkungen gemeinsamer Beschulung auf „Nichtbehinderte" im Vergleich zu Regelklassen ohne Integration

Michaela Dürr beobachtete eine Qualitätssteigerung im gemeinsamen Unterricht mit einem **blinden Kind**, „aufgrund der Notwendigkeit, Unterrichtsinhalte und –gegenstände über nichtoptische Kanäle zu vermitteln. Die sehenden Kinder erhalten dadurch die Möglichkeit, Lernstoff nicht nur optisch, sondern auch durch Tasten, Schmecken, Hören oder Riechen zu erfassen" (Dürr 2001, S. 89). Die Lehrerinnen sind gezwungen, sich eine präzise Sprech- und Ausdrucksweise anzugewöhnen. Besonders bei der Informationsweitergabe kann darauf nicht verzichtet werden. Als Modell für alle Kinder wirkt dies auch positiv auf deren Sprachentwicklung. Auch die Übernahme von Verantwortung für hilfebedürftige Mitschüler ist ein positiver Effekt gemeinsamer Beschulung.

Der gemeinsame Unterricht mit *„lernbehinderten" Kindern* lässt sich als zusätzliche Chance für die anderen Kinder begreifen, weil ein Zwang besteht, Unterrichtsinhalte sehr anschaulich zu vermitteln und „multisensorisches" Lernen zu ermöglichen. Inklusive Schulen brauchen multiprofessionelle Pädagogenteams. Diese bieten mehr Zeit für Einzelförderung und Gruppenarbeit, die auch den anderen Kindern zugute kommen.

Die gemeinsame Beschulung *verhaltensauffälliger Kinder* gilt in der Praxis als problematisch, weil dies die gesamte Klasse belasten könnte. Die bisherige Darstellung zeigt jedoch, dass eine entgegen gesetzte Argumentation möglich ist: Gerade der gemeinsame Unterricht kann *positive Auswirkungen auf die Unterrichtsqualität*, und somit auch auf die „nichtbehinderten" Kinder haben, weil er eine effiziente Klassenführung *verlangt*. Die Kinder erleben alle genannten Vorteile eines selbst erarbeiteten, effizienten Regelsystems und einer umgehenden „Störungskontrolle" im Unterrichtsalltag. Die Schüler konzentrieren sich besser auf die Lernprozesse. Kinder lösen manche Schwierigkeiten in der Gruppe selbst. Dies wirkt zudem auf alle Kinder ermutigend. Während resignierte Eltern ihren Kindern empfehlen „Schlag zurück!" und diese Kinder dann meinen „Da kann man sowieso nichts machen", finden wir in Schulen mit verlässlicher Klassenführung Mitarbeiter, Kinder und Eltern, die auftretende *Krisen als Chance* zur Veränderung wahrnehmen. Tendenzen der Gleichgültigkeit gehen dort zurück und Kinder übernehmen selbst Verantwortung und Führungsaufgaben. Studien zum sozio-moralischen Lernen weisen in die gleiche Richtung (vgl. Oser 1997). Mehrjährige Studien zur integrativen Förderung von Schülern mit emotionalen und sozialen Auffälligkeiten aus Berlin legen die Schlussfolgerung nahe, auf Schulen für Erziehungshilfe und Sonderklassen für Verhaltensauffällige weitgehend zu verzichten, wie es in Berlin praktiziert wird. Weitere Untersuchungen zum Vergleich zwischen der Förderung in der Schule für Erziehungshilfe und im gemeinsamen Unterricht stehen jedoch noch aus (vgl. Preuss-Lausitz/Textor 2006).

Jede Schule muss sich selbst immer wieder vergewissern, ob sie den gemeinsamen Unterricht als Herausforderung begreift und sie sich dieser stellt. Welche Bedingungen und pädagogischen Einstellungen erschweren den Prozess der Inklusion? Gelingt es, auf die Herausforderungen mit der Steigerung von Unterrichtsqualität zu reagieren? Werden die Regeln für das Miteinander auch auf die besonderen Bedürfnisse der „schwachen" und „schwierigen" Schüler abgestimmt? Praxisbezogene Arbeitshilfen (z.B. Eberwein/Knauer 2003) sind für den inklusiven Unterricht nötig und können die Kooperation im Alltag erleichtern. Hilfreich und notwendig sind interdisziplinäre Fortbildungen aller Mitarbeiterinnen.

Gestalten alle Kinder das „Haus des Lernens"? Wird dafür Sorge getragen, dass auch die Arbeit der nicht auffälligen Kinder im gemeinsamen Unterricht erfolgreich ist? Bezieht sich die Qualitätssteigerung wirklich auf *alle Kinder* und *Erwachsenen*? An diesen Fragen lässt sich messen, ob die „Pädagogik der Vielfalt" gelingt und schließlich auf Akzeptanz in der Bevölkerung stößt (vgl. Forschungsübersicht bei Bless 1995; Preuss-Lausitz 2002).

Der von Tony Booth (Canterbury) und Mel Ainscow (Manchester) entwickelte und 1997 bis 1999 in der englischen Schulpraxis erprobte „Index für Inklusion" beschreibt solche Qualitätsanforderungen an eine Schule der „Vielfalt". Die Liste der Indikatoren enthält drei Dimensionen (vgl. Boban/Hinz 2003):

A: Inklusive Kulturen schaffen, Gemeinschaft bilden, Werte verankern

B: Inklusive Strukturen etablieren, Schule für alle entwickeln, Unterstützung für Vielfalt organisieren

C: Inklusive Praktiken entwickeln, Lernarrangements organisieren, Ressourcen mobilisieren

Die Herausforderungen der gemeinsamen Unterrichtung lauten: Steigern wir die *Unterrichtsqualität* und fördern wir *alle*, auch die so genannten „normalen" oder „besonders begabten" Schüler besser? Speziell die betroffenen Eltern der „nichtbehinderten" Kinder werden fragen, ob eine sich zur Inklusion hin verändernde Schule auch *ihren* Kindern Gewinn bringt.

Im Folgenden fasse ich in Anlehnung an den „Index für Inklusion" die konkreten Evaluationsfragen zum Themenkomplex „Einfluss auf die Unterrichtsqualität und Leistung aller SchülerInnen" zusammen. Die Fragen entsprechen den allgemeinen Kriterien für guten Unterricht. Ich gliedere sie nach den Tätigkeitsfeldern der Pädagogen:

## Die Schulgemeinschaft

- Besprechen die SchülerInnen regelmäßig *Fragen ihres Zusammenlebens* im Klassenrat und gibt es einen Schülerrat, um Schulangelegenheiten zu diskutieren?
- Wird etwas unternommen, SchülerInnen mit der Schule vertraut zu machen, bevor sie vom Kindergarten in die Grundschule bzw. von dieser in die Sekundarstufe wechseln?
- Gibt es altersgemischte Lerngruppen?
- Vermeidet die Schule, eine überproportionale Anzahl von Jungen als lernbehindert oder verhaltensauffällig zu bezeichnen und zusammenzufassen?
- Werden SchülerInnen wie MitarbeiterInnen darin unterstützt zu äußern, wenn sie im Moment verletzt, deprimiert oder ärgerlich sind?
- Werden SchülerInnen wie MitarbeiterInnen darin unterstützt zu äußern, wenn sie im Moment positive Gefühle haben?
- Ist die Wertschätzung für die Vielfalt der Schülerschaft ein notwendiges Kriterium bei der Besetzung von Mitarbeiterstellen?
- Stimmen KollegInnen und schulische Gremien darin überein, woran *Schwierigkeiten und Stärken* von SchülerInnen erkannt werden und wie unterstützt werden soll?
- *Präsentiert* die Schule die Ergebnisse aus Gruppenarbeiten, sowie individuelle Leistungen von Mädchen und Jungen gleichermaßen?

## Der Unterricht in der Klasse

- Bitten sich SchülerInnen gegenseitig um *Hilfe* und bieten sie Hilfe an? Sagen sie Mitarbeitern Bescheid, wenn sie Hilfe brauchen?
- Erkennen die SchülerInnen Leistungen derer an, die von einem anderen Punkt aus starten – *sowohl bei leistungsstarken als auch bei leistungsschwachen*?
- Werden alle SchülerInnen darin bestärkt, sich *hohe Ziele für das eigene Lernen* zu setzen?
- Werden SchülerInnen zu Prüfungen aufgefordert, wenn sie inhaltlich soweit sind und nicht zu einen festgesetzten Zeitpunkt?

- Werden alle SchülerInnen darin bestärkt, stolz auf ihre Leistungen zu sein und die Leistungen anderer zu würdigen?
- Wirken MitarbeiterInnen negativen Einstellungen entgegen, die „strebsamen“ und leistungsstarken Schülern gelten?
- Geht man auf Versagensängste von SchülerInnen entlastend und unterstützend ein?
- Wird bei der Zusammenstellung von Lerngruppen auf Freundschaften und die Gegenwart anderer mit gleicher Muttersprache geachtet und gibt es die Möglichkeit, die Gruppen zu wechseln?
- Gibt es Strategien, Beschämungen zu vermeiden, falls Leistungsgruppen gebildet werden?
- Werden die Sitzordnungen verändert, um die Lernchancen für alle zu verbessern?
- Beteiligen die MitarbeiterInnen die SchülerInnen an Entscheidungen über Unterrichtsinhalte und Lernwege?
- Werden Versuche, *Hindernisse für das Lernen und die Teilhabe* eines Schülers zu beseitigen, als Möglichkeit gesehen, die Lernerfahrungen aller SchülerInnen zu bereichern?
- Verbessern individuelle Entwicklungsplanungen für einige SchülerInnen die Lernbedingungen für *alle* SchülerInnen?
- Steigert der Unterricht das Lernen und die Freude am Lernen aller SchülerInnen und fördert er das Nachdenken über das eigenen Lernen und den Austausch darüber?
- Werden die SchülerInnen ermuntert, Sichtweisen zu erkunden, die sich von ihren eigenen unterscheiden?
- Werden die *Stärken jeder Person* innerhalb der Lerngruppe bekannt gemacht und wirksam?
- Werden die SchülerInnen ermutigt, die Verantwortung für ihr Lernen zu übernehmen und zusammenzufassen, was sie gelernt haben?
- Wird den Schülern vermittelt, wie sie forschen, ihre Arbeit organisieren und ein Thema bearbeiten können?
- Werden die Kenntnisse und Fertigkeiten, die von den SchülerInnen selbstständig erarbeitet wurden, geschätzt und im Unterricht *genutzt*?
- Lernen die SchülerInnen, aus verschiedenen Beiträgen der Gruppe einen gemeinsamen Bericht zusammenzustellen?
- Sind die Abläufe und Regeln im Unterricht stimmig und eindeutig?
- Wird mit den Schülern gemeinsam beraten, wie die Arbeitsatmosphäre verbessert werden kann?

## Die Teamarbeit der KollegInnen

- Hat die Koordination von Unterstützung einen hohen Stellenwert in der Schule und sind die Strukturen für alle transparent, die an der Unterstützung mitwirken?
- Wird der Unterricht so geplant, dass die Anwesenheit aller Erwachsenen voll genutzt wird?
- Werden die Ressourcen für SchülerInnen mit „sonderpädagogischem Förderbedarf" genutzt, um die Kompetenzen der Schule zu steigern, *auf Vielfalt einzugehen*?
- Sind den MitarbeiterInnen alle außerschulischen Dienste bekannt, die die Entwicklung von Lernen und Teilhabe in der Schule unterstützen können?
- Fühlen sich alle MitarbeiterInnen für die Umsetzung des Schulprogramms verantwortlich?
- Fühlen sich *alle* MitarbeiterInnen für das Lernen *aller* SchülerInnen in ihrem Unterricht verantwortlich?
- Werden die MitarbeiterInnen darin ausgebildet, effektiv und multiprofessionell die Zusammenarbeit zu planen und durchzuführen?
- Ist die Teamarbeit der Mitarbeiter ein *Modell für die Kooperation* der SchülerInnen?
- Wird akzeptiert, dass MitarbeiterInnen ihre persönlichen negativen Gefühle gegenüber SchülerInnen hinter verschlossenen Türen aussprechen, um damit fair umgehen zu können?
- Vermeiden die MitarbeiterInnen eine Sichtweise, die *Hindernisse für das Lernen und die Partizipation* vor allem durch „Defizite" oder „Schädigungen" der SchülerInnen erklärt?
- Werden individuelle Förderpläne für alle SchülerInnen gemeinsam mit ihnen selbst, ihren Eltern und allen beteiligten Mitarbeitern erstellt?
- Beschreiben Gutachten zur „Feststellung des sonderpädagogischen Förderbedarfs" auch die notwendigen Veränderungen in der Lern- und Lehrorganisation, die für das gemeinsame Lernen mit anderen SchülerInnen nötig sind?
- Schließt die Unterstützung bei Verhaltensschwierigkeiten die Reflexion ein, wie Unterricht verbessert und *Hindernisse für das Lernen* für alle SchülerInnen abgebaut werden können?

## Die Kooperation mit Eltern und andere Kooperationspartnern

- Sind *Informationen über die Schule* für alle zugänglich, transparent und verständlich, z. B. in verschiedenen Sprachen bzw. in einfacher Sprache, auch im Internet nachlesbar?
- Können Eltern bei verschiedenen Anlässen Sorgen in Bezug auf ihre Kinder und deren Fortschritte besprechen?
- Fördern die MitarbeiterInnen die *Anteilnahme der Eltern* an ihren Kindern?
- Wird den Eltern aufgezeigt, wie sie das Lernen ihrer Kinder *zu Hause unterstützen* können?
- Würdigt die Schule lokale Kulturen etwa durch Ausstellungen?
- Werden alle lokalen Gruppierungen als Ressoucen für die Schule gesehen?
- Bestärkt die Schule Bestrebungen von Mitgliedern lokaler Gruppierungen, in der Schule mitzuarbeiten?
- Ist die Schule an übergreifenden Gremien beteiligt, die regelmäßig tagen, z. B. als Stadtteilkonferenz?

(vgl. Boban/Hinz 2003)

Die hier entwickelten allgemeinen Qualitätskriterien für die Förderung aller Kinder in einer *Schule der Vielfalt* müssten noch ergänzt werden durch fachdidaktische Aspekte. Besonders denke ich hier an die Frage, welche Inhalte ausgewählt werden sollten. Sie sind besonders im Fach Mathematik und Teilbereichen des Faches Deutsch nicht austauschbar, so dass sie nicht grundsätzlich von den Schülerinteressen bestimmt werden können? Auch die Denkschulung z. B. in der Mathematik und die Arbeit am Begriff in vielen Lernbereichen tragen dazu bei, Kindern überschaubare Strukturen für die Lerninhalte zu geben. Unverzichtbar scheint mir ebenfalls, dass Lehrerinnen aller Fachrichtungen die Ergebnisse der Spracherwerbsforschung im Unterrichtsalltag beachten.

Es sollte allerdings äußerst sensibel umgegangen werden mit dem Einsatz von fachdidaktischen Anforderungskatalogen. Eventuell bewirken sie durch Fehlinterpretation im Sinne einer Formulierung von Ansprüchen an jede Schule (vgl. Kapitel 2.3.), dass die MitarbeiterInnen überfordert werden. Jede Entwicklung – auch die der Schule – braucht Mut, Rücksichtnahme und Zeit. Und keinen Druck!

Offen bleibt die Frage, ob bei mehr Personal mehr Kinder mit sonderpädagogischem Förderbedarf integriert werden könnten. Ebenso ungeklärt ist die Frage nach den Grenzen der Integrationskraft jeder Schule. Aus jeweils unterschiedlichen Perspektiven müssen die Grenzen durch Erfahrung noch definiert werden:

*1. Die sonderpädagogische Perspektive*

Droht ein Verlust sonderpädagogischer Standards, wenn Kinder gemeinsam unterrichtet werden, die einen speziellen Erziehungs- und Bildungsbedarf haben? Bei welchen Kindern und in welchen Klassen ist von der „Integration" abzuraten, weil notwendige sonderpädagogische Maßnahmen für die förderbedürftigen Kinder zu kurz kämen?

*2. Die grundschulpädagogische Perspektive*

Droht ein Verlust grundschulspezifischer Standards, wenn Kinder gemeinsam unterichtet werden, die einen speziellen Erziehungs- und Bildungsbedarf haben? Bei welchen Kindern und in welchen Klassen ist von der „Integration" abzuraten, weil notwendige grundschulpädagogische Elemente für die Mitschüler zu kurz kämen?

Wir werden uns immer fragen müssen, was ein uns „an-vertrautes" Kind braucht. Ein Übermaß an „therapeutischen" oder pädagogischen Programmen nützt ihm nichts. Im Gegenteil: Ausufernde „Behandlungen", *unendliche Fortsetzungen von Therapieprogrammen* sind eine schwere *Behinderung* für die Lebensentwicklung; denn sie stehlen dem Kind seine wertvolle Zeit. Sie können das Kind in seinen spontanen Entfaltungsmöglichkeiten behindern. Die Lehrerin, die Sonderpädagogin ebenso wie die Psychologin, aber auch die Ärztin sollten sich als Helfer verstehen, und nicht als Absolutisten. Viel zu oft erklären die Lehrerinnen, Psychologinnen und Ärztinnen den Eltern ihre Maßnahmen wie mechanische Probleme, ohne ihnen klar zu machen, dass zum Lernen mehr als Technik gehört. Fehlschläge wie Erfolge können nicht immer nur ihr Werk sein, weil das Lernen eine aktive und ganzheitliche Leistung des Menschen ist. Die Leistung der Helferinnen kann nur sein, die *Voraussetzungen zum Lernen* zu verbessern, nicht aber das Lernen oder die Heilung selbst zu bewerkstelligen. Viele Lehrerinnen in Brennpunktschulen haben daher bereits erkannt, dass Kinder mit großen „Lerndefiziten" statt neuer isolierter Förderangebote einen geschützten Rahmen brauchen. Unter dem treffenden Motto „Wider den Defizitblick" fasst Bernd Sörensen die gesicherten Erfahrungen von Berliner Brennpunktlehrerinnen zusammen:

„Um Zuversicht beim Lernenden zu erzeugen, ist die Zuwendung zu den Geschichten und Erfahrungen des Kindes Erfolg versprechender als die isolierte Arbeit an der Kompensation eines im Kind vermuteten Defizits, zumal eine solche Arbeit wegen der Vielzahl der 'Fälle' ohnehin zum Scheitern verurteilt ist" (Sörensen 2002).

Erfolgreiche Inklusion bedeutet nicht einfach „Schule für alle" oder Heterogenität, sondern auch ein verlässliches Klima, in dem jeder willkommen geheißen wird. „Du gehörst zu uns!" oder „Auf dich haben wir gewartet!" sind Sätze die – gerade *weil* sie soziale Botschaften sind – in solchem Klima die *Leistung steigern*.

Verschiedenheit erhöht dann die Leistungsfähigkeit von allen Kindern einer Klasse, wenn sie gekoppelt ist mit verlässlicher Zugehörigkeit und dem begleitenden Umgang mit Differenzen. Eine inklusive Einrichtung ähnelt damit einer Stätte des Asyls: Menschen werden dort aufgenommen und fühlen sich geborgen. Sie sind dort gewollt. Sie gelten dort etwas. Sie sind der Souverän ihres eigenen Lebens – und dann können sie lernen. Denn sie erarbeiten sich selbst ihre Erkenntnisse. Lernen ist eine aktive, eigene Leistung.

Wenn ein Schulanfänger in einer „Schule für alle" angemeldet wird, müssten wir ihn eigentlich nur danach befragen und beobachten, was er schon kann. Gut wäre auch, wenn die Schulleiterin fragt, was er von der Schule will. Und sie müsste die Frage stellen: Welche Fähigkeiten von dir können wir hier gut gebrauchen?

## Konkrete strukturelle Schritte zur Inklusion in der Grundschule Berg Fidel

Die Grundschule Berg Fidel hat sich auf den Weg gemacht zu einer inklusiven, d. h. verlässlichen Schule mit heterogener Schülerschaft. Man könnte widersprechen; denn das dort praktizierte ist doch von einer *Schule für alle Menschen* weit entfernt. Um wirkliche Inklusion zu praktizieren, müssten wirklich *alle* Kinder in die Schule (auch schwerstbehinderte) und es müssten die Arbeitsvoraussetzungen dafür geschaffen sein, dass Sonderpädagogen und GrundschullehrerInnen in Klassenteams zusammen arbeiten.

Wieso spreche ich dennoch von einer *Veränderung* in Richtung Inklusion in dieser Schule?

Die Pädagoginnen haben hier von Beginn an die Strukturen der Aussonderung, die in unserem Schulwesen dominieren (vgl. Kapitel 2), durch kleine Schritte reduziert und substanziell abgebaut. Eine Atmosphäre der Zugehörigkeit und Begleitung konnte an Boden gewinnen. Zur Vorbeugung gegen Aussonderung „schwacher", „schwieriger" oder „auffälliger" Kinder trugen in den letzten Jahren fünf Maßnahmen entscheidend bei:

### 1. Gleichverteilung des sonderpädagogischen Personals in alle Klassen

Weil jede Klasse sehr heterogen zusammengesetzt war, erwarteten wir Kinder, die besonderen Förderbedarf in verschiedensten Bereichen haben oder haben werden. Kinder mit Lernbeeinträchtigungen und mit Verhaltensauffälligkeiten gehörten ohne Zweifel dazu, egal welches Etikett ihnen durch das Verwaltungswesen angehaftet wurde. Personal-Stunden wurden nicht nach der Zahl und Art der „behinderten" Kinder verteilt, sondern auf alle Klassen gleichmäßig. Es gab *keine besonderen Klassen* mit dem Etikett „Gemeinsamer Unterricht" oder „Fördergruppe", sondern alle Klassen hatten die gleichen verlässlichen, personellen Voraussetzungen. Die Mitarbeiter brachten ihre Kompetenzen in das jeweilige multiprofessionelle Team ein. Eine nach außen dargestellte Besonderheit von „Behinderten" und damit eine Sonderbehandlung wurde damit vermieden.

Die „Belastungen" jeder Klasse war zwar nicht vollständig als gleich zu beschreiben, aber Personalzuweisung wurde nicht dadurch beeinflusst, welche etikettierte „Behinderung" in einer Klasse vorzufinden war. Um für seine Klasse Entlastungen zu schaffen, war der Weg der *Stundenerhöhung des sonderpädagogischen Personals ausgeschlossen.* Stattdessen suchte jedes Team nach eigenen kreativen Wegen der Entlastung: Teamsupervision, Arbeit an den Unterrichtsmethoden, Einsatz von Praktikanten und Lehramtsanwärtern.

## 2. Feste multiprofessionelle Teams als Standard

Die Gleichverteilung hatte in der Aufbauphase zur Folge, dass in einigen Klassen gegenüber vorher die Stunden der sonderpädagogischen Kräfte abgebaut, in anderen Klassen Stunden hinzukommen mussten. Die Kooperationswünsche der KollegInnen wurden berücksichtigt, soweit es ging, aber einige Partner stellten aus organisatorischen Gründen ihre Zusammenarbeit ein. Jede Klasse bekam auf diese Weise ein festes Team. Der „Einzelkämpfer" Klassenlehrer, der leicht zur Selbst-Überforderung neigt und lieber mehr in der Klasse arbeitet als sich mit Teammitgliedern auseinander zu setzen, gehörte allmählich der Vergangenheit an. Im Laufe der Zeit erlebten alle Klassenlehrerinnen die Vorteile der Entlastung durch multiprofessionelle Teams. Der Aussonderung von Kindern wegen Überlastung von Klassenlehrerinnen wurde vorgebeugt.

## 3. Kontinuität der Teams

Der gewünschte Effekt der Gleichverteilung war, dass jedes multiprofessionelle Pädagogenteam, das nun gebildet war, stabil zusammen blieb, unabhängig davon, ob noch weitere „Sonderschüler" hinzu stießen oder die Klasse verließen. Das Gütekriterium verlässliche Zugehörigkeit galt auch für Teams. Die Teamstabilität war also nicht mehr – wie zuvor – davon abhängig, ob die Zahl der „Sonderschüler" stabil blieb. Aussonderungen oder zusätzliche Etikettierungen zum Zwecke der Kontinuität des Teams waren überflüssig. Etikettierungen von „Sonderschülern" hatten nämlich keinen Einfluss auf die Stundenzuweisung für das Team. Die Kontinuität des Teams führte zu einer Steigung der Effizienz des Handelns, weil Kooperationen wuchsen und sich entwickelten. Zur Stützung der multiprofessionellen Zusammenarbeit im sozio-emotionalen Arbeitsfeld wurde für alle Teams regelmäßige Teamsupervision angeboten. Die Basis für kontinuierliche Förderarbeit war damit gegeben. Die Kinder konnten sich auf stabile Verhältnisse einstellen. Eine Atmosphäre der Zugehörigkeit konnte wachsen. Der Aussonderung wurde so vorgebeugt.

## 4. Gemeinsame Verantwortlichkeit eines Teams für alle Kinder einer Klasse

Das Team war gemeinsam verantwortlich für die gesamte Klasse. Es hatte ein „ureigenes" Interesse daran, dass *alle* Kinder in der Klasse gut arbeiteten. Das Scheitern eines Kindes führte nur in seltenen Fällen zum Wechsel des „Förderortes". Zuständigkeiten für alle Kinder waren nicht aufgeteilt nach Etikettierungen, sondern nach pädagogischen Fördervorhaben oder Projekten der gesamten Klasse. Es kam kaum mehr zu einer Addition von verschiedenen Fördermaßnahmen für ein Kind, sondern zu einer Absprache aller Vorhaben für die gesamte Klasse. Alle Kinder profitierten von zusätzlichen pädagogischen Kräften.

Praktikanten, Lehramtsanwärter, Studenten u. a. konnten zusätzlich als Teammitarbeiter gewonnen werden, falls dies die Teamarbeit bereicherte. Ein Abschieben der Verantwortung auf andere so genannte „Experten“ wurde abgebaut.

## 5. Altersmischung

Durch die gemeinsame Verantwortung aller Teammitglieder für die Klasse wurde das System Klasse gestärkt. Das Zusammenleben von jüngeren und älteren Kindern führte zudem zu vielfältigen Erfahrungen. Der Leistungsvergleich der Gleichaltrigen geriet in den Hintergrund und verlor an Einfluss auf die Gruppenprozesse. Langsam Lernende oder „schwache“ Schüler empfanden weniger Wettbewerbsdruck und Entmutigung als in Jahrgangsklassen. Kinder mit auffälligem Verhalten fanden eine tradierte Klassenkultur vor und konnten sich besser an sozialen Normen orientieren. Das „Scheitern“ eines Kindes an der Messlatte seines Jahrgangs führte nicht zum Verlassen einer Klasse. Die Zugehörigkeit zur Klasse war wegen der Altersmischung gesichert. Einer Aussonderung von Kindern mit Lern- und Verhaltensproblemen wurde vorgebeugt.

## Fazit

Damit sind in knapper Form die wesentlichen Handlungsschritte beschrieben, die die Mitarbeiter der Grundschule Berg Fidel auf dem Weg zur Inklusion gegangen sind. Ohne es als Arbeitsziel formuliert zu haben, gelang damit eine substanzielle Veränderung. Die strukturell möglichen Aussonderungen von „Schwachen“ wurden reduziert. Die Zugehörigkeit jedes Kindes zur Klasse war möglichst verlässlich gesichert. Die Leistungsfähigkeit der Schule erhöhte sich.

Unsere Erfahrungen in der Schulpraxis scheinen zu belegen, dass der Weg zur Inklusion nicht nur einer Einstellungsänderung bedarf, sondern auch konkreter, teilweise schmerzhafter Schritte in der multiprofessionellen Teamarbeit und Teamstruktur (vgl. Kapitel 3.4.). Ohne strukturelle Veränderungen in Richtung „Teamschule“ scheinen die Mechanismen von Aussonderung nicht abbaubar zu sein. Jahrgangsklassen und die Unkultur des Gleichschritts stellen solche Schüler ins Rampenlicht, die die so genannten „Mindeststandards“ nicht erfüllen können. Die Erfahrung zeigt, dass Schüler viel einfacher ausgesondert werden, wenn dazu die Möglichkeit besteht.

Selbst wenn sich die Strukturen des Schulsystems noch nicht ändern, kann die Aussonderung bereits im Kleinen bekämpft werden. Das Beispiel der Grundschule Berg Fidel kann zu Strukturänderungen an der einzelnen Schule ermutigen. Es zeigt, dass die Aussonderung abgebaut wird, wenn feste multiprofessionelle Teams in altersgemischten Klassen arbeiten.

Kapitel 4

## 2. Inklusion als Menschenrecht

„Das Kind hat ein Recht zu wollen, zu mahnen, zu fordern – es hat ein Recht, zu wachsen und zu reifen und, wenn es reif ist, Früchte hervorzubringen.“

Janusz Korczak: Wie liebt man ein Kind (1914–18)

Angesichts der Massenarbeitslosigkeit erscheint inzwischen vielen Lehrkräften und Eltern der Abstieg vieler Schüler gesellschaftlich unvermeidbar. Müssten unter diesen Verhältnissen die Kinder heute im Unterricht der Grundschule nicht früher und zahlreicher Wettbewerbsituationen erleben, um passender für die „Realitäten" (z. B. der Sekundarschulen) gewappnet zu sein?, fragen besorgt betroffene Eltern. Sollte die Grundschule besser ein *frühes Trainingslager* für die Kinder sein, die auf Aussonderung und deren entmutigende Wirkungen vorbereitet werden? Die Antwort Heide Bambachs auf dem Grundschulkongress 1999 (vgl. Schmitt 2001, 53) „wenn eine Hungersnot kommt, dann üben wir ja auch nicht vorher das Hungern", vertreibt leider nicht die Sorge um die Schullaufbahn der Kinder. Schule mit ihrem Selektionsauftrag entwickelt sich immer mehr zum Belastungsfaktor für Kinder und Jugendliche – immer scheint schon in der Kindheit ein wenig der „Ernst des Lebens" durch. Wir stoßen bei Schriftstellern immer wieder auf kenntnisreiche und einfühlsame Darstellungen solcher „Schritte ins Leben". So lässt *Bertolt Brecht* in den „Flüchtlingsgesprächen" anklingen, welche Schul – oder Lebensregeln gelernt werden können:

*„Kalle: Wie wir ins Klassenzimmer gekommen sind, gewaschen und mit einem Ranzen und die Eltern weggeschickt waren, sind wir an der Wand aufgestellt worden, und dann hat der Lehrer kommandiert: 'Jeder einen Platz suchen', und wir sind zu den Bänken gegangen. Weil ein Platz zu wenig da war, hat ein Schüler keinen gefunden und ist im Gang zwischen den Bänken gestanden, wie alle gesessen sind. Der Lehrer hat ihn stehend erwischt und ihm eine Maulschelle gelangt. Das war für uns alle eine gute Lehre, dass man nicht Pech haben darf.*

*Ziffel: Das war ein Genius von einem Lehrer. Wie hat er geheißen?*

*Kalle: Herrnreitter.*

*Ziffel: Ich wunder mich, dass er ein einfacher Volksschullehrer geblieben ist. Er muss einen Feind in der Schulverwaltung gehabt haben.*

*(…)*

*Ein wie feines Modell im Kleinen der aufgestellt hat mit seinen einfachen Mitteln, einem gewöhnlichen Klassenzimmer mit zu wenig Bänken, und doch habt ihr die Welt, die euch erwartet hat, klar vor Augen gehabt nach so was. Nur mit ein paar kühnen Strichen hat er sie skizziert, aber doch ist sie plastisch vor euch gestanden, von einem Meister hingestellt! (…) Ein einfacher Volksschullehrer!"*

Wer die PISA-Ergebnisse genau analysiert, wer die Überlastung der Lehrerinnen erlebt, wer die Konzentration auf Fächer statt auf Kinder erkennt, wer die Bürokratie als Gegenpol zur kindgerechten Schule zu spüren bekommt, wer die

Jugendhilfe abseits von Schule agieren sieht, wer an der uneffektiven Kooperation von Universität und pädagogischer Praxis schon verzweifelt, wem die Jahrgangsklasse, die Halbtagsschule und die 4jährige Grundschule heute als Relikt aus alter Zeit im modernen Gewande erscheint, der weiß, was Kinder behindert: Die Strukturen unseres Erziehungswesens. Bevor nicht all diese alten Bürden als Altlast erkannt und abgeworfen werden, kann niemand redlich behaupten, die Lern-Behinderung eines Kindes heute sei endogen, aus dem Menschen selbst entstanden. Mancher Pädagoge möchte „Lernbehinderung" vielleicht so medizinisch interpretieren, verkennt dabei allerdings, dass einige gesellschaftliche Kräfte gar nicht daran interessiert sind, allen Kindern zu Bildung zu verhelfen. Reproduziert also unser Schulsystem mit der Aussonderung „schwacher" Schüler die Ungleichheit, die auch „draußen", außerhalb der Schule herrscht? Zumindest haben wir es in jedem einzelnen Fall mit einer Verkettung unglücklicher Umstände zu tun, die ein Kind behindert. Diese Umstände sind von Menschen gemacht und von ihnen zu verantworten, wie in den vorhergehenden Kapiteln ausführlich dargelegt wurde.

Dass die gesellschaftlichen Bedingungen in Deutschland in einigen Punkten noch immer gegen Kinderrechte verstoßen, verdeutlicht eine Darstellung der National Coalition, dem Zusammenschluss von 100 Organisationen, die sich zum Ziel gesetzt haben, die Rechte des Kindes in Deutschland umzusetzen (nach National Coalition 2001):

| ***UN-Kinderrechtskonvention (KRK) (1989)*** | ***Kinderrechtswidrige Verhältnisse in Deutschland*** |
|---|---|
| Art. 27 KRK: Jedes Kind hat ein Recht auf einen Lebensstandard, der seiner körperlichen, geistigen, seelischen, sittlichen und sozialen Entwicklung angemessen ist. Der Staat unterstützt alle für das Kind verantwortlichen Personen bei der Verwirklichung des Rechts. | • Wachsende Arbeitslosigkeit, Armut und Benachteiligung, die besonders Kinder treffen<br>• Rückgang der Qualität der Versorgung in Kindereinrichtungen, Schulen und gesundheitlichen Einrichtungen<br>• Bildungschancen werden beeinträchtigt durch unzureichende materielle Sicherung |
| Art. 2+3+22 KRK: Rechte gelten für alle Kinder, gleich welcher Herkunft, Vorrang des Kindeswohls, Flüchtlingskinder erhalten angemessenen Schutz | • Kinder ohne deutschen Pass wird dauernder Aufenthalt verwehrt, ohne dass dem Kindeswohl Vorrang gewährt wird<br>• Nicht überall Schulpflicht für Flüchtlingskinder |

| | |
|---|---|
| Art. 19 KRK: Jedes Kind hat Anspruch auf Schutz vor jeder Form körperlicher oder geistiger Gewaltanwendung, Schadenszufügung oder Misshandlung, Verwahrlosung, Vernachlässigung einschließlich sexuellen Missbrauchs | • Mehrere hunderttausend Fälle von körperlicher und seelischer Misshandlung, Vernachlässigung oder sexuellem Missbrauch<br>• Negativentwicklungen, z. B. in sozialen Brennpunkten folgen zu wenig rechtzeitige Maßnahmen |
| Art. 23 KRK: Kinder mit Behinderungen und chronischen Krankheiten haben ein Recht auf besondere Pflege, rechtzeitige Versorgung und Therapie und auf Bildung und Erziehung, die Selbstständigkeit und Teilnahme am Gemeinschaftsleben fördern.<br>Art 24 KRK: Jedes Kind hat das Recht auf ein höchstmögliches Maß an körperlicher und psychischer Gesundheit. | • Zu wenig Entlastung und Beratung für Familien mit behinderten oder chronisch kranken Kindern<br>• Integration scheitert an mangelnden finanziellen Ressourcen und unzureichenden Kompetenzen<br>• Integrative Beschulung vieler Kinder wird nicht ermöglicht |

Die genannten harten Fakten zeigen, dass das Recht des Kindes auf Achtung für randständige und unterprivilegierte Menschen nicht mehr ist als ein Lippenbekenntnis. In unserer Gesellschaft wünschen sich die Menschen meist, einen hohen „Gebrauchswert“ oder Nutzen zu verkörpern. So können sie zwar noch nicht sicher sein, eine Arbeit zu finden, aber ihre Chancen, sich im Konkurrenzkampf um einen Arbeitsplatz durch zu setzten, sind z. B. mit einem „höheren“ Schulabschluss besser. Das Bildungswesen in diesem Gesellschaftssystem muss nicht zwangsläufig und selbstverständlich davon ausgehen, dass der „Gebrauchswert“ der Schüler durch Zwang zu erhöhen ist. Im Gegenteil: Wir können uns auch innerhalb unseres Gesellschaftssystems eine Schule vorstellen, die wie ein „Haus des Lernens“ den Kindern eine Heimat ist. Dies kann ein Ort sein, an dem auch Probleme der Kinder und Eltern ernst genommen werden.

Die Entwicklung zu einer inklusiven Pädagogik hat eine ihrer historischen Wurzeln auch in der Kinderrechte-Bewegung. Dazu ein knapper Rückblick auf den langen Kampf um die Rechte der Kinder:

## Kinderrechte

| | |
|---|---|
| 1923 | Genfer Erklärung über die Rechte des Kindes (Internationale Vereinigung zur Rettung der Kinder) |
| 1924 | Völkerbund unterzeichnet die Genfer Erklärung |
| 1948 | UN: Menschenrechte: *Recht jedes Menschen auf Bildung* |

| | |
|---|---|
| 1949 | Grundgesetz der BRD: Art. 3 Abs. 3, Gleichheitsgrundsatz verpflichtet die staatliche Schule, allen Kindern einen gleichen Zugang zur und gleiche Chancen in der Schule zu verschaffen. Recht auf Bildung |
| 1959 | UN: 10-Punkte Erklärung über Rechte des Kindes: Anspruch auf unentgeltlichen Pflichtunterricht |
| 1970 | München: Montessori-Schule: Schulversuch zur Integration von Behinderten |
| **1975** | Berlin-Schöneberg: Fläming-Grundschule integriert als erste deutsche staatliche Regelschule behinderte Kinder (Forschung: Muth) |
| 1978 | Erster Textentwurf für ein UN-Abkommen zu den Kinderrechten (Polnische Regierung) |
| 1979 | Kinder mit schweren Behinderungen besitzen ein gesetzlich verankertes Recht auf Bildung |
| 1981 | Bonn: Grundschule Friesdorf integriert behinderte Kinder (Forschung: Dumke) |
| 1982 | Berlin-Schöneberg: Uckermark-Grundschule praktiziert wohnortnahe Integration (Forschung: Heyer/Preuss-Lausitz) |
| 1982 | Hessen: Gemeinsame Förderung Behinderter und Nichtbehinderter in Kindergarten und Schule (Forschung: Reiser/Meier) |
| 1983 | Hamburg: Integrationsklassen an 12 Schulen (Forschung: Wocken/Hinz/Antor) |
| 1986 | Saarland: erste Schulgesetze in der BRD zum gemeinsamen Unterricht (Forschung: Sander) |
| **1989** | *UN-Konvention über die Rechte des Kindes*, von allen Staaten (außer USA und Somalia) ratifiziert |
| 1990 | UNESCO: Declaration of Education for all. Forderung nach gleichem Zugang zum Erziehungswesen für Behinderte |
| 1992 | UN-Konvention von Deutschland mit Vorbehalten ratifiziert |
| 1993 | UN-Regeln zur Gleichstellung von Menschen mit Behinderungen |
| **1994** | Grundgesetz-Ergänzung: Art. 3 Abs. 3: „Niemand darf wegen seiner Behinderung benachteiligt werden“. |
| **1994** | Salamanca Erklärung auf der „Weltkonferenz über Pädagogik der besonderen Bedürfnisse“ (Delegierte aus 92 Nationen und 25 internationalen Organisationen): Verpflichtung auf *Bildung für alle*, Unterricht aller *innerhalb des Regelschulwesens*, Schule soll *Vielfalt* berücksichtigen durch eine am Kind orientierte Pädagogik in *integrativen* Schulen, Pilotprojekte, internationaler Austausch. |
| **1994** | Empfehlungen der KMK zur sonderpädagogischen Förderung: Integration von Schülern mit Behinderungen ist Aufgabe aller Schulen. Im Vordergrund steht das einzelne Kind. |
| 1996 | Charta von Luxemburg (EU): Empfehlungen zur „*Schule für alle*“ |
| **1997** | Bundesverfassungsgericht: Vorrang der integrativen Bildung und Erziehung in der allgemeinen Schule. Zuweisung zu einer Sonderschule *gegen den Willen der Betroffenen* ist als Ausnahme zu sehen und nur dann möglich, wenn die Bedingungen der allgemeinen Schule eine Unterrichtung nicht zulassen. Dabei sind alle Möglichkeiten der Veränderung der Situation zu prüfen (vgl. Füssel 2002). |
| 2000 | Charta der Grundrechte der Europäischen Union: Rechte der Menschen mit Behinderungen |
| 2000 | UNESCO- Dakar-Report: Recht jedes Kindes auf Erziehung |

Das pädagogische Ideal einer inklusiven Schule verliert spätestens seit der UN-Konvention für Kinderrechte aus dem Jahr 1989 die Naivität einer Utopie. Es entspricht dem Leitbild der Kinderrechte. Schritte zu einer inklusiven und humanen Schule sind Verpflichtung aller Vertragsstaaten, da die Kinderrechtskonvention der Vereinten Nationen die Bildung und Teilnahme aller (!) Kinder am Gemeinschaftsleben verlangt.

Eine solche Schule gibt den Schwachen eine Stimme, indem sie an den Interessen der Kinder anknüpft. Paulo Freire leitete die brasilianische Alphabetisierungskampagne Anfang der sechziger Jahre. Von seinen Erfahrungen mit der „Pädagogik der Unterdrückten“ können wir auch in unseren deutschen sozialen Brennpunkten lernen. Die Alphabetisierungslehrer lebten eine Zeit lang bei den Menschen auf dem Land oder in den Armutsvierteln. Dort ermittelten sie die „Schlüsselwörter“, die im Leben der Bevölkerung eine große Bedeutung hatten. Mit Hilfe dieser Begriffe, die sich zu schreiben und zu lesen lohnten, lernten die Schüler ihre Wirklichkeit zu „entschlüsseln“. Sie nahmen ihre Angelegenheiten „buchstäblich“ in die eigene Hand. Ähnliches ist in die Weltliteratur eingegangen, als Bertolt Brecht in „Die Mutter“ eine Gruppe von Arbeitern portraitiert hat, die von einem Lehrer das Lesen und Schreiben lernen, indem sie ihre Interessen selbst in die Hand nehmen. Eine solche „Pädagogik“ ermöglicht „Schwachen“ zu ihren Stärken zu finden. In einer solchen „Schule“ ist für Resignation kein Platz. Hier können alle Schüler ihre Lebendigkeit und Lebensfreude entfalten.

Erich Fromm hat in seiner Abhandlung über Summerhill herausgestellt, dass die entscheidende Maxime für die jahrzehntelange pädagogische Praxis von Alexander Neill in der „Biophilie“, der „Liebe zum Leben“ bestand. Die Vielfalt des Lebens gehört in die Schule: Schule mitsamt dem Leben (Leben „inklusive“), könnten wir sagen. Dort erleben Kinder und Erwachsene, was diese Liebe zum Leben ausmacht: ganz sicher nicht, einander zu kränken, zu beschämen, oder zurück zu lassen. Dabei sind Respekt und Rücksichtnahme wesentliche Elemente der Freiheit. Sie grenzen die Freiheit nicht ein, sondern gehören nach Neill per Definition zur Freiheit (vgl. Fromm 1970/1999). Unter Freiheit verstehen wir somit niemals die Freiheit des Stärkeren, wenn wir von der „Pädagogik der Vielfalt“ reden. Hier kann „*offener* Unterricht“ auch bedeuten, sein Herz füreinander zu *öffnen*. Dem Kind und seinem geheimnisvollen Wesen nahe zu sein, es ernst zu nehmen, wird dann zum Ziel aller Bemühungen.

# Anhang

## Das machen wir doch schon seit langem so!“ – Glossar: Begriffe der inklusiven bzw. integrativen Pädagogik

„Immer wenn uns
Die Antwort auf eine Frage gefunden schien
Löste einer von uns an der Wand die Schnur der alten
Aufgerollten chinesischen Leinwand, so dass sie herabfiel und
Sichtbar wurde der Mann auf der Bank, der
So sehr zweifelte.
(…)
Ob was ihr gesagt, auch schlechter gesagt, noch für einige Wert hätte.
(…)
Ob es nicht vieldeutig ist, für jeden möglichen Irrtum
Tragt ihr die Schuld. Es kann auch eindeutig sein
Und den Widerspruch aus den Dingen entfernen; ist es zu eindeutig?
Dann ist es unbrauchbar, was ihr sagt. Euer Ding ist dann leblos.
(…)
Ist es auch angeknüpft an Vorhandenes? Sind die Sätze, die
Vor auch gesagt sind, benutzt, wenigstens widerlegt? Ist alles belegbar?
Durch Erfahrung? Durch welche? Aber vor allem
Immer wieder vor allem andern: Wie handelt man
Wenn man euch glaubt, was ihr sagt? Vor allem: Wie handelt man?
(…)“

aus: Bertolt Brecht: Der Zweifler

Eine der erfolgreichsten, humorvollsten und überlebenswichtigsten Taktiken, die wir Schulpraktiker anwenden, wenn uns vorgesetzte Behörden mit Erlassen und Verordnungen – mehr oder weniger ungewollt - bei unserer Arbeit stören, ist durch die Worte „das machen wir doch schon seit langem so“ gekennzeichnet. Ob es freie Arbeit oder Integration, Gesundheitsförderung oder entdeckendes Lernen ist – wir praktizieren es bereits – und brauchen daher eigentlich nicht noch eine aufwändige Konferenz zu diesem Thema einberufen. Wenn es in jeder Fachzeitschrift und jedem kommerziellen Verlagsprospekt um schillernde Begriffe wie „selbstständiges Lernen“ oder „Lernstandserhebungen“ geht, drängt sich bei mir der Verdacht auf, dass hier „neuer Wein in alten Schläuchen“ fließt. So schnell wie der Markt neue Begriffe modisch macht, so schnell verschwinden sie auch wieder. Und die Halbwertzeit von pädagogischen Texten und erziehungswissenschaftlichen Arbeiten scheint immer kürzer zu werden, egal wie wichtig das Thema für die Praxis ist. Unter dem Begriff „Unterrichtsrezepte“ (Jochen und Monika Grell) fand man beispielsweise Anfang der 80er Jahre brauchbare Hinweise für guten Unterricht, die man heute als „Rezepteliteratur“ abwertet und unter dem inflationären Modewort „Unterrichtsqualität“ merkwürdigerweise nicht mehr zu zitieren wagt.

Im Schulalltag handeln wir Lehrer als Professionelle, die ihr „Handwerkszeug“ nach bestimmten, durch Erfahrung gewonnenen Regeln anwenden: durch Rituale, in Sitzkreisen, an der Tafel, in Kleingruppen, durch Arbeitsaufträgen, in Beratungsgesprächen, in Gutachten. Diese lassen sich in „Ratgeberbüchern“ durchaus zusammenfassen. So können Praxisanleitungen zu „Disziplin“ oder „Klassenführung“ uns Lehrern auch im „offenen Unterricht“ sehr wertvolle Dienste leisten (vgl. Ruedi 2004). Wichtig dabei ist das menschlich-pädagogische Grundverständnis, mit dem ich die „Rezepte befolge“. Das übliche Handwerkszeug an sich ist neutral, weder gut noch schlecht. Entscheidend ist, wo und zu welchem Zweck ich es anwende.

Das folgende Glossar klärt Grundbegriffe und dient dazu, den Berufsalltag aus einer inklusive Perspektive zu sehen. Terminologische Spiele möchte ich dabei nicht betreiben. Vielmehr soll deutlich werden, welche pädagogischen Konsequenzen aus dem eindeutigen Gebrauch von Begriffen folgen. Da ich jedoch zweifle, ob das Profil einer so genannten „inklusiven“ Schule sich auf einfache Weise abgrenzen lässt vom inflationär gebrauchten Begriff der „Integration“, kontrastiere ich die Gegenpole in Anlehnung an Hinz (2004). Ohne pointierte Vergleiche gelingt es kaum, die Dehnbarkeit des Integrations-Konzepts zu überwinden. Ziel ist es, Missverständnisse zu vermeiden. Es gilt aufzudecken, „was unter dem Dach der Integration alles an geschönter Selektion aufgetischt wird“ (Feuser 2003, S. 31). Da alle Begriffe schwammig und unscharf werden, wenn wir sie nicht abstecken gegen ihre Gegensätze, verdeutliche ich an jedem Stichwort, was es nach meinem reformpädagogischen Vorverständnis von „Inklusion“

nicht bedeuten kann. Neben die Begriffserklärung aus der Perspektive der Inklusion stelle ich den Widerspruch. Argumente gegen eine inklusive Pädagogik werden mit gewissem Recht dadurch gespeist, dass sie und entsprechende Strukturen nicht verwirklicht sind. Das heutige deutsche Erziehungswesen macht es den Lehrerinnen im „Gemeinsamen Unterricht" schwer, „inklusiv" zu arbeiten. Nur ca. 14% der Schüler mit „sonderpädagogischem Förderbedarf" werden in Deutschland in so genannten „integrativen" Schulen unterrichtet. Damit stellt sich Integration als Ausnahme dar und Selektion als Regel, was dem Geist der Verfassung widerspricht (vgl. Kapitel 4.2).

**Inklusive Pädagogik** (vgl. Hinz 2002; 2004, Biewer 2005; Seitz 2005)

| *Perspektive der Inklusion* | *Fehlentwicklungen der Integration bzw. Widerspruch gegen die Inklusion* |
|---|---|
| Alle Kinder sind voraussetzungslos Teil der unteilbaren, heterogenen Gruppe und nehmen aktiv als vollwertige Mitglieder am Gemeinschaftsleben teil, unabhängig vom Schweregrad der nach gängigen Kriterien beobachteten Behinderung. Alle Dimensionen der Heterogenität gehören dazu: Geschlecht, Alter, Kompetenzen, Beeinträchtigungen, Erstsprache, Kultur, Hautfarbe, Religion, sexuelle Orientierung, sozialer Hintergrund. | „Zwei-Gruppen-Theorie" mit dem Fokus auf der Dimension behindert / nicht-behindert. Eine Gruppe von Menschen, die als „ab-weichend" oder „besonders" beschrieben und zuvor ausgeschlossen waren, soll in ein übergeordnetes Ganzes aufgenommen werden. Eine andere Gruppe gliedert diese „be-sonderen" oder „ausge-sonderten" Menschen wieder ein. Die einen sind aktiv und nehmen wohlwollend auf, die „Ab-weichenden" sind passiv und werden „einbezogen". „Normalität" dominiert, andere sind „randständig". |
| Aufnahme aller Schüler in die Regelschule als Recht aller Kinder auf qualifizierten Unterricht. „Schule für alle" ohne Sonder-Schulen. Marginalisierung und Aussonderung gelten als Tabu. | Aufnahme von behinderten Kindern in die Regelschule als Maßnahme zur Änderung und Heilung spezieller Schüler. „Integrationsfähigkeit" einzelner Kinder und die Konstellation der Klasse wird als Belastungsgrenze markiert. Durch das Erreichen von definierten Mindeststandards qualifiziert sich jeder für die Zugehörigkeit zur Gruppe, die vor zu viel Andersartigkeit geschützt werden muss. |
| Ressourcen für das System (Klasse, Schule), Sonderpädagogen als Unterstützung für Klassenlehrer, Klassen, Schulen. | „Zwei-Gruppen-Theorie": Ressourcen für Kinder mit Etikettierungen, Sonderpädagogen als Unterstützung für Kinder mit sonderpädagogischen „Förder"-Bedarf, Beratung der Grundschullehrkräfte. Konsequenz: je mehr „Sonderschüler" um so mehr „Sonderschullehrer"-Stellen mit der Folge des Anwachsens der sonderpädagogischen Bedarfsmeldungen. |
| Gemeinsames Lernen mit allen<br>• an gemeinsamen Lerngegenständen in Projekten (vgl. Feuser 2002)<br>• in gegenstandsunabhängigen sozialen Situationen (vgl. Wocken 1998)<br>• an verschiedenen Lerngegenständen in innerer Differenzierung<br>• in reflexiv koedukativem Unterricht<br>• in interkultureller Erziehung<br>• in sozial reflexivem Unterricht<br>• im jahrgangsübergreifenden Unterricht (vgl. Stähling 2004)<br>Dialektisches Verhältnis von Gleichheit und Differenz („*Ergänzungsmodell*", vgl. Hinz 2004). | „Zwei-Gruppen-Theorie": Lernen in besonderen Räumen, bei besonderen Pädagogen, „sortiert" je nach Schädigungen, an verschiedenen Lerngegenständen. Je problematischer das Kind, umso weniger kann integriert werden. Störungen des „Normalen" sollen vermieden werden („*Separierungsmodell*", vgl. Hinz 2004). Auch besonders „Begabte" brauchen eine „Be-sonderung".<br>Prinzip der Einzelfallentscheidung. Verschiedenheiten werden teilweise durch besondere „Förderung" minimiert, Defizite kompensiert, so dass Anschlussmöglichkeiten gesichert sind („*Anpassungsmodell*", vgl. Hinz 2004). |
| Curriculum ist orientiert an der Individualisierung, inklusives Rahmencurriculum. Forderung der UNESCO (Salamanca 1996): keine anderen Lehrpläne für Kinder mit besonderen Bedürfnissen. | Separate Richtlinien und Lehrpläne für spezifische Förderbereiche bzw. für sonderpädagogische Förderung („zielgleicher" oder „zieldifferenter" Unterricht). |
| Gemeinsame Verantwortung für Lernprozesse jedes Kindes in der Klasse; gemeinsame Reflexion und Planung aller Beteiligten, kollegiales Problemlösen in multiprofessionellen Teams, abgestimmte Klassenführung, personelle Kontinuität, verlässliche und transparente Strukturen. | Sonderpädagoge ist verantwortlich für Kinder mit Förderbedarf, nicht das Team;<br>„Förder"-Pläne für „behinderte" Kinder durch Sonderpädagogen,<br>Kontrolle durch Expertinnen und Experten. |
| Veränderung von Sonderpädagogik und Schulpädagogik; Synthese von *veränderter* Schul- und Sonderpädagogik.<br>Qualitätssicherung für alle und Kostengerechtigkeit des Bildungswesens stehen im Vordergrund. | Ausweitung der Sonderpädagogik in die Schulpädagogik hinein; Kombination von *unveränderter* Schul- und Sonderpädagogik. Sonderpädagogen sorgen dafür, dass das problematische Kind nicht stört, der Unterricht nicht verändert werden muss und es trotzdem dazu lernt (z. B. simultan dolmetschen, daneben sitzen, anpassen an den gewohnten Ablauf). |

**Pädagogik der Vielfalt – Heterogenität** (vgl. Prengel 1993; Preuss-Lausitz 1993; Boban/Hinz 2003; Hinz 2004)

| *Perspektive der Inklusion* | *Fehlentwicklungen der Integration bzw. Widerspruch gegen die Inklusion* |
|---|---|
| Verschiedenheit wird positiv wert geschätzt. Verlässliche Zugehörigkeit wird angestrebt (vgl. Kapitel 4.1). Um der Verschiedenheit gerecht zu werden, ist die Veränderung von Strukturen nötig. | Verschiedenheit wird zur Erschwernis von Bildungsprozessen. Einige Schüler müssen dann ausgesondert werden. |
| Die Persönlichkeitsbildung steht im Vordergrund. Auf die Lernbedürfnisse der Kinder wird eingegangen durch Individualisierung. Konsequente Klassenführung unter Beteiligung des Klassenrats sichert hohe Unterrichtsqualität (vgl. Kapitel 4.1). | Der didaktische Anspruch der Fächer kann nur begrenzt erfüllt werden, wenn Behinderte in der Klasse mitlernen, es kommt zu Ablenkung und Störung des Unterrichts. |
| Ressourcen der Situation werden entwickelt und genutzt: Zeit, Raum, internes und externes Personal, Eltern, Geld, Ideen, Kooperationen, Patenschaften, Mitschüler, Besucher. | Ressourcen sind knapp und können die professionellen Lehrertätigkeiten nicht ersetzen. |
| Leistungsvergleiche kommen in altersgemischten Klassen (Jg 1–4) weniger zur Geltung. „Schwache" Lerner – genau wie alle anderen auch – lernen mit ihrem individuellen Lernstil umzugehen und den für sie besten Lernweg zu finden. Auf dieser Basis ist ein Ansporn durch leistungsstarke und ältere Schüler für alle fruchtbar. | Leistungsvergleich in Jahrgangsklassen ermöglicht die Offenlegung des Leistungsgefälles, macht das Schulversagen offenkundig und untergräbt das Selbstvertrauen der „Lernbehinderten". Emotionale Stabilität und Zufriedenheit sinken (vgl. Ahrbeck et al. 1997). |

**Teamarbeit** (vgl. Stähling 2005c)

| *Perspektive der Inklusion* | *Fehlentwicklungen der Integration bzw. Widerspruch gegen die Inklusion* |
|---|---|
| Personal für das System: Die Schulklasse bekommt die Pädagogin, die dadurch Teammitglied ist. | Personal für Kinder mit besonderem Bedarf: Die Schule bekommt den Mitarbeiter für klassenübergreifende Aufgaben, z. B. für „Förder"-Angebote in verschiedenen Klassen, für einzelne Kinder, für Betreuungsaufgaben u. a. |
| Gemeinsame, „inklusive" Zuständigkeit und Verantwortung für Lernprozesse jedes Kindes in der Klasse; gemeinsames und individuelles Lernen für alle. | „Exklusive" Zuständigkeit und Verantwortung des Sonderpädagogen für Kinder mit Förderbedarf und des Klassen- und Fachlehrerin für alle restlichen Kinder. |
| Einbeziehung und Unterstützung der Klassengemeinschaft (z. B. Paten) bei der Lernentwicklung (z. B. der Schulanfänger). | Spezielle Angebote oder „Förderungen" für spezielle Kinder (z. B. Behinderte, Begabte, Ganztagskinder u. a.). |
| Gemeinsame Reflexion und Planung aller Beteiligten (Kinder, Mitarbeiter und im Idealfall auch Eltern).<br>Im Vertretungsfall kann ein anderer die Aufgaben, die im Team vereinbart wurden, übernehmen. | „Förder"-Pläne und Angebote für bestimmte Kinder als Leistung von Experten, Gefahr des Gerangels um Zuständigkeiten. Adäquate Vertretung des ausgefallenen Personals kaum möglich. |
| Mitarbeiter als Unterstützung für Klassenlehrer, Klasse und Schule. | Mitarbeiter als Unterstützung für Kinder mit besonderem Bedarf (Betreuung, „Förderung" u. a.). |
| Synthese von veränderter Schul- „Sonder"- und Sozialpädagogik. | Kombination von unveränderter Schul- „Sonder"- und Sozialpädagogik. |
| Kollegiales Problemlösen im Team. | Kontrolle durch (besser bezahlte) Experten. |
| Supervision als fester Bestandteil des jeweiligen Teams, Systemberatung. | Supervision als freiwilliges Zusatzangebot für einzelne. |
| systemischer Ansatz | individuumszentrierter Ansatz |
| Bezugspunkt ist das gesamte System, die Klasse. Themen: Problemlösungen, Veränderungsmöglichkeiten, Wochenplanung von Schulleben und Unterricht, Zukunftsplanung. | Bezugspunkt ist das „behinderte" Kind. Themen: Problemlösungen, „Förder"-Planung, Veränderungsmöglichkeiten. |

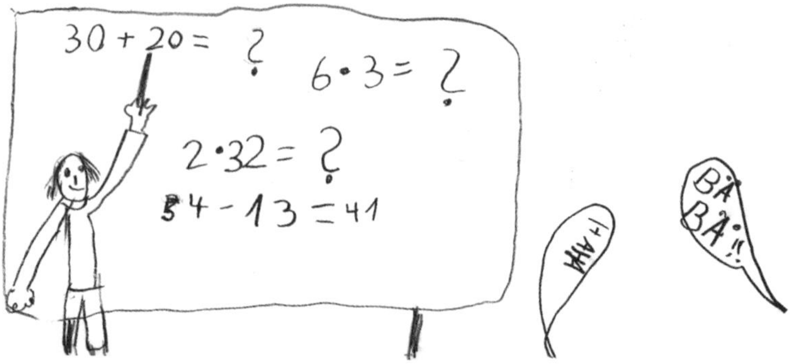


**Mehrdimensionale Didaktik der Grundschulfächer** (vgl. Kaiser 2000; Seitz 2004,2005 für Sachunterricht)

| *Perspektive der Inklusion* | *Fehlentwicklungen der Integration bzw. Widerspruch gegen die Inklusion* |
|---|---|
| Lernprozesse der Kinder sind selbst gesteuert und individuell einzigartig.<br>Individualisierung: Verschiedenheit der Zugangsweisen aller Kinder wird berücksichtigt, unabhängig vom Schweregrad der nach gängigen Kriterien beobachteten Behinderung.<br>Vielfalt der verschiedenen Aneignungsweisen der Kinder bereichert den Unterricht,<br>kindzentrierter Unterricht. | „Zwei-Gruppen-Theorie“: Lernprozesse werden nach Lernwegen der Kinder mit oder ohne „Förder“-Bedarf geteilt (dichotom).<br>Im gemeinsamen Unterricht werden administrativ zwei Typen unterschieden:<br>• „zielgleiche“ Unterrichtung nach den Zielen und Inhalten der Regelschule, für „Nichtbehinderte“ mit kompensatorischen „Förder“-Maßnahmen.<br>• „zieldifferenter“ Unterrichtung nach Zielen und Inhalten des „Förder“-Bereichs, dem das „Förder“-Kind zugeordnet ist. |
| *Projektorientierter Unterricht.* Elementare Inhalte werden im Planungsprozess mit der Lerngruppe gemeinsam erarbeitet und nach Bedarf immer wieder verändert. Es ist ein dynamischer Prozess. Bezug: Erlebnisse, Erfahrungen aus Lebenswelt und Kulturen der Kinder, innere, affektive Nähe zu Inhalten, kognitiver und affektiver Prozess der Erkundung einer globalisierten Welt.<br>Lerngegenstände werden in ihren *vielfältigen Dimensionen* erschlossen, indem *alle* Kinder ihre vielfältigen Zugangsweisen (z. B. handelnde oder sensorische), sowie Deutungsmuster einbringen und sich darüber austauschen. | Zentrale Inhalte werden je nach „Förder“-Bereich reduziert. Bezug: Räumlich-zeitliche Nähe zu Inhalten, aus dem Alltagsleben, das „nahsinnlich Greifbare“. |
| *Kompetenzorientierung*, Lernen von Kind zu Kind als Ressource, Kinder profitieren voneinander (z. B. Ältere von Jüngeren und Jüngere von Älteren usw.), Beziehung der Kinder untereinander als kognitiv-affektive Basis für kooperatives Lernen und Austauschen über den Lerngegenstand. | *Defizitorientierung*, Lernen von Kind zu Kind als Geben des Stärkeren an den Schwächeren. |
| Orientierung an Gemeinsamkeiten der Gruppe in Bezug auf den Lerngegenstand. Durch die Verschiedenartigkeit der Zugänge zum Lerngegenstand erschließen sich dessen tiefere Schichten. | Orientierung am festgelegten Lerngegenstand unabhängig von den Kindern. |

## **Behinderung** (vgl. Bleidick 1999; 2004, Sander 2002)

| *Perspektive der Inklusion* | *Fehlentwicklungen der Integration bzw. Widerspruch gegen die Inklusion* |
|---|---|
| Finaler Begriff: Jemand gilt als behindert, damit ihm spezielle Hilfe gewährt werden kann.<br>Behinderung ist eine „Bedingung des Umfeldes einer Person, die diese spezifisch an etwas hindert" (Boban/Hinz 2003).<br>Entwicklungsstörungen und Behinderungen sind Aspekte von Verschiedenheit. | Kausaler Begriff: Jemand ist behindert, weil er eine nach gängigen Kriterien beobachtbare Beeinträchtigung hat. |
| Soziale Konstellationen (ökonomische Lage, Geschwisterreihe, Erziehung) überlagern biologische Gegebenheiten. Kompensation der „Minderwertigkeit" ist vielfach erwiesen (vgl. Alfred Adler). Die Zuschreibung einer Behinderung beeinflusst und verengt die Identität des so genannten „Behinderten". | Beeinträchtigungen (z. B. der Sinnes- und Körperbehinderten) beruhen teilweise auf organischen oder funktionalen Schädigungen und sind unveränderbar (medizinisches Modell). |
| Schweregrad und Art der beobachteten Behinderung (durch Umfeld und individuellen Gegebenheiten) und die Ressourcen von Gruppe und Personal bestimmen die „Förder"-Maßnahmen innerhalb der Regelschule, die die Aufgaben der Behindertenpädagogik übernimmt. Dies ermöglicht einen dynamischen Zugriff auf pädagogische Maßnahmen. | Schweregrad und Art der nach gängigen Kriterien beobachteten Schädigung (defektive Eigenschaft einer Person) bestimmt über „*Förderort*" (welche Sonderschule oder Regelschule), die „Förder"-Maßnahmen und die Zuweisung des Fachpersonals. |

## **Altersstufen** (vgl. Hinz 2004; Stähling 2004a)

| *Perspektive der Inklusion* | *Fehlentwicklungen der Integration bzw. Widerspruch gegen die Inklusion.* |
|---|---|
| Grundlage: Gleichheit und Differenz der Altersstufen; Heterogenität wird positiv gewertet. | Grundlage: „Normalität" der Jahrgangsstufen; Andersartigkeiten der Jahrgänge. |
| Ziel: egalitäre Differenz der Jahrgänge in Gemeinsamkeit. | Ziel: keine Behinderungen und Störungen für „jahrgangsgemäß" Entwickelte: jahrgangsnormierte Entwicklung der Kinder. |
| In altersgemischten Klassen: Pädagogen berücksichtigen bei ihren Maßnahmen<br>• unterschiedliche Bildungserfahrungen der Kinder<br>• unterschiedliche Entwicklungshintergründe der Kinder<br>• unterschiedliche Zugänge und Interessen.<br>Sie knüpfen an die Unterschiedlichkeit und Gemeinsamkeit dieser Voraussetzungen an. Heterogenität als Chance. | In Jahrgangsklassen:<br>• Kompensierende Maßnahmen zur Minimierung der Heterogenität<br>• „Förder"-Kurse<br>• Nachhilfe |
| In altersgemischten Klassen: Kinder setzten sich auseinander mit<br>• vorhandenen und nicht vorhandenen eigenen Erfahrungen<br>• den Erfahrungen und Erfahrungsschritten der anderen | In Jahrgangsklassen: Kinder setzen sich auseinander mit<br>• jahrgansstufenbezogenen Anforderungen<br>• Leistungsvergleich untereinander |

## **Koedukation** (vgl. Hinz 2004)

| *Perspektive der Inklusion* | *Fehlentwicklungen der Integration bzw. Widerspruch gegen die Inklusion* |
|---|---|
| Grundlage: Gleichheit und Differenz der Geschlechter; Heterogenität wird positiv gewertet | Grundlage: „Normalität" der männlichen Logik; Andersartigkeit der Geschlechter |
| Ziel: egalitäre Differenz der Geschlechter in Gemeinsamkeit | Ziel: keine Behinderungen und Störungen für „geschlechtsgemäß" entwickelte Mädchen und Jungen; Mädchen = Jungen |
| In reflexiv koedukativem Unterricht: Pädagogen berücksichtigen bei ihren Maßnahmen<br>• weibliche und männliche Existenzweisen<br>• unterschiedliche Entwicklungshintergründe<br>• unterschiedliche Zugänge und Interessen<br>• unterschiedliche, teils altersbedingte Entwicklungen.<br>Sie knüpfen an die Unterschiedlichkeit und Gemeinsamkeit dieser Voraussetzungen an.<br>In altersgemischten Klassen (Jg. 1–4) ist die Heterogenität der körperlichen und seelischen Entwicklung von Jungen und Mädchen eine Chance für einen offenen Umgang mit Gefühlen. | Maßnahmen:<br>• Kompensierende Maßnahmen zur Minimierung der Heterogenität<br>• Besonders Projekte und Kurse für Mädchen<br>• Mädchen- und Jungenschulen |
| In koedukativen Klassen: Kinder setzten sich auseinander mit<br>• eigener geschlechtlicher Fixiertheit<br>• den individuellen Ausformungen geschlechtlichen Seins der anderen | Kinder setzen sich auseinander mit<br>• geschlechtsbezogenen Anforderungen<br>• Vergleich untereinander |

## **Interkulturelle Erziehung** (vgl. Hinz 2004)

| *Perspektive der Inklusion* | *Fehlentwicklungen der Integration bzw. Widerspruch gegen die Inklusion* |
|---|---|
| Grundlage: Gleichheit und Differenz der Kulturen; Heterogenität wird positiv gewertet | Grundlage: „Normalität" des Deutschen; Andersartigkeit des Kulturellen |
| Ziel: egalitäre Differenz der Kulturen in Gemeinsamkeit | Ziel: keine Behinderungen und Störungen für Deutsche, alle werden Deutsch(e) |
| Pädagogen berücksichtigen bei ihren Maßnahmen<br>• unterschiedliche sprachlich-kulturelle Kontexte der Kinder<br>• Mehrsprachigkeit und Multikulturalität der Kinder<br>• Unterschiedliche Zugänge und Interessen.<br>Sie knüpfen an die Unterschiedlichkeit und Gemeinsamkeit dieser Voraussetzungen an. Heterogenität als Chance. | Maßnahmen:<br>• Kompensierende Maßnahmen zur Minimierung der Heterogenität<br>• „Förder"-Kurse<br>• Sprachkurse<br>• Ausländerklassen (Separierung) |
| In multikulturellen Klassen: Kinder setzen sich auseinander mit<br>• eigenen Kulturerfahrungen und deren Begrenztheit durch das gesellschaftliche Umfeld<br>• den kulturellen Ausdrucksformen der anderen | Kinder setzen sich auseinander mit<br>• Anforderungen der deutschen Kultur<br>• Deutsch als „Leitkultur" |

**Chancengleichheit (Sozialökologie)** (vgl. Hinz 2004)

| *Perspektive der Inklusion* | *Fehlentwicklungen der Integration bzw. Widerspruch gegen die Inklusion* |
|---|---|
| Grundlage: Gleichheit und Differenz der Lebensbedingungen | Grundlage: „Normalität“ des „gebildeten“, reichen Milieus; Andersartigkeiten der Schichten |
| Ziel: egalitäre Differenz der Lebensbedingungen in Gemeinsamkeit | Ziel: keine Behinderungen und Störungen für Bildungsprivilegierte; Chancengerechtigkeit, Kompensation |
| In sozial reflexivem Unterricht: Pädagogen berücksichtigen bei ihren Maßnahmen<br>• unterschiedliche soziale Kontexte der Kinder<br>• unterschiedliche Zugänge und Interessen.<br>Sie knüpfen an die Unterschiedlichkeit und Gemeinsamkeit dieser Voraussetzungen an. Lebenswirklichkeit wird ernst genommen, teilweise im Sinne von Trauerarbeit begleitet (vgl. Prengel 1993) und Veränderung der Situation angestrebt. | Maßnahmen:<br>• Zuweisung in gegliedertes Schulwesen (Separierung)<br>• Vergleichsarbeiten<br>• Kompensierende Maßnahmen zur Minimierung der Heterogenität<br>• „Förder“-Kurse<br>• Nachhilfe |
| Kinder setzten sich auseinander mit<br>• eigenen günstigen und ungünstigen Umfeldvoraussetzungen (Armut / Reichtum)<br>• den Umfeldbedingungen der anderen | Kinder setzen sich auseinander mit<br>• schulformbezogenen Anforderungen<br>• Leistungsvergleich untereinander |

**Gleichwertigkeit in der Pädagogik** (vgl. Prengel 2002)

| *Perspektive der Inklusion* | *Fehlentwicklungen der Integration bzw. Widerspruch gegen die Inklusion* |
|---|---|
| Historische Wurzeln:<br>*Unterprivilegierte Gruppen*: emanzipatorische Gleichheitsforderungen für alle bedeutet: Differenz = Verschiedenartigkeit, nicht Verschiedenwertigkeit, sondern „Gleichwertigkeit" der Verschiedenen (Alfred Adler),<br>Konzept der *reformpädagogischen Einheitsschule*: Arbeiterkinder lernen gemeinsam mit Kindern höherer Schichten.<br>1970er-Jahre, Bildungsreform: Konzept der *Chancengleichheit* (Bildung für alle) durch kompensatorische Erziehung, Koedukation, Grundschulreform, „Förderstufe", Gesamtschule. Orientiert an homogener Jahrgangsklasse und Verwissenschaftlichung. Dadurch innerschulische Selektion.<br>*Behinderte und Randständige* kommen in den Konzepten der Allgemeinbildung, der Einheitsschule und der Chancengleichheit *noch nicht ausreichend ins Blickfeld.* Erst die Integrationspädagogik weist der Regelschule die Aufgabe zu, die partikularen Interessen auch dieser Schüler ernst zu nehmen. | Historische Wurzeln:<br>*Mittelalter*: Gleichheit = Standesgleichheit; Sozialordnung und Ungleichheit werden als naturgegeben legitimiert.<br>*Bürgertum*: Gleichheit = Abschaffung der Adelsprivilegien und formale Gleichheit vor dem Gesetz; Konzept der *Allgemeinbildung,* Bildung für die Menschheit. |
| Differenzprinzip: gleiche Berechtigung und Wertigkeit des Anders-Seins, Universalismus ohne Ausgrenzung von Behinderten | Gleichheitsprinzip |
| Universelle Gleichheitsrechte und partikular besondere Qualitäten werden miteinander vermittelt in Ansätzen der Integrationspädagogik, feministischen Pädagogik, interkulturellen Erziehung, ökologischen Pädagogik. Aufhebung der Trennung von allgemeiner Pädagogik und Sonderpädagogik. | Trennung der allgemeinen Pädagogik von der Sonderpädagogik, bisher fehlt Bildungstheorie für die Integrationspädagogik. |

**Klassenrat / Klassenführung** (vgl. Dreikurs u. a. 1987; Helmke 2003; Stähling 2003 a)

| *Perspektive der Inklusion* | *Fehlentwicklungen der Integration bzw. Widerspruch gegen die Inklusion* |
|---|---|
| Möglichkeit des Mitgestaltens des Lebens in einer Schule. „Klasse führt sich selbst" | Nicht durch Mitgestalten, sondern durch Reduktion der Ansprüche fühlt sich das „schwache" Kind wohl. Lehrerin führt effektiv durch innere Differenzierung, Passung, Störungskontrolle u. a. |
| Lösung aller Probleme einer Klassengemeinschaft durch Gespräche in der Gesamtgruppe. Ende des „Despotismus" der Erwachsenen (Korczak). | Gespräche als Übung zur Gesprächserziehung in parlamentarischer Demokratie. Problemlösen gilt als Überforderung für Kinder. Reduktion der Anforderungen ermöglicht Kindern Gespräche in Kleingruppe oder mit Erwachsenen (Schonraum mit Unterstützung). |
| Recht jedes Kindes und jedes Erwachsenen auf Achtung und Zugehörigkeit. | Recht des Behinderten auf besondere „Förderung" in besonderen Lernsituationen. |
| Offener Unterricht, freie Arbeit an selbst gewählten Themen, Differenzierung. | Formen des Wochenplanunterrichts, bei denen vorwiegend Stillarbeit an Aufgaben geleistet wird, die Lehrerinnen auswählen. |

**Unterrichtsqualität / Schulqualität** (vgl. Boban/Hinz 2004; Stähling 2000, 2004 b, 2005 b)

| *Perspektive der Inklusion* | *Fehlentwicklungen der Integration bzw. Widerspruch gegen die Inklusion* |
|---|---|
| Werte: Verantwortung für Person und Gruppe; Disziplinfragen werden in Gruppe gemeinsam geregelt | Selbstverantwortlichkeit bzw. Gehorsam; Disziplinfragen werden durch Autoritätspersonen geregelt: verhaltenstherapeutische Maßnahmen, Sanktionen, Bloßstellungen, Beschämungen |
| Alle kooperieren; vielfältige Unterstützungsmethoden zwischen Schülern | Jungen und Mädchen wetteifern |
| Freundschaften querbeet | Freundschaften unter Gleichen und mit wenigen Anderen; teilweise Absonderung einer Gruppe |
| Misserfolge, Fehlleistungen und Fehler sind Anlässe für lustbetonte Auseinandersetzungen; Selbst-, Mitschüler- Lehrerinneneinschätzungen von Darstellungen, Lerntagebücher, Ausstellungen u. a.; kooperative Bewertungssysteme; | Misserfolge und Fehler sind Auswahlkriterium für Selektion; Norm- und kriterienorientierte Tests; vergleichende oder individuelle Bewertungssysteme; nach Wettbewerben: „bester Schüler"; |

**Gesundheitsförderung** (vgl. Peter Paulus 2000, 2002 a, b, 2003)

| *Perspektive der Inklusion* | *Fehlentwicklungen bzw. Widerspruch* |
|---|---|
| Historische Entwicklung:<br>1. WHO-Definition (1948): Gesundheit ist Zustand physischen, psychischen, sozialen, ökologischen und spirituellen Wohlbefindens, nicht nur Abwesenheit von Krankheit (subjektive Seite von Gesundheit). Folglich ist der Betroffene in die Maßnahmen einzubeziehen.<br>2. WHO-Charta in Ottava (1986): Unterstützung der *Selbstbestimmung* über die Bedingungen von Gesundheit<br>3. Resolution des Europäischen Netzwerks Gesundheitsfördernder Schulen in Thessaloniki (1997): Gesundheitsförderung ist Projekt, das die *Lebenslage* der Schüler und deren Familien, der Lehrerinnen und anderer schulischer Mitarbeiter in den Mittelpunkt stellt. | – Ansatz „Gesundheitsfördernde Schule" ist nicht aus der Schule und dessen Entwicklungsnotwendigkeiten entstanden, sondern von außen geleitet. Schule ist aber Institution des Bildungswesens und nicht des Gesundheitswesens.<br>– Bedeutungslosigkeit in der pädagogischen Diskussion um Erneuerung der Schule<br>– geringe Verbreitung der gesundheitsfördernden Schulen<br>– zu hoher Anspruch, Überforderung der Schulen |
| *Salutogenetisches* Konzept: Blick auf Gesundheitsressourcen, Kraftquellen, Lebensfreude, Optimismus. Demokratisch-emanzipatorischer Ansatz: Patizipation, Empowerment | Pädagogik des erhobenen Zeigefingers und der Abschreckung, im Mittelpunkt: Risikofaktoren. *Normierend-disziplinierendes* Konzept |
| Sozio-kulturell geprägte gesunde Lebensweise als Ziel. | Traditionelle Gesundheitserziehung hat als Zielgruppe die Schüler. Individuelles Gesundheitsverhalten unter Ausblendung der sozialen Ursachen gesundheitlicher Probleme. Psychologisieren, Medikalisieren. |
| Gesunde Schule = „gute Schule" = Humane Schule? = inklusive Schule?<br>Gesundheitsförderung im Dienst der Schule, als Mittel zur Verbesserung von Schulqualität.<br>Neue Orientierung als „Allianz von Bildung und Gesundheit" in den Initiativen „anschub.de" (2002) und des Europäischen Netzwerks (Egmond, NL 2002). | Konzept „Gesundheitsfördernde Schulen" dient der Profilierung einzelner Schulen. |

Dieses Glossar – so hoffe ich – unterstützt die Praktiker vor Ort, indem es einen Rückbezug auf die Reformpädagogik und die Kinderrechte ermöglicht. Ich verweise auf die kleinen Schritte, ohne die Inklusion eine Utopie bliebe.

# Literatur

Adler, Alfred: Kindererziehung. Frankfurt/M.: Fischer 1930/1976

Ahrbeck, Bernd / Bleidick, Ulrich / Schuck, Karl Dieter: Pädagogisch-psychologische Modelle der inneren und äußeren Differenzierung für lernbehinderte Schüler. In Weinert, Franz (Hrsg.): Psychologie des Unterrichts und der Schule. Göttingen: Hogrefe 1997, S. 739–796

Albrecht, Friedrich / Hinz, Andreas / Moser, Vera (Hrsg.): Perspektiven der Sonderpädagogik. Neuwied / Berlin: Luchterhand 2000

Antonovsky, Aaron: Salutogenese. Zur Entmystifizierung der Gesundheit. Tübingen: Deutsche Verlagsgesellschaft für Verhaltenstherapie dgvt 1997

Antor, Georg / Bleidick, Ulrich (Hrsg.): Handlexikon der Behindertenpädagogik. Stuttgart: Kohlhammer 2001

Bannach, Michael: Selbstbestimmtes Lernen. Freie Arbeit an selbst gewählten Themen. Hohengehren: Schneider 2002

Baumert, Jürgen / Klieme, Eckard / Neubrand, Michael / Prenzel, Manfred / Schiefele, Ulrich / Schneider, Wolfgang / Stanat, Petra / Tillmann, Klaus-Jürgen / Weiß, Manfred (Hg.): PISA 2000. Opladen: Leske+Budrich 2001

Bartnitzky, Horst / Angelika Speck-Hamdan (Hrsg.): Leistungen der Kinder. Wahrnehmen – würdigen – fördern. Frankfurt/M.: Grundschulverband 2004

Bartnitzky, Horst: VERA Deutsch 2004: Ungeeignet und bildungsfern. In: Grundschulverband-aktuell 89, 2005,1, S. 10–16

Bartnitzky, Jens: Wie Kinder lernen können, ihre Anstrengungen und Erfolge zu würdigen – ein Lerntagebuch. In: Bartnitzky, Horst / Angelika Speck-Hamdan (Hrsg.): Leistungen der Kinder. Wahrnehmen – würdigen – fördern. Frankfurt/M.: Grundschulverband 2004, S. 100–109

Begemann, Ernst: Theoretische und institutionelle Bedingungen der Integration und der „inclusion“. In: Eberwein, Hans / Knauer, Sabine (Hrsg.): Integrationspädagogik. Kinder mit und ohne Beeinträchtigungen lernen gemeinsam. Weinheim: Beltz 2002 (6. überarb. Aufl.), S. 125–139

Bellenberg, Gabriele / Hovestadt, Gertrud / Klemm, Klaus: Selektivität und Durchlässigkeit im allgemein bildenden Schulsystem. Universität Essen: Arbeitsgruppe Bildungsforschung / Bildungsplanung 2004

Biewer, Gottfried: „Inclusive Education“ – Effektivitätssteigerung von Bildungsinstitutionen oder Verlust heilpädagogischer Standards? In: Zeitschrift für Heilpädagogik 56, 2005, 3, S. 101–108

Bleidick, Ulrich: Individualpsychologie, Lernbehinderungen und Verhaltensstörungen. Hilfen für Erziehung und Unterricht. Berlin: Marhold 1985

Bleidick, Ulrich: Behinderung als pädagogische Aufgabe. Behinderungsbegriff und behindertenpädagogische Theorie. Stuttgart: Kohlhammer 1999

Bleidick, Ulrich: Individualpsychologie und Sonderpädagogik. In: Zeitschrift für Individualpsychologie 29, 2004, 3, S. 181–195

Bless, Gérard: Zur Wirksamkeit der Integration. Bern: Haupt 1995

Bloemeke, Sigrid / Eichler, Dana / Müller, Christiane: Rekonstruktion kognitiver Strukturen von Lehrpersonen als Herausforderung für die empirische Unterrichtsforschung. Theoretische und methodologische Überlegungen zu Chancen und Grenzen von Videostudien. In: Unterrichtswissenschaft 31, 2003, 2, S. 103–121

Boban, Ines / Hinz, Andreas (Hrsg.): Index für Inklusion – Lernen und Teilhabe in der Schule der Vielfalt entwickeln. Entwickelt von Booth, Tony / Ainscow, Mel, übersetzt, bearbeitet von Boban / Hinz. Martin-Luther-Universität Halle-Wittenberg 2003

Boban, Ines / Hinz, Andreas: Gute Schulen und der Index für Inklusion. In: Schnell, Irmtraud / Sander, Alfred (Hrsg.): Inklusive Pädagogik. Bad Heilbrunn: Klinkhardt 2004, S. 151–165

Bohl, Thorsten: Empirische Unterrichtsforschung und Allgemeine Didaktik. In: Die Deutsche Schule 96, 2004, 4, S. 414–425

Borchert, Johann (Hrsg.): Handbuch der Sonderpädagogischen Psychologie. Göttingen: Hogrefe 2000

Bos, Wilfried / Lankes, Eva-Maria / Prenzel, Manfred / Schwippert, Kurt / Walther, Gerd / Valtin, Renate (Hg.): Erste Ergebnisse aus IGLU. Schülerleistungen am Ende der vierten Jahrgangsstufe im internationalen Vergleich. Münster: Waxmann 2003

Böttcher, Wolfgang / Brohm, Michaela: Die Methodik des Chance Managements und die aktuelle Schulreform. In: Die Deutsche Schule 96, 2004, 3, S. 268–278

Brandecker, Ferdinand / Eppe, Heinrich / Schmölkers, Ralf / Wessel, Heiko / Wolter-Brandecker, Renate: Klassiker der sozialistischen Erziehung. Bonn: Orzekowsky 1989

Brecht, Bertolt: Flüchtlingsgespräche. In: Gesammelte Werke in 20 Bänden, Bd. 14. Frankfurt: Suhrkamp 1967

Bromme, Rainer: Kompetenzen, Funktionen und unterrichtliches Handeln des Lehrers. In: Weinert, Franz (Hrsg.): Enzyklopädie der Psychologie. Band 3. Psychologie des Unterrichts und der Schule. Göttingen: Hofgrefe 1997, S. 177–212

Brügelmann, Hans: „Output" statt „Input"? – kritische Anmerkungen zur aktuellen Leistungsdebatte. In: Bartnitzky, Horst / Angelika Speck-Hamdan (Hrsg.) 2004: Leistungen der Kinder. Wahrnehmen – würdigen – fördern. Frankfurt/M.: Grundschulverband 2004, S. 10–26

Brügelmann, Hans: Wahrheit durch VERA? Anmerkungen zum ersten Durchgang der landesweiten Leistungstests in sechs Bundesländern. In: Grundschulverband-aktuell 89, 2005,1, S. 7–9

Burk, Karlheinz / Grundey, Ute: Lernfortschritte in einer Schuleingangsklasse transparent machen – Landkarte der Lernwege. In: Bartnitzky, Horst / Angelika Speck-Hamdan (Hrsg.): Leistungen der Kinder. Wahrnehmen – würdigen – fördern. Frankfurt/M.: Grundschulverband 2004, S. 110–125

Daum, Egbert: Die Fächer lassen einen im Stich – Plädoyer für mehr Wirklichkeitsbewusstsein im Sachunterricht. In: Löffler, Gerhard / Möhle, Volker / Reeken, Dietmar von / Schwier, Volker (Hrsg.): Sachunterricht zwischen Fachbezug und Integration. Bad Heilbrunn: Klinkhardt, 2000, S. 50–62

Deutscher Bundestag: Lebenslagen in Deutschland – Zweiter Armuts- und Reichtumsbericht. Drucksache 15/ 5015 vom 3.3.2005. Berlin 2005

Drechsel, Barbara / Senkbeil, Martin: Institutionelle und organisatorische Rahmenbedingungen von Schule und Unterricht. In: Prenzel, Manfred / Baumert, Jürgen / Blum, Werner / Lehmann, Rainer / Leutner, Detlev / Neubrand, Michael / Pekrun, Reinhard / Rolff, Hans-Günter / Rost, Jürgen / Schiefele, Ulrich (Hrsg.): PISA 2003. Der Bildungsstand der Jugendlichen in Deutschland – Ergebnisse des zweiten internationalen Vergleichs. Münster: Waxmann 2004, S. 284–291

Dreikurs, Rudolf / Grundwald, Bernice B. / Pepper, Floy C.: Lehrer und Schüler lösen Disziplinprobleme. Herausgegeben von Hans Josef Tymister. Weinheim: Beltz 1987 (1. amerikanische Ausgabe 1982)

Drunkemühle, Ludger / Pollert, Manfred: Differenzieren lässt sich lernen. Frankfurt/M.: Diesterweg 1980

Dürr, Michaela: Integrativer Unterricht an der Regelgrundschule. Ein Fallbeispiel. Münster: Waxmann 2001

Eberwein, Hans: Verzicht auf Kategoriensysteme in der Integrationspädagogik. In: Albrecht, Friedrich / Hinz, Andreas / Moser, Vera (Hrsg.): Perspektiven der Sonderpädagogik. Neuwied / Berlin: Luchterhand 2000, S. 95–106

Eberwein, Hans: Kritik am Haushaltsvorbehalt der Länder gegenüber der integrativen Unterrichtung von Kindern mit „Behinderungen". In: Zeitschrift für Heilpädagogik, 53, 2002, 9, S. 268–370

Eberwein, Hans / Knauer, Sabine (Hrsg.): Integrationspädagogik. Kinder mit und ohne Beeinträchtigungen lernen gemeinsam. Weinheim: Beltz 2002 (6. überarb. Aufl.)

Eberwein, Hans / Knauer, Sabine (Hrsg.): Behinderungen und Lernprobleme überwinden. Grundwissen und integrationspädagogische Arbeitshilfen für den Unterricht. Stuttgart: Kohlhammer 2003

Faust-Siehl, Gabriele / Speck-Hamdan, Angelika (Hg.): Schulanfang ohne Umwege. Frankfurt/Main: Grundschulverband 2001

Fend, Helmut: „Gute Schulen – schlechte Schulen". Die einzelne Schule als pädagogische Handlungseinheit. In: Die Deutsche Schule 78, 1986, 3, S. 275–293

Feuser, Georg / Meyer, Heike: Integrativer Unterricht in der Grundschule. Zwischenbericht. Solms-Oberbiel: Jarick Oberbiel 1987

Feuser, Georg: Allgemeine integrative Pädagogik und Entwicklungslogische Didaktik. In: Behindertenpädagogik 1989, 1, S. 4–48

Feuser, Georg: Zum Verhältnis von Sonder- und Integrationspädagogik – eine Paradigmendiskussion? In: Albrecht, Friedrich / Hinz, Andreas / Moser, Vera (Hrsg.): Perspektiven der Sonderpädagogik. Neuwied / Berlin: Luchterhand 2000, S. 20-44

Feuser, Georg: Momente entwicklungslogischer Didaktik einer Allgemeinen (integrativen) Pädagogik. In: Eberwein, Hans / Knauer, Sabine (Hrsg.): Integrationspädagogik. Weinheim: Beltz 2002 (6. überarb. Aufl.), S. 280–294

Feuser, Georg (Hrsg.): Integration heute – Perspektiven ihrer Weiterentwicklung in Theorie und Praxis. Frankfurt a.M.: Lang 2003

Fölling-Albers, Maria / Hartinger, Andreas: Schüler motivieren und interessieren in offenen Lernsituationen. In: Drews, Ursula / Wallrabenstein, Wulf (Hrsg.): Freiarbeit in der Grundschule. Offener Unterricht in Theorie, Forschung und Praxis. Frankfurt/M.: Grundschulverband 2002, S. 34–51

Fromm, Erich: Die Kunst des Liebens. In: Gesamtausgabe in zwölf Bänden. Bd. IX. Hrsg. von Rainer Funk. München: Deutscher Taschenbuch Verlag 1956/1999, S. 439–518

Fromm, Erich: Pro und Contra Summerhill. In: Gesamtausgabe in zwölf Bänden. Bd. IX. Hrsg. von Rainer Funk. München: Deutscher Taschenbuch Verlag 1970/1999, S. 415–423

Füssel, Hans-Peter: „Niemand darf wegen seiner Behinderung benachteiligt werden". Die Schulrechtlichen Rahmenbedingungen für eine integrative Pädagogik. In: Eberwein, Hans / Knauer, Sabine (Hrsg.): Integrationspädagogik. Kinder mit und ohne Beeinträchtigungen lernen gemeinsam. Weinheim: Beltz 2002 (6. überarb. Aufl.), S. 158–163

Galic, Barbara: Gehörlosigkeit: Stigma oder Lebensform? – eine Frage der Perspektive! In: Zeitschrift für Heilpädagogik 56, 2005, 4, S. 154–160

Giest, Hartmut: Interessenförderung durch naturwissenschaftlichen Unterricht. In: Grundschulunterricht, 52, 2005, 10, S. 23–27

Göhlich, Michael (Hrsg.): Offener Unterricht – Community Education – Alternativschulpädagogik – Reggiopädagogik. Die neueren Reformpädagogiken. Weinheim: Beltz 1997

Graumann, Olga: Gemeinsamer Unterricht in heterogenen Gruppen. Von lernbehindert bis hochbegabt. Bad Heilbrunn: Klinkhardt 2002

Grundschule Berg Fidel: www.ggs-bergfidel.de: homepage der Grundschule Berg Fidel, Münster

Hans, Maren / Ginnold, Antje (Hrsg.): Integration von Menschen mit Behinderungen – Entwicklung in Europa. Neuwied: Luchterhand 2000

Hansbauer, Peter (Hg.): Entwicklung und Chancen junger Menschen in sozialen Brennpunkten – „Straßenkarrieren“ im Schnittpunkt von Jugendhilfe, Schule und Polizei. Bonn: Bundesministerium für Familie, Senioren, Frauen und Jugend 2000

Hartinger, Andreas / Hawelka, Birgit: Öffnung und Strukturierung von Unterricht. Widerspruch oder Ergänzung? In: Die Deutsche Schule, 97, 2005, 3, S. 329–341

Hausotter, Anette / Boppel, Werner / Meschenmoser, Helmut (Hrsg.): Perspektiven Sonderpädagogischer Förderung in Deutschland. Dokumentation der nationalen Fachtagung vom 14.–16. November 2001 in Schwerin. Middelfahrt: European Agency 2002

Heilmann, Walter: Kern- und Kursunterricht. In: Christiani, Reinhold (Hrsg.): Jahrgangsübergreifend unterrichten. Berlin: Cornelsen 2005, S. 94–97

Heinzel, Friederike / Prengel, Annedore (Hrsg.): Heterogenität, Integration und Differenzierung in der Primarstufe. Opladen: Leske + Budrich 2002

Helmke, Andreas: Unterrichtsqualität – erfassen, bewerten, verbessern. Seelze: Kallmeyer 2003

Herz, Otto: Am Rosenmaar – Portrait einer Ganztagsgrundschule. In: Burk, Karlheinz (Hrsg.): Jahrgangsübergreifendes Lernen in der Grundschule. Frankfurt/M.: Grundschulverband 1996, S. 119–130

Hesse, Gabriele: Es geht! – Jahrgangsübergreifender Unterricht von Klasse 1 bis 4. In: Grundschule, 35, 2003, 7–8, S. 4547

Heyer, Peter / Korfmacher, Edelgard / Podlesch, Wolfgang / Preuss-Lausitz, Ulf / Sebold, Lydia (Hrsg.): Zehn Jahre wohnortnahe Integration. Frankfurt/M.: Grundschulverband 1993

Hildeschmidt, Anne / Schnell, Irmtraud (Hrsg.): Integrationspädagogik. Auf dem Weg zu einer Schule für alle. Weinheim: Juventa 1998

Hinz, Andreas: Pädagogik der Vielfalt – ein Ansatz auch für Schulen in Armutsgebieten? Überlegungen zu einer theoretischen Weiterentwicklung. In: Hildeschmidt, Anne / Schnell, Irmtraud (Hrsg.): Integrationspädagogik. Auf dem Weg zu einer Schule für alle. Weinheim: Juventa 1998, S. 127–144

Hinz, Andreas: Sonderpädagogische Arbeit in Integrativen Regelklassen – Eine Studie zur Praxisentwicklung im ersten und vierten Schuljahr. In: Katzenbach, Dieter / Hinz, Andreas (Hrsg.): Wegmarken und Stolpersteine in der Weiterentwicklung der integrativen Grundschule. Hamburg: Hamburger Buchwerkstatt 1999, S. 201–301

Hinz, Andreas: Sonderpädagogik im Rahmen von Pädagogik der Vielfalt und Inclusive Education. In: Albrecht, Friedrich / Hinz, Andreas / Moser, Vera (Hrsg.): Perspektiven der Sonderpädagogik. Neuwied / Berlin: Luchterhand 2000, S. 124–140

Hinz, Andreas: Von der Integration zur Inklusion – terminologisches Spiel oder konzeptionelle Weiterentwicklung? In: Zeitschrift für Heilpädagogik 53, 2002, 9, S. 354–361

Hinz, Andreas: Vom sonderpädagogischen Verständnis der Integration zum integrationspädagogischen Verständnis der Inklusion!? In: Schnell, Irmtraud / Sander Alfred (Hrsg.): Inklusive Pädagogik. Bad Heilbrunn: Klinkhardt 2004, S. 41–74

Husfeld, Vera: Large-Scale-Assessments – Ihr möglicher Beitrag zur Qualitätsentwicklung von Schule und Unterricht. In: Die Deutsche Schule, 96, 2004, 4, S. 500–513

Iben, Gerd / Menges, Anja: Vom Schulschwänzen zur Straßenkarriere – „Straßenkinder" und ihre Schulkarrieren. In: Pädagogik, 54, 2002, 6, S. 15–18

Kaiser, Astrid: Sachunterricht der Vielfalt – implizite Strukturen der Integration. In: Löffler, Gerhard / Möhle, Volker / Reeken, Dietmar von / Schwier, Volker (Hrsg.): Sachunterricht zwischen Fachbezug und Integration. Bad Heilbrunn: Klinkhardt, 2000, S. 91–107

Kaiser, Astrid: Kommunikativer Sachunterricht. In: Kaiser, Astrid / Pech, Detlef (Hrsg.): Neuere Konzeptionen und Zielsetzungen im Sachunterricht. Basiswissen Sachunterricht Bd. 2. Baltmannsweiler: Schneider 2004, S. 48–57

Kaiser, Astrid / Mannel, Susanne: Chemie in der Grundschule. Baltmannsweiler: Schneider 2004

Kempowski, Walter: Immer so durchgemogelt. Erinnerungen an unsere Schulzeit. Hamburg: Knaus 1974

Kilb, Rainer: Integration, Kooperation oder Konkurrenz – Welche Rolle könnte die Jugendhilfe in einem Ganztagsschulmodell spielen? In: Die Deutsche Schule, 95, 2003, 3, S. 349–353

Kiper, Hanna: Selbst- und Mitbestimmung in der Schule: das Beispiel Klassenrat. Baltmannsweiler: Schneider 1997

Klemm, Klaus / Block, Rainer: Zurecht gerückt. – Essener Bildungsstudie. In: Erziehung und Wissenschaft, 57, 2005, 9, S. 23–25

Knauer, Sabine: Von den Anfängen der Integration zur heutigen Integrationspädagogik. In: Behinderte in Familie, Schule und Gesellschaft 26, 2003, 1, S. 14–25

Konrad, Franz-Michael: Von der Konfrontation zur Kooperation – Zur Geschichte des Verhältnisses von Schule und Sozialpädagogik / Sozialarbeit. In: Fatke, Reinhard / Valtin, Renate (Hg.): Sozialpädagogik in der Grundschule. Frankfurt: Grundschulverband 1997, S. 20–32

Köhnlein, Walter: Vielperspektivität, Fachbezug und Integration. In: Löffler, Gerhard / Möhle, Volker / Reeken, Dietmar von / Schwier, Volker (Hrsg.): Sachunterricht zwischen Fachbezug und Integration. Bad Heilbrunn: Klinkhardt, 2000, S. 134–146

Kottmann, Brigitte: Selektion in die Sonderschule. Das Verfahren zur Feststellung von sonderpädagogischem Förderbedarf als Gegenstand empirischer Forschung. Bad Heilbrunn: Klinkhardt 2005

Krapp, Andreas: Interesse – ein wichtiges Ziel im Grundschulunterricht. In: Grundschulunterricht, 52, 2005, 10, S. 4–8

Kultusministerkonferenz: Empfehlungen der Kultusministerkonferenz zur Sonderpädagogischen Förderung in den Schulen in der Bundesrepublik Deutschland. In: Drave, Wolfgang / Rumpler, Franz / Wachtel, Peter (Hrsg.): Empfehlungen zur sonderpädagogischen Förderung. Allgemeine Grundlagen und Förderschwerpunkte mit Kommentaren. Würzburg: Edition Bentheim 2000, S. 25–39

Liesen, Christian / Felder, Franziska: Bemerkungen zur Inklusionsdebatte. In: Heilpädagogik online 03/04, 3–29.
http://www.heilpaedagogik-online.com/2004/heilpaedagogik_online_0304.pdf, Stand: 1.7.2004

Lipowsky, Frank: Zur Qualität offener Lernsituationen im Spiegel empirischer Forschung – auf die Mikroebene kommt es an. In: Drews, Ursula / Wallrabenstein, Wulf (Hrsg.): Freiarbeit in der Grundschule. Offener Unterricht in Theorie, Forschung und Praxis. Frankfurt/M.: Grundschulverband 2002, S. 126–159

Lipowsky, Frank: Was macht Fortbildungen für Lehrkräfte erfolgreich? In: Die Deutsche Schule, 96, 2004, 4, S. 462–479

Löffler, Gerhard / Möhle, Volker / Reeken, Dietmar von / Schwier, Volker (Hrsg.): Sachunterricht – Zwischen Fachbezug und Integration. Bad Heilbrunn: Klinkhardt 2000

Ludwig, Harald: Entstehung und Entwicklung der modernen Ganztagsschule in Deutschland. Köln: Böhlau 1993

Ludwig, Harald: Montessori-Schulen und ihre Didaktik. Hohengehren: Schneider 2004

Lutz, Helma / Wenning, Norbert (Hrsg.): Unterschiedlich verschieden. Differenz in der Erziehungswissenschaft. Opladen: Leske+Budrich 2001

Mand, Johannes: Nach dem Paradigmenwechsel. Neue Aufgaben für die Arbeit mit auffälligen Kindern und Jugendlichen. In: Behinderte in Familie, Schule und Gesellschaft 26, 2003,1, S. 58–65

Marsolek, Therese: Empirische Studien zum jahrgangsübergreifenden Unterricht. In: Heyer, Peter / Sack, Lothar / Preuss-Lausitz, Ulf (Hrsg.): Länger gemeinsam lernen. Frankfurt/M.: Grundschulverband 2003, S. 67–74

Merten, Roland: Inklusion / Exklusion und Soziale Arbeit. Überlegungen zur aktuellen Theoriedebatte zwischen Bestimmung und Dekonstruktion. Zeitschrift für Erziehungswissenschaft 4, 2001, 2, S. 174–190

Meyer, Hilbert: Leitfaden zur Unterrichtsvorbereitung. Königstein: Skriptor 1980

Meyer, Hilbert: Was ist guter Unterricht? Berlin: Cornelsen 2004

Ministerium für Schule, Jugend und Kinder des Landes Nordrhein-Westfalen: Erfolgreich starten! Schulfähigkeitsprofil als Brücke zwischen Kindergarten und Grundschule. Frechen: Ritterbach 2003

Montessori-Grundschule Borken: Haus des Lernens – Schulprogramm. Borken 2002 http://www.montessori-borken.de

Moser, Vera: Konstruktion und Kritik. Sonderpädagogik als Disziplin. Opladen: Leske + Budrich 2003

National Coalition: Kinderrechte sind Menschenrechte. Impulse für die zweite Dekade 1999–2009. Berlin: Arbeitsgemeinschaft für Jugendhilfe 2001

Nipkow, Karl Ernst: Menschen mit Behinderungen nicht ausgrenzen. Zur theologischen Begründung und pädagogischen Verwirklichung einer „Inklusiven Pädagogik". In: Zeitschrift für Heilpädagogik 56, 2005, 4, S. 122–131

Nührenbörger, Marcus / Pust, Sylke: Integrierende Lernumgebungen. In: Christiani, Reinhold (Hrsg.): Jahrgangsübergreifend unterrichten. Berlin: Cornelsen 2005, S. 137–142

Oser, Fritz: Sozial-moralisches Lernen. In: Weinert, Franz: Psychologie des Unterrichts und der Schule. Göttingen: Hogrefe 1997, S. 461–502

Paulus, Peter: Von der Ottawa-Charta zur Resolution von Thessaloniki und darüber hinaus. Gesundheitserziehung in der Schule im Wandel zur schulischen Gesundheitsförderung. In: Paulus, Peter / Brückner, Gerhard (Hrsg.): Wege zu einer gesünderen Schule. Tübingen: dgvt-Verlag 2000, S. 11–22

Paulus, Peter: Die „Gesundheitsfördernde Schule". In: Grundschulmagazin 2002a, 7–8, S. 8–14

Paulus, Peter: Die gesundheitsfördernde Schule in Europa – Eine Investition in Bildung, Gesundheit und Demokratie. In: Hilligus, Annegret / Rinkens, Hans-Dieter / Friedrich, Claudia (Hrsg.): Europa in Schule und Lehrerausbildung. Münster: LIT 2002b, S. 163–185

Paulus, Peter: Schulische Gesundheitsförderung – vom Kopf auf die Füße gestellt. Von der Gesundheitsfördernden Schule zur guten, gesunden Schule. In: Aregger, Kurt / Lattmann, Urs Peter (Hrsg.): Gesundheitsfördernde Schule – eine Utopie? Konzepte, Praxisbeispiele, Perspektiven. Luzern: Sauerländer 2003, S. 92–114

Peschel, Falko: Offener Unterricht. Hohengehren: Schneider 2002

Peter-Petersen-Schule: Reif fürs Museum oder Konzept für die Zukunft? 50 Jahre PPS. Köln 2002

Platte, Andrea: Schulische Lebens- und Lernwelten gestalten. Didaktische Fundierung inklusiver Bildungsprozesse. Münster: Monsenstein und Vannerdat 2005

Pollert, Manfred: Lernen und leben im 1. Schuljahr. Berlin: Cornelsen 2002

Pollert, Manfred: Miteinander und voneinander lernen. Gütersloh: Flöttmann 2006

Prengel, Annedore: Pädagogik der Vielfalt. Opladen: Leske+Budrich 1993

Prengel, Annedore: Zur Dialektik von Gleichheit und Differenz in der Integrationspädagogik. In: Eberwein, Hans / Knauer, Sabine (Hrsg.): Integrationspädagogik. Weinheim: Beltz 2002 (6. überarb. Aufl.), S. 140–147

Prenzel, Manfred / Baumert, Jürgen / Blum, Werner / Lehmann, Rainer / Leutner, Detlev / Neubrand, Michael / Pekrun, Reinhard / Rolff, Hans-Günter / Rost, Jürgen / Schiefele, Ulrich (Hrsg.): PISA 2003. Der Bildungsstand der Jugendlichen in Deutschland – Ergebnisse des zweiten internationalen Vergleichs. Münster: Waxmann 2004

Preuss-Lausitz, Ulf: Die Kinder des Jahrhunderts. Zur Pädagogik der Vielfalt im Jahr 2000. Weinheim: Beltz 1993

Preuss-Lausitz, Ulf: Integrationsforschung – Ansätze, Ergebnisse und Perspektiven. In: Eberwein, Hans / Knauer, Sabine (Hrsg.): Integrationspädagogik. Kinder mit und ohne Beeinträchtigungen lernen gemeinsam. Weinheim: Beltz 2002 (6. überarb. Aufl.), S. 458–470

Preuss-Lausitz, Ulf: Untersuchungen zur Finanzierung sonderpädagogischer Förderung in integrativen und separaten Schulen. In: Eberwein, Hans / Knauer, Sabine (Hrsg.): Integrationspädagogik. Kinder mit und ohne Beeinträchtigungen lernen gemeinsam. Weinheim: Beltz 2002 (6. überarb. Aufl.), S. 514–524

Preuss-Lausitz, Ulf: Anforderungen an eine jungenfreundliche Schule. Ein Vorschlag zur Überwindung ihrer Benachteiligung. In: Die Deutsche Schule, 97, 2005, 2, S. 222–235

Preuss-Lausitz, Ulf / Textor, Annete: Verhaltensauffällige Kinder sinnvoll integrieren – Eine Alternative zur Schule für Erziehungshilfe. Bericht über eine Evaluationsstudie. In: Zeitschrift für Heilpädagogik, 57, 2006, 1, S. 2–8

Rademacker, Hermann: Ganztagsangebote und Jugendhilfe. In: Die Deutsche Schule 96, 2004, 2, S. 170–183

Radisch, Falk / Klieme, Eckhard: Wirkungen ganztägiger Schulorganisation. In: Die Deutsche Schule 96, 2004, 2, S. 153–169

Ramseger, Jörg / Dreier, Annette / Kucharz, Dietmut / Sörensen, Bernd: Schulversuch „Verlässliche Halbtagsgrundschule“ des Landes Berlin – Vierter Zwischenbericht der Wissenschaftlichen Begleitung „Schule im sozialen Brennpunkt“. Arbeitsstelle Bildungsforschung Primarstufe an der HdK, März 2001

Reiser, Helmut: Lern- und Verhaltensstörungen als gemeinsame Aufgabe von Grundschul- und Sonderpädagogik unter dem Aspekt der pädagogischen Selektion. In: Zeitschrift für Heilpädagogik, 48, 1997, 7, S. 266–275

Richter, Ingo: Das 15% Problem. Welche Perspektiven hat die „New Under-Class"? In: Erziehung & Wissenschaft, 54, 2003, 9, S. 18–20

Riegel, Enja: Schule kann gelingen. Frankfurt: Fischer, 2004

Rolff, Hans-Günter: Wandel durch Selbstorganisation. Theoretische Grundlagen und praktische Hinweise für eine bessere Schule. Weinheim: Juventa 1993

Rohrmann, Eckhard: Eine besondere Pädagogik für besondere Menschen? – Sechs Thesen zur sonderpädagogischen „Integration". In: Die Deutsche Schule 96, 2004, 3, S. 286–297

Roßbach, Hans-Günther: Der Forschungsstand zu jahrgangsübergreifendem und altersgemischtem Lernen. In: Burk, Karlheinz (Hrsg.): Jahrgangsübergreifendes Lernen in der Grundschule. Frankfurt/M.: Grundschulverband 1996, S. 37–45

Rudow, Bernd: Die Arbeit des Lehrers. Bern: Huber 1994

Ruedi, Jürg: Disziplin in der Schule. Bern: Haupt 2004

Rühle, Otto: Die Seele des Proletarischen Kindes. In: Werder, Lutz von / Wolff, Reinhart (Hrsg.): Zur Psychologie des proletarischen Kindes. Darmstadt: März 1925, S. 9–137

Rumpf, Horst: Diesseits der Belehrungswut. Weinheim: Juventa 2004

Sander, Alfred: Behinderungsbegriffe und ihre Integrationsrelevanz. In: Eberwein, Hans / Knauer, Sabine (Hrsg.): Integrationspädagogik. Weinheim: Beltz 2002 (6. überarb. Aufl.), S. 99–108

Sander, Alfred: Über Integration zur Inklusion. (Saarbrücker Beiträge zur Integrationspädagogik). St. Ingbert 2003

Saupe, Rolf / Helmut Möller: Psychomentale Belastungen im Lehrerberuf. Ergebnisse einer Studie in Berlin-West. GEW Landesverband Berlin 1981

Schlömerkemper, Jörg: „Standards" dürfen „Bildung" nicht ersetzen! In: Schlömerkemper, Jörg (Hrsg.): Bildung und Standards. Die Deutsche Schule. 8. Beiheft. Weinheim: Juventa, 2004, S. 5–10

Schlömerkemper, Jörg: Bildung braucht Erziehung. In: Die Deutsche Schule, 97, 2005, 3, S. 262–265

Schmitt, Rudolf (Hrsg.): Grundschule – Schule der Vielfalt und Gemeinsamkeit. Frankfurt: Grundschulverband 2001

Schnell, Irmtraud: Geschichte schulischer Integration. Gemeinsames Lernen von SchülerInnen mit und ohne Behinderung in der BRD seit 1970. Weinheim: Juventa 2003

Schnell, Irmtraud / Sander Alfred (Hrsg.): Inklusive Pädagogik. Bad Heilbrunn: Klinkhardt 2004

Schönwälder, Hans-Georg: Die Arbeitslast der Lehrerinnen und Lehrer. Essen: Neue Deutsche Schule Verlag 2001

Schroeder, Joachim: Lebenskunst stärken – Nischen erschließen. In: Die Deutsche Schule 96, 2004, 3, S. 298–312

Schümer, Gundel: Schule und soziale Ungleichheit. Zum Umgang mit unterschiedlichen Lernvoraussetzungen in Deutschland und anderen OECD-Ländern. In: Die Deutsche Schule, 97, 2005, 3, S. 266–284

Schwager, Michael: Eine Schule auf dem Weg zur Inklusion? Entwicklungen des Gemeinsamen Unterrichts an der Gesamtschule Köln-Holweide. In: Zeitschrift für Heilpädagogik 56, 2005, 7, S. 261–268

Schwarz, Bernd: Qualität von Lehrern im Spiegel empirischer Forschung – Forschungstendenzen, Probleme und Befunde. In: Schwarz, Bernd / Klaus Prange (Hrsg.): Schlechte Lehrer/innen. Weinheim: Beltz 1997

Seitz, Simone: Wege zu einer inklusiven Didaktik des Sachunterrichts – das Modell der Didaktischen Rekonstruktion. In: Feuser, Georg (Hrsg.): Integration heute – Perspektiven ihrer Weiterentwicklung in Theorie und Praxis. Frankfurt a.M.: Lang 2003, S. 91–104

Seitz, Simone: Zu einer inklusiven Didaktik des Sachunterrichts. In: Kaiser, Astrid / Pech, Detlef (Hrsg.):Integrative Dimensionen für den Sachunterricht. Neuere Zugangsweisen. Basiswissen Sachunterricht Bd. 3. Baltmannsweiler: Schneider 2004, S. 169–180

Seitz, Simone: Zeit für inklusiven Sachunterricht. Hohengehren: Schneider 2005

Seitz, Simone: Wie verschiedene Kinder die Zeit sehen. Lehr-Lernforschung für inklusiven Sachunterricht. Carl von Ossietzky Universität Oldenburg: Didaktisches Zentrum 2005

Selter, Christoph: VERA Mathematik 2004: VERbesserungsbedürftige Aufgaben! VERkapptes Ausleseinstrument? In: Grundschulverband-aktuell 89, 2005, 1, S. 17–20

Sieland, Bernhard: Mentale Modelle für gesundheitsbezogenes Handeln. In: In: Paulus, Peter / Brückner, Gerhard (Hrsg.): Wege zu einer gesünderen Schule. Tübingen: dgvt-Verlag 2000, S. 65–77

Singer, Kurt: Die Würde des Schülers ist antastbar. Reinbek: rororo 1998

Sörensen, Bernd: Wider den Defizitblick: Strukturanpassung der Schule statt Fehlersuche beim Einzelnen. In: Itze, Ulrike / Ulonska, Herbert / Bartsch / Christiane: Problemsituationen in der Grundschule. Bad Heilbrunn: Klinkhardt 2002, S. 64–78

Spiegel, Hartmut / Selter, Christoph: Kinder & Mathematik. Seelze: Kallmeyer 2003

Städing, Karola: Offene Grundschularbeit in jahrgangsgemischten Lerngruppen. In: Drews, Ursula / Wallrabenstein, Wulf (Hrsg.): Freiarbeit in der Grundschule. Offener Unterricht in Theorie, Forschung und Praxis. Frankfurt/M.: Arbeitskreis Grundschule 2002, S. 219–230

Stähling, Reinhard: Leben und Lernen im Ganztagszweig. Videofilm für Eltern und Mitarbeiter der Grundschule Berg Fidel über das Leben und Lernen im ersten Schuljahr des Ganztagszweigs. Universität Münster: Zentrum für Wissenschaft und Praxis. Abteilung für Audiovisuelle Medien 1993

Stähling, Reinhard: Teamarbeit im Ganztagszweig. In Karlheinz Burk. (Hrsg.): Teamarbeit in der Grundschule. Frankfurt/M.: Arbeitskreis Grundschule 1995, S. 76–81

Stähling, Reinhard: Beanspruchungen im Lehrerberuf. Münster: Waxmann 1998

Stähling, Reinhard: Unterrichtsqualität und Disziplin. In: Grundschule 32, 2000, 2, 20–22

Stähling, Reinhard: „Ein wie feines Modell im Kleinen" – Über Merkwürdigkeiten beim Schulwechsel nach Klasse 4. In: Die Deutsche Schule 94, 2002a, 1, S. 61–66

Stähling, Reinhard: „Für das Leben lernen" – Reformpädagogik als Antwort auf PISA. In: Die Deutsche Schule 94, 2002b, 3, S. 295–299

Stähling, Reinhard: Unter westfälischen Eichen. Historischer Roman zur Reformpädagogik im Jahre 1930. Kelkheim: Ilma 2002c

Stähling, Reinhard: „Wir sind ständig auf Klassenfahrt" – Ein übertragbares Modell ganztägiger Erziehung in der Grundschule. In: neue deutsche schule 54, 2002d, 9, S. 22–23

Stähling, Reinhard: Klassenrat oder das Recht des Kindes auf Achtung. Videofilm für die Lehrerausbildung und -fortbildung und Elternarbeit: Universität Münster: Zentrum für Wissenschaft und Praxis. Abteilung für Audiovisuelle Medien 2002e

Stähling, Reinhard: Der Klassenrat – eine Fortführung reformpädagogischer Praxis. In Karlheinz Burk / Angelika Speck-Hamdan / Hartmut Wedekind (Hrsg.): Kinder beteiligen – Demokratie lernen? Frankfurt/M.: Arbeitskreis Grundschule 2003a, S. 197–207

Stähling, Reinhard: Viertklässler beobachten Fünftklässler – Übergang zu weiterführenden Schulen. In: Grundschule 35, 2003b, 4, S. 57–58

Stähling, Reinhard: Multiprofessionelle Teams in altersgemischten Klassen. Ein Konzept für integrativen Unterricht. In: Die Deutsche Schule 96, 2004a, 1, S. 45–55

Stähling, Reinhard: Schulqualität oder: Lob des Fehlers. In: Grundschulverband-aktuell 88, 2004b, 4, S. 7–10

Stähling, Reinhard: Der aufhaltsame Abstieg des „schwachen" Schülers in Deutschland. Bildungsbenachteiligung im Schnittpunkt von Schule und Jugendhilfe. In: Die Deutsche Schule 97, 2005a, 1, S. 67–77

Stähling, Reinhard: Die Klasse führt sich selbst. In: Grundschule 37, 2005b, 1, S. 30–33

Stähling, Reinhard: Teamarbeit inklusive. In: Christiani, Reinhold (Hrsg.): Jahrgangsübergreifend unterrichten. Berlin: Cornelsen 2005c, S. 48–53

Stähling, Reinhard: Qualitätsentwicklung statt Vergleichsarbeiten. Zu einem unfruchtbaren Verhältnis von Forschung und Schule. In: Die Deutsche Schule, 97, 2005d, 2, S. 211–221

Stähling, Reinhard: Gesammelte Fragen zu Vergleichsarbeiten. In: Grundschule aktuell, 90, 2005e, 2, S. 12–13

Stähling, Reinhard: Klassenrat – sieben Schritte gegen Gewalt. In: Humane Schule, 31, 2005f., 2, S. 10–11

Stamm, Margrit: Die Grundstufe als neues Schuleingangsmodell – Erfahrungen und Perspektiven eines Zürcher Pilotversuchs. In: Die Deutsche Schule 95, 2003, 3, S. 293–33

Stanat, Petra / Müller, Andrea: Förderung von Schulerinnen und Schülern mit Migrationshintergrund. In: Bartnitzky, Horst / Speck-Hamdan Angelika (Hrsg.): Deutsch als Zeitsprache. Frankfurt/M.: Grundschulverband 2005, S. 20–32

Terhart, Ewald: Wirkungen von Lehrerbildung: Perspektiven einer an Standards orientierten Evaluation. In: Journal für Lehrerinnen- und Lehrerbildung, 2003, 3, S. 8–19

Tervooren, Anja: Pädagogik der Differenz oder differenzierte Pädagogik? In: Behinderte in Familie, Schule und Gesellschaft 26, 2003, 1, S. 26–36

UN-Kinderrechtskonvention (KRK): Übereinkommen über die Rechte des Kindes vom 20. November 1989

van Ackeren, Isabell: Internationale Erfahrungen für die Entwicklung in Deutschland nutzbar machen! In: Schlömerkemper, Jörg (Hrsg.): Bildung und Standards. Die Deutsche Schule. 8. Beiheft. Weinheim: Juventa 2004, S. 250–261

Vierlinger, Rupert: Die offene Schule und ihre Feinde. Beiträge zur Schulentwicklung. Wien: Jugend & Volk 1993

Weiland, Dieter: Neue Anläufe zur gelingenden Schule? Über den Zusammenhang zwischen innerer Erneuerung der Schule und Strukturreform. In: Die Deutsche Schule 97, 2005, 2, S. 143–147

Wilhelm, Marianne / Bintinger, Gitta / Eichelberger, Harald u. a. : Eine Schule für dich und mich! Inklusive Schule, inklusiven Unterricht gestalten. Innsbruck: StudienVerlag 2002

Wocken, Hans / Antor, Georg / Hinz, Andreas (Hrsg.): Integrationsklassen in Hamburger Grundschulen. Bilanz eines Modellversuchs. Hamburg: Curio 1988

Wocken, Hans: Gemeinsame Lernsituationen. Eine Skizze zur Theorie des gemeinsamen Unterrichts. In: Hildeschmidt, Anne / Schnell, Irmtraud (Hrsg.): Integrationspädagogik. Auf dem Weg zu einer Schule für alle. Weinheim: Juventa 1998, S. 37–52

Ziebarth, Fred: Supervision und ihre Bedeutung im Praxisfeld einer Integrationsschule. In: Eberwein, Hans / Knauer, Sabine (Hrsg.): Integrationspädagogik. Kinder mit und ohne Beeinträchtigungen lernen gemeinsam. Weinheim: Beltz 2002 (6. überarb. Aufl.), S. 433–447